마음을 읽는
심리
키워드

* 이 저서는 2021년도 서울디지털대학교 대학연구비의 지원으로 저술되었음

마음을 읽는 심리 키워드

김기환 지음

심리학으로 인싸 되기

들어가는 글

심리학을 알면 살기 편해진다!

우리에게 가장 잘 알려진 심리학자 프로이트는 '사랑과 일'을 삶의 전부로 보았다. 사랑은 가족, 친구, 연인, 이웃과 맺는 관계를 통해 얻는 행복을 의미한다. 관계를 잘 맺고 유지하기 위해서는 무엇보다 사람에 대한 이해가 필요하다. 즉, 사람을 잘 이해한다면 삶의 절반을 차지하는 사랑에 성공할 수 있다. 일은 학업, 직업 등을 통한 성취를 말한다. 삶의 나머지 절반인 일에서도 우리는 혼자서는 성취를 이루기 어려우며 교사, 선후배, 동료, 상사와 부하 등과 좋은 관계를 맺는 것이 필수이다. 그러므로 일에 성공하기 위해서도 사람에 대한 이해가 필요하다. 물고기가 물속에 살고 있듯이 우리는 사람들 속에서 살고 있으며 사람에 대해 잘 알고 있어야 살기가 수월해진다.

어떻게 하면 사람에 대해 잘 알 수 있을까? 그 답을 심리학에서 찾을 수 있다. 심리학은 사람에 대한 학문이기 때문이다. 경제학을 배우면 비용과 편익 분석, 수요와 공급의 이해 등을 통해 경제적으로 합리적인 판단을 할 수 있고 더 부유해질 수 있다. 컴퓨터 공학을 배우면 프로그래밍, 시스템 설계 등의 지식을 통해 컴퓨터 관련 기술을 습득하고 활용할 수 있다. 하지만 이러한 학문들은 사람에 대해 별로 가르쳐 주지 않는다. 심리학만큼 사람이 어떻게 생각하고 행동하는지 체계적이고 과학적으로 설명해 주는 학문은 없다.

현재 우리가 사는 사회는 4차 산업혁명으로 인터넷, 스마트 디바이스, 로봇, 인공지능, 가상현실 등의 혁신적인 기술들이 빠르게 발달하고 있다. 이로 인해 사람이 할 수 있는 역할이 줄어들 것을 걱정하기도 한다. 하지만 이러한 기술을 활용하는 주체는 모두 사람이다. 그러므로 더 나은 기술을 개발하기 위해서도 그 기술을 사용하는 사람에 대해 알아야 한다. 또한 기술이 아무리 발달해도 우리는 다른 사람과 관계 맺지 않고서는 살아갈 수 없다. 이 때문에 심리학은 4차 산업혁명 이후에도 사라지지 않고 지속적으로 발달할 것이 틀림없다.

거창하게 4차 산업혁명을 말할 필요 없이 우리의 소소한 일상을 생각해 보자. 우리 모두는 매일같이 수많은 감정, 생각, 그리고 인간관계의 미로 속에서 길을 찾고 있다. 때로는 자신의 마음도 이해하기 어려운 순간이 있고, 다른 사람의 행동이나 말에 담긴 의미를 파악하기 위해 고심하기도 한다. 또한 다양한 사건, 사고를 다룬 뉴스를 보면서 "사람들은 왜 저렇게 행동할까?" 의문을 품기도 한다. 이 모든 것의 중심에는 심리학이 있다. 하지만 많은 사람들은 심리학을 막연하게 어렵게만 여긴다.

저자는 대학에서 15년간 '심리학 개론' 과목을 가르쳐 왔다. 처음 과목을 접하는 학생들의 반응은 대부분 "어려울 것 같아요.", "이론이 너무 딱딱할 것 같아서 걱정 돼요.", "제가 잘 따라갈 수 있을까요?"와 같은 것들이었다. 심리학에서 소개하는 다양한 용어, 개념, 이론들이 생소하고 어렵게 여겨지기 때문이었다. 하지만 심리학에서 다루는 주제들은 미국의 정치제도, 중동의 갈등, 아프리카의 내전과 같이 먼 세상의 이야기가 아니다. 나와 너, 그리고 우리 가장 가까이에서 일어나는 현상들에 대한 설명이다. 그래서 피부에 와 닿는 실제적인 예를 들어 가면서 가능한 한 쉽고 재미있게 설명하는 방법들을 찾기 시작했다. 그 결과 학생들은 "심리학이 이렇게 재밌는지 몰랐어요. 더 알고 싶어요.", "지식의 습득만이 아닌 제 삶에 도움이 되는 공부 같아요.", "사람들과 관계를 잘 맺는 방법을 알 것 같아요.", "제 주변이 심리학으로 가득 차 있다는 느낌이 들어요."와 같은 후기를 남기고 있다. 이 책은 그 경험들을 바탕으로 쓰였다.

이 책은 심리학이라는 거대한 영역을 소개하는 읽기 쉬운 안내서이다. 심리학의 복잡한 이론과 개념을 단순화하여 일상생활에서 우리 각자가 직면하는 상황들에 어떻게 적용할 수 있는지 탐색해 본다. 여러분이 이 책을 통해 얻게 될 지식은 단순한 학문적 이해를 넘어, 자기 자신과 타인 그리고 우리 사회를 이해하는 데 귀중한 도구가 될 것이다. "왜 우리는 그렇게 느끼고 행동하게 되는 걸까?", "우리의 인간관계는 어떻게 형성되고 유지될까?", "행복을 느끼는 것은 정말 가능한 일일까?", "사람들은 왜 그렇게 판단할까?", "우울증과 같은 심리적 고통은 왜 생기는 걸까?" 이러한 질문들에 대한 답을 찾는 과정에서 우리는 자신의 내면을 들여다보고 주변 세계를 새로운 시각으로 바라보게 된다.

또한 이 책은 심리학의 다양한 분야를 넘나들며, 인간의 마음과 행동을 이해하는 데 필요한 키워드와 개념들을 쉽고 재미있게 풀어 냈다. 실생활 사례와 이야기를 통해 이론이 어떻게 우리의 일상과 밀접하게 연결되어 있는지 보여준다. 아울러 자기 개선과 성장을 위한 실용적인 조언들도 제공한다.

　이 책을 읽는 여러분 모두가 사람이며 사람들 속에 살고 있다. 사람을 이해하도록 돕는 심리학을 통해 나와 타인, 그리고 우리가 구성하는 사회를 알 수 있다면 보다 지혜로운 삶을 살 수 있다. 이 책을 통해 여러분의 일상 속에서 심리학의 원리를 발견하고, 자신과 타인을 더 깊이 이해한다면 더 행복해질 수 있다. 이 과정을 통해 사랑과 일 모두에서 성공하는 소위 '인싸^{insider}'가 될 수 있다. 함께 이 여정을 떠날 준비가 되었는가? 여러분의 삶에 깊이 있는 변화를 가져올 이 여행에 여러분을 초대한다. 이제 심리학의 세계로 함께 떠나 보자!

차례

| 들어가는 글 | 심리학을 알면 살기 편해진다! _ 4

| 1부 | 심리학, 네가 궁금해

① 당신에게 심리학이 필요한 5가지 이유 _ 17
② 심리학이 뭐지?: 심리학의 정의 _ 23
③ 아빠는 철학, 엄마는 생물학: 심리학의 탄생 _ 29
④ 비타민은 우울증에 효과가 있을까?: 심리학의 연구방법 _ 35

| 2부 | 심리학으로 똑똑해지기

① 마음은 어디에 들어 있나?

몸과 마음은 하나인가? 별개인가?: 심신일원론 대 심신이원론 _ 51
뇌 속의 알람시계: 망상체 _ 55
감정의 근원: 편도체 _ 58
자꾸자꾸 자극시키고 싶어요: 쾌중추 _ 61
머릿속 두 개의 마음: 분할뇌 _ 65

② 마음은 어떻게 자랄까?

아이들이 세상을 배우는 두 바퀴: 동화와 조절 _ 69
까꿍놀이가 재미있는 이유: 대상영속성 _ 73
어느 주스가 더 많지?: 보존 개념 _ 76
엄마에게 매달리는 이유: 애착과 각인 _ 79
사춘기, 도대체 왜 그러는 걸까?: 상상 속 청중과 개인적 우화 _ 83
어른들의 세상?: 중년의 위기와 빈 둥지 증후군 _ 89
노년기의 축복: 말년의 긍정성 _ 93

③ 우리는 어떻게 경험할까?

위에서 아래로, 아래에서 위로: 상향처리와 하향처리 _ 100
내 이름을 불러 줘: 칵테일파티 효과 _ 104
면세점의 마법: 베버의 법칙 _ 108
전체는 부분의 합을 넘어선다: 게슈탈트의 원리 _ 113
무엇이 보이나요?: 지각 갖춤새 _ 117
쓰기 편해야 잘 팔린다: 인간요인 _ 121

④ 우리는 어떻게 기억할까?

기억의 처리방법: 컴퓨터 모형 _ 128
오래 남는 첫사랑? 끝사랑?: 계열위치 효과 _ 133
기억의 충돌: 간섭효과 _ 138
그때가 좋았지: 장밋빛 회고 _ 142
내 기억을 나도 못 믿겠어: 오정보와 상상력 효과 _ 146
야, 너두 이제 공부 잘할 수 있어: 7가지 기억력 증진법 _ 152

⑤ 우리는 어떻게 생각할까?

펭귄은 새인가? 개인가?: 개념과 원형 _ 165
토마토케첩을 찾아라: 알고리즘과 발견법 _ 169
무조건 내가 옳아: 확증편향 _ 173
천재인가? 바보인가?: 서번트 증후군 _ 180
이제는 EQ가 대세야: 정서지능 _ 187

⑥ 우리는 어떻게 느낄까?

배부른 돼지보다 배고픈 소크라테스가 정말 나을까?: 욕구위계 이론 _ 197
SNS 홍수의 시대: 친애욕구 _ 203
좋아서 웃는 걸까? 웃어서 좋은 걸까?: 감정이론 _ 211
다양한 감정을 나누는 2가지 기준: 유인가 대 각성 _ 218
감정을 터뜨리는 것이 좋을까?: 카타르시스 가설 _ 223
용돈은 엄마가 기분 좋을 때 말해야지: 좋은 기분-좋은 행동 현상 _ 230
나는 행복한가?: 주관적 웰빙 _ 233

⑦ 우리는 어떻게 배울까?

연결 짓기: 파블로프의 개 실험 _ 241
두려움도 학습된 것이라고?: 꼬마 앨버트 실험 _ 247
당근과 채찍: 강화와 처벌의 원리 _ 249
백문이 불여일견: 모델링 _ 256

|3부| 심리학 잘 써먹기

① 성격이 뭐지? 스트레스는 왜 겪을까?

내 속에 있는 3가지의 나: 프로이트의 성격구조 _ 264
시간이 지나도 잘 변하지 않는 성향: 외향성과 내향성 _ 270

스트레스가 스트레스야: 스트레스와 여키스-도슨 법칙 _ 276
스트레스를 잡는 2가지 방법: 문제중심적 대처 대 정서중심적 대처 _ 284
스트레스를 많이 받는 성격, 적게 받는 성격: A유형 성격과 낙관성 _ 291

② 사람들은 관계 속에서 어떻게 행동할까?

잘되면 내 탓, 못되면 조상 탓: 귀인 이론 _ 298
생각과 행동의 틈 메우기: 인지부조화 이론 _ 304
튀기 위해선 용기가 필요해: 동조 _ 309
당신도 악인이 될 수 있다: 밀그램의 복종 실험 _ 313
다른 사람이 돕겠지: 방관자 효과 _ 319
사람들과 친해지는 법: 매력의 다섯 손가락 _ 324
사랑이 뭐길래? : 사랑의 삼각형 이론 _ 332

③ 왜 인간은 심리적 고통을 겪을까? 어떻게 극복할 수 있나?

정상과 비정상의 기준은 무엇일까? : 심리장애의 기준 _ 340
늘 불안하고 긴장돼요: 불안장애 _ 346
기분이 좋지 않아요: 우울장애와 양극성장애 _ 351
원치 않는 생각과 행동을 멈출 수 없어요: 강박장애 _ 357
트라우마로 인해 힘들어요: 외상후 스트레스장애 _ 361
기이한 망상과 환각: 조현병 _ 367
성격이 이상해요: 성격장애 _ 372
아픈 마음을 치료하는 기술: 심리치료 _ 379

1부

심리학,
네가 궁금해

①
당신에게 심리학이 필요한 5가지 이유

다음 항목을 읽고 자신에게 해당되는 내용이 있다면 체크해 보기 바란다.

☐ 간혹 울적하거나 긴장할 때가 있다.

☐ 평생 혼자 살지는 않을 것이다.

☐ 가끔 스트레스로 인해 힘들 때가 있다.

☐ 더 똑똑해지고 현명한 판단을 내리고 싶다.

☐ 부자가 되고 성공하고 싶다.

만약 다섯 가지 중 하나라도 해당되는 사항이 있다면 당신은 분명히 심리학에 대해 알아야 할 필요가 있다.

간혹 울적하거나 긴장할 때가 있다면

친구와 다툰 후에 혹은 열심히 준비했던 시험에서 성적이 떨어진 뒤에 우울해한 적이 있는가? 아니면 중요한 시험이나 면접을 앞두고 긴장해서 잠을 이루지 못한 적이 있는가? 당신이 경험한 이러한 우울, 불안과 같은 심리적 반응들을 감정 혹은 정서라고 한다.

감정에는 이외에도 분노, 기쁨, 수치심, 두려움, 황홀함 등 다양한 종류가 있다. 심리학에서 '선천적으로 타고나는 감정은 무엇인가?', '감정의 종류가 어떻게 구분되는가?', '왜 감정이 생기는가?' 등에 대해 연구하는 하위 분야를 '정서심리학'이라고 한다. 나아가서 우울과 같은 부정적 감정이 너무 강하고 빈번해서 일상생활에 지장을 겪는 경우에는 이러한 사람들을 연구하고 돕기 위해 '상담심리학' 혹은 '임상심리학'이 존재한다. 당신이 다양한 감정들을 잘 이해하고 다루고 싶다면 심리학을 공부하는 것이 도움이 된다.

평생 혼자 살 것이 아니라면

우리는 출생할 때부터 가족이라는 관계 속에서 태어난다. 자라면서는 친구와 선생님, 직장 동료, 연인 등을 만나며 계속해서 새로운 관계를 형성하게 된다. 관계를 잘 맺고 이어가는 일은 학업이나 직업적 성취만큼 중요하고 또 그만큼 어렵기도 하다.

다양한 사람들 중에서 왜 어떤 사람들은 외향적이고 어떤 사람들은 내향적일까? 사람들이 가진 이러한 지속적인 특징을 연구하는 학문을 '성격심리학'이라고 한다. 그리고 사람들이 개인이 아닌 집단으로 모이면 어떻게 다르게 반응하는지 연구하는 분야를 '사회심리학'이라고 한다. 아울러 사람들과의 관계에서 어려움을 겪는다면 전문적인 도움을 받기 위해 학교 상담자나 가족 치료자 혹은 부부 갈등을 해결해 줄 부부 상담자를 만날 수도 있다. 이러한 전문가들은 대부분 상담심리학이나 임상심리학을 전공한 심리학자이다. 이렇듯 당신이 평생 외딴섬에서 혼자 살 것이 아니라면 심리학을 아는 것이 도움이 될 수 있다.

가끔 스트레스로 인해 힘들 때가 있다면

현대인들이 가장 많이 쓰는 단어 가운데 하나가 '스트레스 stress'일 것이다. 우리는 학교에서 학업으로 스트레스를 받고, 직장에서는 업무처리로 스트레스를 받는다. 또한 친구, 가족, 동료, 연인과의 관계에서도 스트레스를 받는다. 스트레스를 풀기 위해 마사지도 받고, 술을 마시기도 하고, 여행을 가기도 하지만 쌓이는 스트레스를 제대로 해소하지 못할 때에는 집중력이 저하되고 일의 효율이 떨어지기도 하고, 심지어 두통, 위염, 고혈압, 당뇨 같은 신체적 질병이 생기기도 한다. 이러한 스트레스의 원인과 건강에 미치는 영향에 대해 연구하고 그 해결책을 찾는 심리학 분야를 '건강심리학'이라고 한다. 당신이 스트레스와 건강에 관심 있다면 심리학이 그 답이 될 수 있다.

더 똑똑해지고 현명한 판단을 내리고 싶다면

당신은 오늘 무엇을 입을 것인지, 무엇을 먹을 것인지, 어떻게 목적지로 갈 것인지 등등 다양한 상황에서 수많은 의사결정을 하였다. 삶은 결국 의사결정의 연속이라 할 수 있다. 그런데 당신이 한 결정들이 과연 합리적이고 타당했다고 확신할 수 있을까?

심리학에는 우리가 주변 환경을 지각하고 사고하며 문제를 해결하는 방법을 단순한 추론이 아닌 과학적 실험을 통해서 연구하는 하위 분야가 있다. 바로 '인지심리학'이다. 인지심리학에서는 우리가 시각, 청각, 촉각 등을 통해서 어떻게 정보를 받아들이는지부터 시작하여, 어떻게 입력된 정보를 유지하는지, 어떻게 판단하고 문제해결을 하는지, 언어와 지능이 무엇인지까지 연구한다.

뿐만 아니라 우리가 어떻게 무언가를 배우게 되는지와 관련된

'학습심리학'도 활발하게 연구되고 있으며, 아이로부터 어른에 이르기까지 어떻게 판단하고 행동하는지 변화를 연구하는 '발달심리학'도 있다. 당신이 보다 현명하게 판단하고 결정하고 싶다면 심리학은 수많은 과학적 지식들을 제공할 준비가 되어 있다.

부자가 되고 성공하고 싶다면

어쩌면 여러분은 '부자'와 '성공'이라는 마지막 조건에 가장 관심이 많을지도 모른다. 앞서 말한 것처럼 자신의 감정, 대인관계, 스트레스, 의사결정 등을 합리적이고 현명하게 관리할 수 있다면 성공에 더 가까이 갈 수 있을 것이다. 뿐만 아니라 현대에는 회사나 조직이 인력들을 효율적으로 선발하고 훈련하여 적절하게 배치하는 방법을 찾고, 구성원들의 사기와 생산성을 높이며 나아가 제품을 디자인하며 최적의 시스템을 구현하는 데 도움을 주는 '산업 및 조직심리학'이 인기를 얻고 있다.

아울러 사람이 기계와 상호작용하는 방식을 연구하는 '인간요인human factors 심리학'이라는 하위 분야도 존재한다. 이는 기계와 물리적 환경을 안전하고 사용하기 쉽게 설계하는 방법을 연구하는 분야이다. 냉장고, 세탁기 같은 생활가전부터 항공기 조종 장치와 같은 복잡한 기계에 이르기까지 인간이 좀 더 사용하기 편리하게 설계하도록 돕는다. 스마트 기기와 로봇, 인공지능 등의 최첨단 기술들이 각광받는 시대적 흐름에서도 사용자인 인간의 특성을 연구하는 심리학의 도움 없이는 지속적인 발전이 불가능하다.

하버드대학교에서 심리학과 컴퓨터과학을 전공한 페이스북 창시자 마크 저커버그는 심리학을 잘 활용하여 성공한 대표적인 인물이다. 그가 만든 페이스북 서비스는 사람들이 다른 사람들에게 관심을 가지고 서로 연결되고 싶어 하는 인간심리에 기반을 두고 있다. 그렇기 때문에 페이스북에서는 심리학 박사들을 고용하여 서비스에 반영하고 있다. 마크 저커버그처럼 성공의 아이콘이 되고 싶다면 심리학이 꽤 도움이 될 것이다. 근래에는 대학에서 심리학과가 경영학, 경제학 등 기존의 인기 학과들을 따돌리고 선호도가 높아지고 있다. 심리학에 대한 관심이 그만큼 커졌기 때문일 것이다.

2
심리학이 뭐지?: 심리학의 정의

심리학이란 어떤 학문일까? 이 질문에 대부분이 인간의 마음에 대해 연구하는 학문, 또는 마음의 이치를 연구하는 학문이라고 답할 것이다. 물론 정답이다. 하지만 이는 자동차가 무엇이냐는 질문에 자동으로 움직이는 차라고 답하는 것과 마찬가지다.

　만약 당신 앞에 자신을 심리학자라고 소개하는 한 중년 남자가 있다면 당신은 무슨 생각이 먼저 들 것인가? '혹시 내 마음을 읽을지도 몰라.', '내 표정만 보고도 무슨 생각을 하는지, 무엇을 느끼는지 아는 것 아닐까?'와 같은 생각을 하는 사람들이 의외로 많다. 그러나 심리학자는 독심술사도 아니고 무언가 신비한 힘이 있는 심령술사도 아니다.

　심리학은 '마음의 과정과 행동을 연구하는 과학'이라고 정의할 수 있다. 이 정의에서 중요한 단어 세 가지를 찾을 수 있는데, 그것은 '마음의 과정', '행동' 그리고 '과학'이다. 이 세 가지 단어를 통해 심리학이 무엇인지 살펴보자.

　먼저 심리학은 마음의 과정, 즉 심적 과정을 연구한다. 마음의 과정은 인간의 내면에서 일어나는 여러 가지 반응들을 의미한다. 이에는 생각, 기억, 감정, 느낌, 충동, 감각 등이 있다.

만약 당신이 길을 걸어가고 있는데 100미터 전방에서 당신이 짝사랑하는 사람이 다가오고 있다면 어떤 반응들이 당신에게 나타날까? 먼저 가슴이 뛰고 흥분되기 시작할 것이다(감각). 얼마 전 학교에서 나에게 다정하게 인사를 건네던 모습이 떠오르고(기억), 얼굴은 조금 빨개지면서 열이 날 수 있고(느낌, 감각), 머릿속으로는 무슨 말을 해야 할지 어떻게 인사말을 건넬지 어떤 표정을 지을지 등이 떠오를 것이다(생각). 그런데 하필 지금 늦잠을 자다 어머니의 성화에 못 이겨 동네 마트에 심부름을 가는 중이며, 세수도 못 했으며 머리는 엉망인데 무릎이 나온 후줄근한 트레이닝복을 입고 있다는 사실을 깨닫고 말았다(생각). 그렇다면 어떻게 될까? 앞서 일어났던 흥분과 기대가 부끄러움과 불안으로 변하고(감정), 이 상황에서 어떻게 해야 할지에 대한 생각들이 떠오르며(생각), 어쩌면 도망칠 준비(충동)를 하게 될지도 모른다. 이렇듯 우리가 마음이라고 부르는 내적 장소에서 일어나는 다양한 작용들을 마음의 과정이라고 말한다.

인간 마음의 과정은 심리학이 생겨나기 전에는 주로 철학자들이 연구하는 주제였다. 예를 들어 소크라테스[B.C. 469~399]와 플라톤

B.C. 428~348은 마음은 신체와 분리될 수 있으며 신체가 죽은 후에도 계속 존재할 수 있다고 보았다. 그리고 지식은 태어날 때부터 가지고 나오는 것이라고 보았다. 하지만 이들의 제자격인 아리스토텔레스B.C. 384~322는 마음은 신체와 분리될 수 없는 것으로 보았으며, 지식은 타고 나는 것이 아니라 기억 속에 저장된 경험으로부터 나온다고 주장하며 스승과 정반대의 의견을 제시하였다. 이렇듯 철학자가 연구하던 마음의 과정을 이어받아 연구한 사람들이 심리학자이다. 철학자들이 주로 깊은 사색을 통해 연구하였다면 심리학자들은 과학이라는 도구를 통해 연구하기 시작했다.

두 번째로 심리학은 행동을 연구한다. 심리학자가 내적 과정인 마음을 연구하는 것은 쉽게 이해가 가지만, 왜 행동을 연구하는지는 조금 의아할 수 있다. 마음은 물건처럼 눈으로 쉽게 관찰할 수 없다는 사실을 떠올려 보자. 행동을 관찰하는 이유가 금세 이해될 것이다.

당신은 지금 어머니가 화가 났는지 아니면 기분이 좋은지 어떻게 알 수 있나? 어머니가 저녁 식사를 준비하는데 평소와 다르게 말을 하지 않고 인상을 쓰고 있으며, 식기류를 탁탁 소리 내며 내려놓는다면 화가 난 상태일 가능성이 높고 당신은 눈치를 보게 될 것이다. 반면 평소보다 더 수다스러우며 콧노래를 흥얼거리면서 표정이 좋다면, 이때는 미뤄 왔던 용돈 인상 이야기를 꺼낼 수 있는 기분 좋은 상태일 가능성이 높다.

이렇듯 마음은 직접적인 관찰이 어렵고, 행동을 통해 추론이 가능하기 때문에 심리학에서는 행동을 통해 마음의 과정을 연구하게 된다. 행동을 통한 연구방법에는 몸의 움직임같이 드러나는 행동을 관찰하는 것뿐만 아니라, 관찰 대상이 하는 말이나 질문지를 통한 응답, 눈 깜빡임이나 표정, 심장 박동수, 그리고 뇌 영상 기법 등을 통한 데이터의 수집까지 다양한 방법들이 있다.

세 번째로 심리학은 과학이라는 방법을 통해 마음의 과정과 행동을 연구한다. 많은 사람들은 자신의 주관적인 직관에 의존하여 판단한다. 이러한 직관은 빠르고 편리하며 때로는 스스로도 놀랄 정도로 결과를 제대로 예측하기도 하지만, 대부분의 경우 정확하지 않을 가능성이 더 높다. 오늘 날씨가 맑을지, 흐릴지 아니면 비가 올지를 직관에 의지해서 판단하는 경우를 생각해 보라. 내가 오늘 날씨를 얼마나 확신하느냐와 얼마나 정확하게 예측하느냐는 별로 상관이 없다. 물론 관절염을 앓고 있어서 무릎 통증의 정도로 비가 올지 꽤 정확하게 예측할 수 있다고 확신하는 사람도 있지만, 현대사회에서는 직관보다는 일기예보 시스템이라는 보다 과학적인 도구를 통해 날씨를 예측하는 것이 더 일반적이다.

또한 심리학자들은 철학자들이 즐겨 사용하였던 깊은 사색과 통찰이라는 방법을 통해 마음을 연구하지 않는다. 물론 깊은 사색은 과학적 연구를 시작하게 하는 가설을 이끌어 내는 데에는 유용하지만, 그 가설을 검증하기 위해서는 보다 과학적 방법이 필요하다. 즉, 심리학은 객관적인 관찰을 통하여 어떤 사건들 간의 인과관계를 찾아내는 과학적 방법론을 선호한다.

3

아빠는 철학, 엄마는 생물학: 심리학의 탄생

과학에는 다양한 하위 영역이 있는데, 그중에서 아주 먼 곳에 있는 별과 달, 태양과 혜성 등을 관찰하며 미지의 세계를 탐구한 천문학이 가장 먼저 생겨났다. 반면 가장 가까이에 있는 인간의 마음을 본격적으로 연구하는 심리학이 가장 늦게 생겨난 과학이다.

그렇다면 천문학이 시작되기 전부터 오늘날의 심리학이 시작되기 전까지 사람들은 자신의 내면과 마음에 대한 궁금증을 어떻게 해결하였을까? 아마도 앞서 말한 것처럼 철학을 선두로 하여, 신학, 문학, 의학, 예술 등 다양한 학문들을 통하여 그 호기심을 충족시켜 왔을 것이다.

심리학의 시작은 1879년으로 거슬러 올라간다. 독일 라이프치히대학교 교수 빌헬름 분트가 최초의 심리학 실험실을 설립한 것을 심리학의 시작으로 보고 있다. 당시 분트는 사람들에게 소리를 들려주고 버튼을 누를 때까지 걸리는 시간을 측정하였는데, 소리가 발생하면 바로 버튼을 누르도록 요구하였을 때 사람들은 대략 0.1초 내로 반응을 하였다. 그러나 소리를 들은 것을 의식적으로 자각한 다음에 누르도록 요구하였을 때에는 대략 0.2초 정도가 걸렸다. 이 두 조건에서 반응 시간은 차이를 보이는데, 이를 통해 자신의 자각('내가 소리를 들었구나.')을 깨닫는 데 걸리는 시간을 알게 되었다.

분트의 뒤를 이어 새롭게 태동한 심리학에서 여러 학자들이 선구자적 역할을 했는데, 초기에 유명한 학파는 '구조주의structuralism'와 '기능주의functionalism'였다. 구조주의는 한 대상을 연구할 때 그 부분들을 따로 떼어서 연구하는 학파라고 할 수 있고, 기능주의는 부분들을 나누어서 보기보다 연결하여 전체가 어떻게 작동하는지 보는 학파라고 할 수 있다. 쉽게 말해 자동차를 연구할 때, 구조주의는 자동차의 엔진, 조종 장치, 차체, 바퀴 등을 구분하고 각 구조가 어떻게 만들어졌는지 살펴보는 접근이라면, 기능주의는 자동차의 핸들을 돌리는 것이 어떤 기능을 하는지 살펴보는 접근이라고 할 수 있다. 그러므로 심리학에서 구조주의는 감각, 기억, 감정 등 마음의 부분들을 구분하고 그 구조를 밝히려는 접근이었다.

반면 기능주의는 구조를 밝히기보다는, 사람이 어떤 것은 잘 기억하고 어떤 것은 쉽게 잊어버리게 되는지와 같이 마음의 과정이 작동하는 방식에 대해 연구하려는 접근이었다.

심리학의 초기 선구자들을 살펴볼 때, 심리학은 먼저 정립되어 있던 철학과 생물학으로부터 발전하였다고 볼 수 있다. 심리학의 아버지인 분트는 철학자이자 생리학자였으며, 기능주의의 대표인 윌리엄 제임스는 철학자였다. 그리고 프로이트는 정신과 의사였으며, 학습 연구를 주도한 이반 파블로프는 생리학자였다.

1920년대에 들어서 이전과는 전혀 다른 새로운 관점을 지닌 심리학이 나타나게 되었다. 이 새로운 관점은 감정, 감각, 기억 등의 내적 과정은 직접 관찰할 수 없지만, 다양한 상황에서 사람들이 보이는 반응인 행동은 관찰할 수 있다는 사실에 기반을 두었다. 그러므로 심리학의 연구대상은 눈에 보이지 않는 내적 과정이 아닌 눈에 보이는 행동이 되어야 한다는 신념으로 행동을 측정하고 관찰하고 연구하기 시작하였다. 이러한 관점은 과학을 표방하는 심리학의 흐름에 매우 부합하였으며, 결국 '행동주의^{behaviorism}'라고 불리게 된다. 존 왓슨과 스키너라는 행동주의자들을 대표로 한 행동주의는 1960년대에 이르기까지 심리학을 이끌어 온 주류 세력이 되었으며, 현재까지도 영향력이 크다.

반면 유사한 시기에 이와 거의 정반대의 관점으로 심리학을 이끌어 가는 다른 주류 세력이 있었으니, 이는 바로 그 유명한 프로이트를 중심으로 하는 '정신분석학^{psychoanalysis}'이었다. 이 학파는 행동주의가 눈에 보이는 행동에 초점을 둔 것과는 반대로, 눈에 보이지 않고 관찰하기 어려운 무의식의 영향에 대해 지대한 관심을 두었다. 주로 아동기의 경험이 쉽게 드러나지 않는 무의식에 영향을 주어 그로 인해 마음에 다양한 장애가 생긴다고 보고, 이를 수정하기 위한 심리치료적인 접근, 즉 정신분석이 나타나게 되었다. 이 정신분석학의 영향은 현대까지도 강력하다.

1960년대에 이르러서는 행동주의와 정신분석과는 또 다른 흐름이 나타나기 시작하였는데, 칼 로저스와 에이브러햄 매슬로가 주도한 '인본주의 심리학humanistic psychology'이다. 이 학파는 행동주의가 인간의 깊은 내면세계와 성장 가능성을 무시하는 태도에 반대하고, 동시에 정신분석이 자각하기 힘든 무의식과 심리적 장애에 초점을 맞추는 태도 또한 거부하였다. 인본주의 심리학은 이름에서 느껴지는 것처럼 인간에 대한 긍정적이고 따뜻한 관점을 중시한다. 사람의 성장 잠재력을 촉진하는 방법과 인간에 대한 조건 없는 수용, 인정을 불러일으키는 태도의 중요성을 강조하였다.

아울러 1960년대에는 '인지혁명cognitive revolution'이라는 흐름 또한 일어났다. 이는 컴퓨터의 정보 처리 장치에 대한 연구와 마찬가지로 인간이 정보를 지각하고 처리하고 저장하며 인출하는 과정에 초점을 두는 접근이었다. 이를 통해 인간이 어떻게 생각하고 판단하는지에 대한 연구에 불이 붙었고, 이는 인간의 사고에 대한 연구 분야인 인지심리학^{cognitive psychology}과 두뇌에 대한 과학인 신경과학^{neuroscience}을 융합한 인지신경과학을 탄생시켰다. 뿐만 아니라 심리치료의 한 분야로 합리적 판단과 사고를 중시하는 '인지치료^{cognitive therapy}'의 출현에도 영향을 주었다. 이후로도 심리학은 다양한 하위 영역(예: 사회심리학, 성격심리학, 상담심리학 등)으로 세분되는 동시에, 인접 학문들과 끊임없이 교류하면서 변화와 발전을 거듭하는 중이다.

비타민은 우울증에 효과가 있을까?: 심리학의 연구방법

> 당신은 기분이 울적하던 어느 날, 부엌에 있는 냉장고 문을 열어서 마실 것이 없을까 하고 뒤적였다. 그때 익숙한 비타민 음료 한 병이 눈에 들어왔다. 별 생각 없이 뚜껑을 열고 음료를 마신 후, 당신은 웬일인지 기분이 나아지고 다시 힘을 내야겠다는 생각이 들었다. 그러고는 바로 이런 생각이 떠올랐다.
> '혹시 비타민을 마시는 것이 우울한 기분을 없애는 데 도움 되는 건 아닐까?'
> 이 가설이 사실인지 아닌지 어떻게 확인해 볼 수 있을까?

인간의 마음에 대한 관심으로 혹은 인간적이고 따뜻한 심리 상담가가 되고 싶은 마음으로 심리학을 전공하게 된 초보 심리학도들이 가장 놀라고 때로는 심각하게 고민하게 되는 때가 있다. 바로 심리학 전공을 하면서 실험을 위한 연구방법론 과목을 배울 때와 연구를 통해 얻은 데이터를 수학적으로 검증하기 위한 통계 과목을 배울 때이다. 이때 적지 않은 충격을 받은 학생들은 '인간의 마음에 대해 이해하려고 왔는데 실험하는 방법을 배우다니!', '온정적인 상담자가 되고 싶어서 왔는데 통계 과목을 배우고 있다니!', '이런 과목들은 과학자가 되고 싶은 학생들이 배워야 하는 것 아닌가?'와 같은 의문들을 품게 된다. 그러나 앞서 말한 것처럼 심리학은 과학적 방법으로 마음을 연구하는 학문이기에 과학이다.

철학자이자 생리학자였던 분트가 심리학을 시작한 이후로 심리학은 마음을 연구하기 위한 도구로 과학을 선택하였다. 이로 인해 마음에 대한 아이디어들을 비판 없이 받아들이기보다, 관찰과 분석을 통해 객관적으로 평가하는 과학적 방법을 선호한다. 다른 분야의 과학자들이 하는 것처럼 가설을 세우고 이를 체계적으로 검증하는 과정을 거치는 것이다.

예를 들어 '비타민은 우울감을 줄여 준다.'와 같은 가설이 떠올랐다고 생각해 보자. 이를 검증하기 위해 당신은 어떤 방법을 선택하겠는가? 만약 당신이 어머니에게 한 달 치 복용할 수 있는 비타민을 사 드리면서, 비타민을 드시지 않았을 때보다 드셨을 때 더 기분이 좋아진 것을 확인한다면 이는 일종의 '사례연구 case study'

에 해당된다. 하나의 사례를 통해 그 결과를 확인하는 것이다.

그러나 이러한 사례에서 나온 결과는 비타민이 우울감 완화에 도움이 될 수 있다는 아이디어를 얻는 데에는 의미 있지만, 대표성이 없는 정보로 인해 잘못된 판단이나 엉터리 결론을 이끌어 낼 수도 있다. 즉, 어머니에게는 비타민이 효과 있었지만, 늘 짜증이 가득한 사춘기 여동생이나 다른 사람들에게는 효과가 전혀 없을 수도 있기 때문이다. 담배가 폐는 물론 전반적인 신체 건강에 좋지 않다는 것은 이미 입증된 사실이지만, 줄담배를 피우고도 100세까지 장수한 할아버지 같은 특이한 사례도 있는 것이다.

다른 방법으로 당신은 질문지를 만들어 같은 반 친구 30명에게 부탁할 수도 있다. 질문지에는 다음과 같은 질문이 들어 있다. '당신은 일주일에 비타민을 얼마나 자주 복용하는가?', '당신은 얼마나 자주 우울감을 느끼는가?'와 같은 문항들이다. 이러한 방법을 '사회조사survey'라고 한다. 선호하는 정당, 현재 정책에 대한 평가, 체감하는 우리나라의 경기 등을 묻는 설문 조사와 같이 일반적인 여론 조사와 유사한 방법이다.

이제 당신은 친구들이 작성한 질문지를 정성스레 수집하여 그 결과를 살펴보았다. 그랬더니 예상한 것과 같이 친구들이 비타민을 복용하는 양과 우울한 정도가 서로 관련이 있는 것으로 나타났다. 즉 비타민을 많이 복용하는 친구들이 덜 우울하다고 보고하는 경향이 나타난 것이다. 이렇게 두 가지 요인(비타민 복용량, 우울의 정도)이 서로 관련성을 나타낼 때 상관이 있다고 하고, 이는 통계 측정치인 '상관계수 correlational coefficient'로 나타난다. 이렇게 당신이 정성스럽게 질문지를 만들고 작성하게 하고 수집하여 내용을 분석하는 수고를 하였지만 여전히 문제점은 존재한다.

첫 번째는 내가 조사한 집단이 대표성이 있는가의 문제이다. 만약 당신이 고등학생이라면 당신이 속한 반이 적어도 우리나라 청소년을 대표할 만한 전형적인 집단인지 의문이 생길 수도 있다. 혹시 우리 학교가 남학교라서 남자들만 있다든지, 아니면 우리 반이 지나치게 긍정적이고 낙관적인 아이들로 가득 차 있다든지, 또는 학교가 서울에서도 가장 부유한 동네에 위치해 있어서 대부분 졸업과 동시에 건물주가 될 수 있다든지 하는 일도 있을 수 있다. 이처럼 집단이 대표성을 띠기보다 특수성을 가진다면, 그 결과를 다른 대상들에게 적용하기 어려울 수 있다.

두 번째 문제점은 상관은 원인과 결과의 방향에 대해 알려주지 못한다는 것이다. 즉, 무엇이 원인이고 무엇이 그 결과인지를 명확하게 알려주지 못한다. 비타민의 예에서는 세 가지 방향을 생각해 볼 수 있다. 첫 번째는 가설에서 의도했던 것처럼 '비타민이 우울감을 줄여준다.'이다. 이때는 비타민을 많이 먹는 만큼 우울감이 줄어들 수 있기 때문에 적절한 비타민 복용은 우울증을 예방하거나 치료할 수도 있을 것이다. 하지만 두 번째 방향도 가능하다. 즉 '우울하지 않기 때문에 비타민을 더 잘 챙겨 먹는다.'이다. 이는 가설과는 반대의 방향인데, 처음부터 우울하지 않은 아이들이 우울한 아이들보다 비타민도 더 챙겨 먹고 운동도 열심히 하며 스스로를 잘 돌보는 것일 수도 있다. 즉, 비타민이 원인이 아니라 오히려 우울하지 않은 특성이 원인인 것이다.

세 번째로 전혀 다른 추론도 가능하다. 당신이 생각하지 않았던 전혀 다른 원인이 비타민 복용과 우울감에 동시에 영향을 주고 있는 경우이다. 어떤 제삼의 원인이 가능할까? 예를 들어 자녀에게 관심이 많은 '좋은 어머니가 자녀에게 비타민도 잘 챙겨주고 우울하지 않게 만든다.'도 가능하다. 이 경우에는 원인이 비타민도 우울감도 아닌 좋은 어머니이다. 즉, 좋은 어머니가 원인이 되어 비타민도 잘 챙겨 먹이고, 비타민과 상관없이 자녀를 덜 우울하게 만든 결과가 발생한 것인데, 당신은 주된 원인을 빠뜨린 채 비타민과 우울감 사이의 관계만 살펴본 것이다.

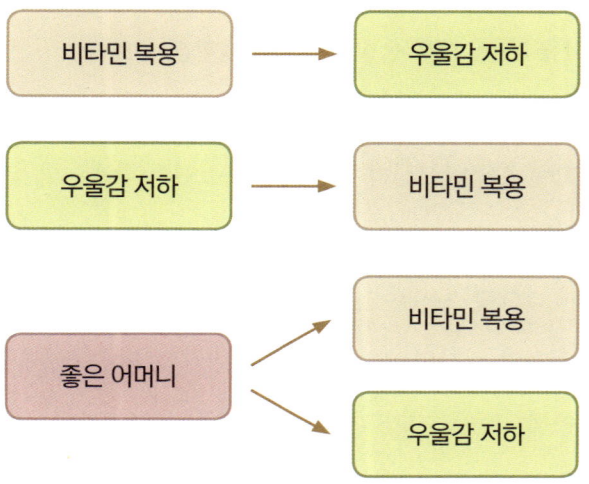

가능한 세 가지의 원인-결과 관계

 이쯤 되면 당신은 하나의 가설을 검증한다는 것이 호락호락하지 않다는 것을 깨닫게 될 것이다. 하지만 이대로 물러설 수 없다는 오기로 드디어 큰일을 벌이고야 만다. 우리 반만이 아닌 우리 학년 전체를 대상으로 '실험'을 진행하기로 하였다. 우리 학년 중에서 실험에 관심이 있는 학생들을 40명 모집하고 참가하면 영화 티켓을 주기로 한다. (정말 만만치 않다. 시간과 노력에다가 돈까지 든다. 심리학 실험도 사실 그렇다.) 그래서 20명에게는 비타민을 한 주 동안 먹게 하고, 나머지 20명에게는 비타민을 한 주 동안 먹지 않게 하기로 하였다. 그리고 우울감을 측정하기 위해 질문지로 된 우울검사를 사전, 사후에 실시하기로 계획을 세웠다.

이게 끝이 아니다. 혹시 실험에서 잘못된 점이 있을까 봐 걱정되어 대학원에서 임상심리학을 전공하고 있는 사촌형까지 불러왔다. 여기에도 물론 공짜는 없다. 실험을 도와주는 조건으로 과외 선생님인 대학생 누나를 소개시켜 주기로 약속하였다. 약국에서 같은 브랜드의 비타민 드링크까지 인원에 맞추어 구입을 완료한 당신은 이제 모든 준비가 다 되었다고 의기양양하였다. 하지만 이 계획을 들은 사촌형이 혀를 차며 아직 부족한 것들이 많다며 훈수를 두기 시작한다.

"네가 심리학 실험을 너무 우습게 아는 것 같아서 형이 이야기를 좀 해야겠다. 이 실험은 비타민이 우울감에 미치는 효과를 보는 실험이야. 그래서 비타민을 주는 20명을 '실험집단 experimental group'이라고 하고, 비타민을 주지 않는 20명을 '통제집단 control group'이라고 하지. 그런데 이 두 집단을 어떻게 나눌 계획이니?"

"그, 그건 따로 생각해 보지 않았는데……. 그냥 반반으로 나눠서 하면 되는 거 아냐?"

"노노노. 그게 그렇게 간단한 게 아니야. 만약 네가 그냥 반반으로 나눴는데 우연히 한 그룹은 원래 성격이 낙관적이고 쾌활한 애들이 많이 들어가고, 다른 그룹은 비관적이고 기분이 좋지 않은 애들이 많이 들어가면 어떻게 할 거니? 그런 경우에는 비타민 때문에 기분이 좋아진 게 아니라, 타고난 성격 때문에 그런 결과가 나온 것일 수 있단 말이야. 그러니까 실험하기 전에 미리 가지고 있는 특성들을 골고루 섞기 위해서 '무선할당^{random assignment}'이라는 방법을 써야 해."

"무선할당? 그게 뭐야?"

"말 그대로 무작위로 섞어버려서 원래 지닌 특성들이 영향을 미치지 못하게 하는 것이지. 이렇게 하기 위해 동전 던지기를 해서 정하거나 무작위 숫자들이 적혀 있는 난수표를 통해 나누기도 하지. 그렇게 하면 골고루 섞일 확률이 훨씬 높아지거든."

"아…… 그렇구나. 그럼 동전 던지기를 해서 빨리 진행하자."

"노노노. 무식한 녀석이 성격까지 급하구나."

당신은 무식하다는 말에 기분이 나쁘지만 도움을 받아야 하는 상황인지라 꾹 참고, 일단은 효과가 있을지 아직 입증이 되지 않은 비타민 드링크를 한 병 들이켜고 기분을 바꾸려고 애쓴다.

"또 뭐가 있는 건데? 이제 우울검사를 하고 한 주간 비타민 챙겨주고 다음에 다시 우울검사를 하면 되는 거 아냐?"

"노노노. 아니라니까. 실험집단에는 비타민 드링크를 주고, 통제집단에는 어떻게 할 건데?"

"통제집단은 비타민을 안 주면 될 거 아냐? 그래야 비타민의 효과가 검증될 거 아냐?"

"아이쿠! 이런 무지무지하게 무지한 녀석 같으니라고. 너는 심리학과 오고 싶다는 놈이 위약효과, 즉 '플라시보 이펙트placebo effect'도 못 들어 봤냐?"

"그, 그거야 들어봤지. 사람들이 진짜 약이 아닌 가짜 약만 먹어도 어느 정도 효과를 본다는 거잖아?"

"그렇지. 알긴 아네. 그런데 실천이 안 되네. 쯧쯧쯧……."

당신은 비타민 드링크를 한 병 더 들이켠다.

"이 실험에서도 마찬가지야. 실험집단에서 효과가 나타난다면 그 효과가 정말 비타민의 효과인지 아니면 그냥 위약효과 때문인지 알 수가 없잖아. 그렇다면 어떻게 해야겠어? 응?"

"그렇다면 통제집단에도 뭔가를 줘야겠네. 비타민이 아닌 가짜 약을 줘야겠네."

"그렇지. 이제야 입력이 조금 되네. 그렇게 하고도 실험집단이 통제집단보다 더 효과가 있다면 그게 진짜 비타민의 힘이 되는 거잖아."

"그럼 맛이 비슷한 새콤한 설탕물이 든 드링크를 통제집단에도 줘야겠네."

"두말하면 잔소리지. 이제 좀 알겠냐?"

"응. 그럼 이제 진짜 된 거지? 내가 질문지 나눠주고 드링크도 나눠주면 되는 거지?"

"노노노. 아직 멀었어."

"뭐야? 아직 남았어? 또 뭔데?"

"딴 게 아니고, 이 실험 네가 하면 안 돼."

"뭐? 내가 만든 실험인데 내가 하면 안 된다고? 그건 또 무슨 똥딴지같은 소리야?"

당신은 참았던 분노 반응을 나타내고야 만다.

"진정하고 내 말 들어 봐. 이 실험에서 누가 실험집단이고, 통제집단인지 너는 알게 되겠지?"

"당연하지 내가 비타민이 든 드링크와 설탕물이 든 드링크를 나눠줘야 하니까."

"그래. 그게 바로 문제야. 실험에 참가하는 학생들이 자기가 먹는 드링크가 비타민이 든 것인지, 설탕물이 든 것인지 알아야 돼? 몰라야 돼?"

"당연히 몰라야지. 안다면 비타민이 든 드링크를 먹은 학생들이 괜히 덜 우울하다고 보고할 수 있으니까."

"그렇지. 비타민이 우울에 영향을 주는지 살펴보려는 실험의 목적을 짐작하고 거기에 맞게 답하려는 착한 참가자들이 생기기 쉬우니까. 그런데 너도 마찬가지라는 거야. 네가 비타민을 준 실험집단 학생들에게는 괜히 더 친절하게 대할 수도 있고 은연중에 덜 우울하길 기대해서 너의 그 태도가 참가자들에게 영향을 미칠 수 있어. 마찬가지로 통제집단에는 반대의 영향을 줄 수도 있고."

"그래? 그런 건 전혀 생각 못했네."

"그래서 드링크를 나눠주고 우울검사를 안내하는 사람이 누가 실험집단이고 누가 통제집단인지 전혀 모르게 하는 것이 필요해. 실험에 영향을 주지 않도록 말이야. 이런 방법을 참가자도 모르게 하고, 연구하는 사람들도 모르게 하는 '이중은폐절차double-blind procedure'라고 하는 거야. 두 번 감추는 것이지."

이번에는 사촌형이 드링크를 들이켜면서 목에 힘을 준다.

"아, 그렇구나. 심리학 실험이 보통 까다로운 게 아니구나. 실험을 제대로 하려면 정말 꼼꼼해야 할 것 같아. 정말 과학이네, 과학!"

만약 이렇게 까다롭고 엄격한 절차를 거쳤는데도 비타민의 효과가 나타난다면, 다른 원인이 아닌 비타민이 우울감이 감소하는 결과를 일으킨다고 볼 수 있다. 예전에 유행하던 광고 중에 '침대는 과학입니다.'라는 문구가 있었다. 침대가 과학인지는 좀 더 엄격하게 검증해야겠지만 당신은 이제 알게 되었다. '심리학은 과학입니다!'

2부

심리학으로 똑똑해지기

①

마음은 어디에 들어 있나?

몸과 마음은 하나인가? 별개인가?

심신일원론 대 심신이원론

- 지희: 우리의 몸과 마음은 하나일까? 아니면 별개일까?
- 명철: 난 당연히 하나라고 생각해. 우리의 몸이 없어지면 마음도 없어지는 거잖아.
- 지희: 글쎄……. 나는 아니라고 생각해. 마음은 우리 몸 안에 들어 있지만 별개로 존재할 것 같아. 자동차와 안에 탄 사람이 별개이듯 말이야. 몸과 마음이 따로 논다는 표현을 쓸 때도 있잖아. 내 마음은 안 그러려고 하는데 몸은 다르게 움직일 때가 있잖아.
- 명철: 마치 네가 저녁은 굶겠다고 말해 놓고서 눈은 냉장고에 붙어 있는 치킨집 병따개로 가고 결국 손이 전화번호를 누르는 것처럼 말이지.

- 지희: 야! 내가 그런 적이 몇 번이나 있다고 그래? 너도 예쁜 여자애들 지나가면 눈이 자동으로 그쪽으로 가잖아? 안 그래?
- 명철: 하하하. 그렇긴 하네. 그러게 몸과 마음은 하나일까 아니면 별개일까? 진짜 잘 모르겠네.

몸과 마음은 별개라고 생각하는가? 마음과 육체가 두 개의 구별된 실체라고 가정하는 이론이 심신이원론이다. 고대 희랍인들은 마음과 육체를 마부와 말의 관계처럼 보았다. 17세기의 유명한 철학자 데카르트는 '나는 (······) 배의 조타수처럼 내 육체에 실려 있다.'라는 말로 이원론을 지지하였다. 하지만 근래에 이르러 과학 연구가 늘어나며 마음과 육체는 하나라고 보는 일원론이 지지를 얻고 있다.

만약 마음과 몸이 하나라면 마음은 우리 몸의 어느 부분에 자리 잡고 있는 것일까? 기원전 4세기의 아리스토텔레스는 마음이 심장에 위치해 있다고 믿었다. 그의 영향 때문인지 아직도 다양한 문화권에서 마음^{mind}을 심장^{heart}과 동일시하며, 상징으로 나타낼 때에도 마음과 심장을 나타내는 이미지(♡)가 공통으로 사용된다. 그러나 현대의학의 아버지 히포크라테스는 마음이 심장이 아닌 뇌에 있다고 믿었다. 오늘날에는 뇌의 좌측에 있는 특정 영역(이를 '브로카 영역'이라고 한다.)에 손상을 입으면 말하기에 장애가 생기는 현상과 같이 뇌손상이 행동에 영향을 미치고 마음과 기분, 무언가를 하려는 동기까지도 변화시킬 수 있음이 밝혀졌다. 또한 '신경전달물질'이라고 하는 뇌의 화학물질 이상이 우울증이나 조현병과 같은 심리적 혼란을 일으킬 수 있음도 알고 있다. 아울러 치료적 약물이 뇌에 영향을 미쳐 우울이나 불안이 완화될 수 있음도 알려졌다.

그러나 일원론을 받아들인다고 해서 이원론이 무의미하다거나 완전히 틀렸다고 할 수는 없다. 휴대전화로 상대방과 통화하는 상황을 예로 들어 보자. 우리는 전화기의 송수신기를 통해 전파를 주고받았다고 볼 수도 있지만, 동시에 상대방의 음성을 듣고 대화를 나누었다고도 볼 수 있다. 또 다른 예로, 연인에게 버림받은 한 남자는 뇌에서 분비되는 신경전달물질인 세로토닌의 분비 저하로 인해 우울해졌다고 할 수 있지만, 동시에 사랑하는 사람에게 거절당한 마음의 상처로 인해 우울해졌다고도 할 수 있다. 즉, 한 가지 사건을 서로 다른 방식으로 볼 수 있는 것이다. 마음을 뇌의 작용과 동일한 것으로 이해하는 방법이 과학적 탐구에서는 유용하다. 그러나 일상에서는 '내 뇌에서 세로토닌 분비 저하가 나타나고 있어.'보다는 '내 마음이 아파.'와 같이 마음을 별개의 존재로 여기는 것이 유용할 수도 있다.

뇌 속의 알람시계

망상체

1949년 미국 노스웨스턴대학교 캘리포니아 실험실의 호레이스 매군과 이탈리아 출신 신경생리학자 주세페 모루치는 자고 있는 고양이 뇌의 어떤 부분을 전기적으로 자극하였다. 그러자 잠자고 있던 고양이는 거의 바로 잠에서 깨어나 각성상태를 나타내었다. 그 다음에는 이 부위를 절단시켜 보았다. 그 결과 이 불쌍한 고양이는 혼수상태에 빠져서 다시는 깨어나지 못하고 말았다. 이 부위의 이름은 '망상체 reticular formation'이다.

시상
중뇌
뇌교 망상체
연수

망상체의 위치

우리 뇌에는 척추(등뼈) 속에 들어 있는 척수로부터 뇌의 중심부로 들어가는 '뇌간brainstem'이라는 구조가 있다. 그 뇌간의 아래부분은 '연수medulla'라는 곳으로 심장박동과 호흡을 조절한다. 연수는 일종의 자동생명 유지장치로 우리가 신경 쓰지 않아도 저절로 심장이 뛰고 호흡이 계속되도록 도와준다. 이러한 기능으로 인해 이름 그대로 '숨골' 혹은 '숨뇌'라고도 부른다. 만약 이 연수가 파괴되면 우리는 호흡할 수 없으며 심장도 멈추어 죽게 된다. 연수의 윗부분에는 '뇌교pons'라는 부분이 있는데 감각, 운동, 반사기능 등을 조절한다. 즉, 연수와 뇌교를 합하여 뇌간이라고 부르는 것이다.

옥수수 속에 옥수수심이 들어 있는 것처럼 뇌간 안에 망상체라는 신경계의 다발이 들어 있다. 이 망상체는 아래 척수에서 들어오는 정보를 전달하기도 하지만, 자다가 깨고 일어나게 되는 '각성'을 조절한다. 망상체가 각성을 담당하기 때문에 앞서 제시한 고양이 실험의 예처럼 이 부분을 자극하면 잠에서 갑자기 깨게 되는 것이다. 하지만 이 부분의 기능에 이상이 생기거나 손상이 있다면 각성기능이 멈추게 된다.

혹시 한번 잠을 자면 깨기가 너무 힘든가? 아니면 잠을 자다가도 이유 없이 수시로 깨게 되는가? 그렇다면 망상체 기능에 이상이 있을 수도 있다. 당신이 수업 시간에 자다가 선생님께 들켰을 때 '제 망상체의 기능에 이상이 있나 봅니다.'라고 변명해 보라. 그 결과는 둘 중 하나이다. 선생님이 당신의 심리학적 지식에 감탄하거나 아니면 친절하게도 당신의 즉각적인 각성을 도와주실 것이다.

감정의 근원

편도체

1939년 심리학자 하인리히 클뤼버와 신경외과 의사 폴 부시는 벵갈원숭이의 뇌에서 특정 부분을 제거해 버렸다. 그랬더니 난폭한 동물인 이 원숭이는 토끼나 양처럼 매우 온순한 동물로 변하고 말았다. 뿐만 아니라 스라소니, 늑대, 들고양이 등의 동물들에게도 동일한 시술을 실시했을 때 이 동물들도 지나치게 유순하게 바뀌었다. 이들이 제거한 부위는 겨우 작은 콩 두 개 크기인 '편도체amygdala'이다. 만약 인간에게도 동일한 시술을 한다면 어떻게 될까? 과연 공격적이고 폭력적인 범죄자도 유순해질 수 있을까?

편도체는 공격성과 공포와 관련 있는 부위로 밝혀지고 있다. 예를 들어 고양이의 편도체를 전기로 자극하면 고양이는 등을 구부리고 날카로운 소리를 내며 동공이 확장되고 털을 곤두세우는 등 공격할 준비를 한다. 즉, 고양이의 공격성을 자극한 것이다. 그런데 전기 자극을 주는 부위를 조금만 이동시키고 쥐를 한 마리 넣어 주면, 쥐 앞에서 겁먹은 듯한 모습으로 꼼짝도 하지 못한다. 이번에는 고양이의 공포를 자극한 것이다. 편도체에 처치를 가하는 것이 동물에게 이러한 결과를 가져온다면 사람에게는 어떤 결과가 나타날까?

인간의 경우에도 편도체를 제거한 환자들은 공포나 분노를 유발하는 자극에 반응이 줄어든다고 한다. 편도체를 제거한 한 여성은 별명이 '두려움이 없는 여성'이었다. 심지어 총으로 위협해도 전혀 공포를 느끼지 않았기 때문이다. 많은 학생들이 두려워하는 과목인 수학에 대한 불안이 오른쪽 편도체의 과도한 활성화와 관련 있으며, 사람들에게 행복한 얼굴과 화난 얼굴을 보여주었을 때 화난 얼굴을 볼 때 편도체가 활성화되었다는 연구 결과도 있다. 즉, 편도체가 공격성이나 공포와 관련된 부위임을 확증하는 결과들이다.

하지만 인간에 있어서 편도체가 제거되었을 때 공격성이 줄어들거나 제거되었다는 연구결과는 아직 없기 때문에 폭력성이 강한 범죄자에게 편도체 제거 시술을 하였을 때 효과가 있으리라고 예측하기는 어렵다. 오히려 전혀 두려움이 없는 더 잔인하고 냉혹한 범죄자가 될 가능성도 있기 때문이다.

 아울러 앞의 연구결과들을 뒤집어 생각해 보면 잔인하고 두려움이 없는 범죄자들은 이미 보통 사람들보다 편도체의 공포 기능이 지나치게 저하되어 있는 것이 아닌가 하는 추측도 가능할 수 있겠다. 실제로 배트맨의 숙적 조커와 같은 '반사회성 성격장애'를 가진 사람들에게 편도체의 기능 이상이 있다는 연구 결과들이 존재한다.

자꾸자꾸 자극시키고 싶어요

쾌중추

동물을 마음대로 조종하는 능력을 지닌 사람이 있을까? 판타지 소설이나 영화에서 자주 등장하는 마법 혹은 초능력 중 하나가 바로 동물과 대화를 나누거나 원하는 대로 움직일 수 있는 능력이다. 키우는 강아지나 고양이를 내가 원하는 대로 움직일 수 있다면 얼마나 신이 날까? 거대한 코끼리나 사나운 악어를 내 마음대로 조종할 수 있다면 얼마나 흥분될까? 동물들을 어렵게 훈련시키지 않아도 내가 원하는 대로 움직일 수 있다면 그야말로 마법사가 된 기분일 것이다. 그런데 어쩌면 심리학자들이 이러한 능력을 지니도록 도와줄 수 있다. 바로 뇌의 '시상하부 hypothalamus'에 있는 '쾌중추(혹은 보상중추)'라는 부분을 활용하는 것이다.

많은 위대한 발견들이 그렇듯이 쾌중추는 과학자들의 의도치 않은 실수에 의해 세상에 알려졌다. 1954년 캐나다의 신경심리학자인 제임스 올즈와 피터 밀너는 쥐를 대상으로 다양한 실험을 진행하고 있었다. 그들은 쥐의 망상체에 미세 전극을 꽂으려고 시도하다가 그만 엉뚱한 곳을 자극하고 말았다. 그 엉뚱한 곳은 바로 시상하부였다. 그런데 신기하게도 쥐는 실수로 자극받은 시상하부의 한 부위에 자극을 계속 받고 싶어 하는 것처럼 보였다. 즉, 그 부위가 자극될 수 있다면 무엇이든 하려는 것처럼 보인 것이다. 이 부위가 쥐에게 큰 즐거움, 즉 쾌락을 주는 것처럼 보이기에 이를 쾌중추라고 부르게 되었다.

이번에는 쾌중추에 미세전극을 연결하고 쥐가 페달을 밟으면 쾌중추에 전기자극이 전달되도록 시술을 하였다. 그러자 쥐들은 미친 듯이 지쳐 쓰러질 때까지 그 자극을 얻기 위해 페달을 밟기 시작했다. 어찌나 열심히 페달을 밟는지 시간당 1,000번까지도 밟아 대었다. 페달을 밟는다고 배가 부른 것도 아닌데 말이다. 더 나아가 전류가 흐르는 전기판을 설치하고 그 너머에 페달을 두었을 때조차도 쥐들은 전기판에 감전되는 위험을 무릅쓰고서 전기판을 넘어서 페달을 밟으려 하였다. 오랫동안 굶긴 쥐들도 음식을 얻기 위해 그 전기판을 건너가지는 않는다. 이로 보아 허기를 채우는 음식보다도 더 강한 즐거움을 경험하는 것으로 보인다.

쥐들의 무언가에 홀린 듯한 행동은 인간에게도 나타난다. 어떤 모습이 떠오르는가? 그렇다. 배고픈 줄도 모르고 술을 계속 갈구하는 알코올 중독자나, 잠도 자지 않고 며칠 동안이나 컴퓨터 게임에 빠져서 몰두하던 청년이 PC방에서 결국 죽게 된 사건과 유사한 모습이다. 이렇듯 많은 연구자들은 인간의 중독 행동이 쾌중추와 관련이 있다고 보고 있다.

그러면 이 쾌중추를 통해 어떻게 동물을 조종하는 것이 가능할까? 원리는 생각보다 간단하다. 여기 쥐가 미로 속에 들어 있다. 그리고 이 쥐의 뇌에는 쾌중추를 자극할 수 있는 전극이 부착되어 있고 인간은 자신이 원하는 행동을 하면 버튼을 눌러 쥐의 쾌중추를 자극할 수 있다. 예를 들어, 쥐가 오른쪽으로 가도록 하고 싶으면 쥐가 오른쪽 방향을 향할 때 버튼을 누르고, 왼쪽으로 가도록 하고 싶으면 왼쪽으로 머리를 돌릴 때 버튼을 눌러 주는 것이다. 이러한 간단한 원리로 쥐는 인간의 통제하에 들어가게 된다.

더 나아가 동물을 탐색이나 구조 작업에 활용할 수도 있다. 개나 고양이 같은 동물에게 비디오카메라와 전극을 장착하여 인간이 원하는 방향으로 움직이도록 조종할 수 있는 것이다. 이러한 방법으로 동물이 작은 구멍을 통과하게 할 수도 있고, 나무를 올라가게 할 수도 있다.

  윤리적으로 매우 위험한 생각이긴 하지만 인간에게도 이러한 시도가 가능할까? 실제로 한 신경외과 의사는 난폭한 환자를 진정시키기 위해 쾌중추에 미세전극을 삽입하였다. 이 시술을 통해 쾌중추가 자극될 때 환자는 약한 정도의 쾌감을 경험하였다고 한다. 그러나 쥐에게서 나타난 것처럼 지쳐 쓰러질 듯이 그 자극을 원하지는 않았다고 한다. 아무래도 인간은 동물처럼 쾌중추에 단순하게 반응하지는 않는 것 같다. 그러므로 인간의 즐거움, 기쁨과 같은 긍정정서에는 생각이나 동기와 같은 보다 복잡한 심리적 과정이 연관되는 것으로 보인다. 하지만 지하철에서 많은 사람들이 스마트폰에 몰두하고 있는 모습을 볼 때면 쥐의 반응과 그렇게 다르지 않다는 생각도 하게 된다.

머릿속 두 개의 마음

분할뇌

1961년 미국의 신경외과 의사인 필립 보겔과 조셉 보겐은 간질 환자들에게서 일어나는 간질 대발작이 좌뇌와 우뇌 사이에서 공명하여 증폭된 비정상적인 두뇌활동 때문에 나타나는 것으로 보았다. 그들은 이러한 간질 대발작 증상을 막기 위해 환자의 좌뇌와 우뇌를 연결하는 다리 역할을 하는 '뇌량 corpus callosum'을 절단하는 수술을 감행하였다. 수술의 결과는 성공적이었다. 환자의 발작 증상은 거의 사라졌으며, 성격이나 지능에 거의 영향을 받지 않고 매우 정상적이었다.

그러나 이 수술을 받은 사람들 중 일부는 왼손이 제멋대로 행동하는 신기한 경험을 하기도 하였다. 예를 들어 오른손이 단추를 채우려는데 왼손은 풀기도 하고, 오른손이 물건을 쇼핑 카트에 넣으면 왼손이 다시 물건을 제자리에 놓기도 하는 것이었다. 또한 일반인들에게는 어려운 과제인, 오른손과 왼손으로 서로 다른 모양을 그리도록 지시한 경우에도 이들은 수월하게 과제를 할 수 있었다. 이렇게 좌뇌와 우뇌를 연결하는 뇌량을 절단한 경우를 '분할뇌 split brain'라고 하며, 분할뇌에 대한 연구는 우리의 좌뇌와 우뇌가 각기 다른 역할을 하고 있음을 보여준다.

우리의 뇌는 크게 좌뇌와 우뇌로 구분된다. 현재까지의 연구결과에 의하면 각각을 '논리적인 좌뇌'와 '감성적인 우뇌'라고 부를 수 있다. 좌뇌는 주로 글을 읽거나 말하는 것과 같은 언어적인 처리를 담당한다. 그리고 계산을 하는 것과 같은 논리적인 처리에 관여한다. 반면, 우뇌는 그림이나 얼굴을 인식하고, 감정을 알아차리며 표현하는 데에 관여한다. 또한 우뇌는 미묘한 차이점을 찾아내며 통찰이나 추론을 하는 데 있어서 중요한 역할을 한다. 그러므로 좌뇌에 손상을 입으면 언어사용에 어려움을 겪고 수리적이며 논리적인 처리에 문제를 겪을 수 있다. 반면 우뇌에 손상을 입으면 감정을 처리하는 데에 어려움을 겪고 사람들과 관계를 맺는 사회적인 행동에 문제를 겪을 수 있다.

이렇게 좌뇌와 우뇌는 서로 다른 기능을 하고 있지만 뇌량을 통해서 서로 정보를 교환하며 협응하기 때문에, 뇌량을 절단하지 않은 경우에는 좌뇌와 우뇌 역할 간의 차이를 스스로 느끼기 어렵다. 하지만 개인에 따라 어떤 사람은 좌뇌가 더 발달했을 수 있고, 또 어떤 사람은 우뇌가 더 발달했을 수 있다. 당신은 좌뇌형 인간인가? 아니면 우뇌형 인간인가? 이 질문을 바꿔 말하면 다음과 같다. 당신은 논리적이고 언어적인 사람인가? 아니면 감성적이고 직관적인 사람인가?

②

마음은 어떻게 자랄까?

아이들이 세상을 배우는 두 바퀴

동화와 조절

- 엄마: (그림책에 있는 개를 가리키며) 얘야, 이건 멍멍이란다. 발이 네 개이고 털이 복슬복슬한 멍멍이. "멍멍" 하고 짖지.
- 아이: 멍멍이. 멍멍이. 이건 멍멍이야.
- 엄마: 그래, 맞아. 멍멍이야.

아이는 그 후로 다리가 네 개인 동물을 보면 모두 멍멍이라고 부른다.

- 아이: (고양이 그림을 가리키며) 멍멍이, 멍멍이야.
- 엄마: 아니야. 이건 야옹이야. 야옹이. "야옹" 하고 울지.
- 아이: 야옹이? 멍멍이 아니야?
- 엄마: 응. 이건 야옹이야. 야옹이는 수염이 더 길고 "야옹" 하고 울어.

- 아이: 야옹이. 야옹이. 이건 야옹이야.

　이제 아이는 멍멍이와 야옹이를 구분하기 시작한다. 하지만 아직 다른 동물들은 잘 구분하지 못한다. 이렇게 아이들이 세상을 배워 가는 과정을 '동화와 조절'이라고 한다.

　멈추지 않는 호기심으로 수십 번이고 엄마, 아빠에게 똑같은 질문을 하면서 세상을 하나씩 배워가던 어린 시절을 기억하는가? 엄마, 아빠, 맘마, 멍멍이, 장난감, 친구, 뽀뽀, 사랑해……. 마치 하얀 종이 위에 그림을 하나씩 그려 가듯 우리는 마음속에 세상에 대한 여러 개념들을 하나씩 담게 되었다.

　너무나도 유명한 발달심리학자인 피아제는 아동이 머릿속에서 세상으로부터 습득한 정보를 체계화하고 해석하는 생각의 틀을 '스키마$_{schema}$'라고 하였다. 피아제는 아동이 스키마를 유지하고 변화시키는 과정을 통해 세상에 대한 지식들을 넓혀 간다고 보았다. 앞의 예에서 보았던 것처럼 아이는 엄마를 통해 멍멍이라는 스키마를 습득하게 된다. 이때 멍멍이는 털이 달리고 다리가 네 개인 모든 동물들을 포함하는 스키마이다. 한번 멍멍이라는 스키마를 갖게 된 아이는 네 발이 달린 동물들을 모두 이 스키마 속에 포함시키게 된다. 심지어 개가 아닌 고양이, 늑대, 사슴, 양과 같은 네 발 달린 동물들을 모두 멍멍이라고 부른다. 이렇게 자신이 갖게 된 스키마를 통해 새로운 경험들을 해석하는 과정을 '동화'라고 한다.

 동화의 과정을 통해 멍멍이라는 스키마가 안정이 되면, 이제 아이는 새로운 단계를 맞이할 준비가 된다. 이는 '조절'이라는 과정으로 새로운 정보를 받아들이기 위해 자신이 가진 스키마를 변화시키는 것이다. 수염이 좀 더 길고 "야옹" 하고 우는 동물은 멍멍이가 아닌 야옹이라는 사실을 받아들이고 아이는 멍멍이라는 스키마에 야옹이라는 스키마를 추가하여 둘을 구분할 수 있는 능력을 가지게 된다. 하지만 아직 야옹이를 여우나 치타와 같이 비슷해 보이는 동물들과 구분할 수는 없다. 그러나 아이가 더 자라면 이를 구분할 수 있는 새로운 스키마가 만들어지게 될 것이다. 만약 아이가 성장해서 개에 깊은 관심이 생긴다면 몰티즈, 시추, 푸들, 골든 리트리버, 요크셔테리어, 닥스훈트 등을 구분할 수 있는 개에 대한 정교한 스키마를 가지게 될 것이다.

 동화와 조절의 과정은 그저 아이들에게만 나타나는 것일까? 그렇지 않다. 휴대전화가 처음 등장했을 때를 생각해 보라. 전화기는 수화기와 다이얼이 있는 본체에 꼬불꼬불한 선이 연결되어 있으며 통신케이블에 연결하여 사용한다는 스키마를 가지고 있던 사람들이 선이 없는 새로운 형태의 전화기에 대한 스키마를 추가하게 되었다. 그 후로 벽돌만 한 크기의 구형 휴대전화로부터 손바닥에 들어갈 만한 사이즈, 반으로 접히는 등의 다양한 디자인으로 변화된 제품들을 모두 휴대전화라는 스키마에 동화시켜 왔다. 하지만 다시 인터넷 기능이 추가되면서 휴대전화는 통화를 주로 하는 기기라는 스키마가 흔들리게 되었고, 통화뿐만 아니라 음악듣기, 정보 검색, 동영상 시청, 온라인게임 등의 다양한 용도로 사용할 수 있는 '스마트 기기'라는 새로운 스키마로 조절되었다. 어쩌면 현재 우리가 가지고 있는 휴대전화에 대한 스키마는 조만간 또 다시 새로운 스키마로 조절되어야 할지도 모른다. 이미 휴대전화는 위치 추적, 심장박동 측정, 화상 통화 및 회의 등 기존에 생각지 못한 기능들을 계속해서 추가적으로 선보이고 있다.

현대사회는 어느 때보다도 스키마의 동화와 조절이 빠르게 반복되고 있는 시대이다. 이에 뒤처지지 않으려면 끊임없이 변화를 수용하고 유연한 사고를 가져야 할 것이다. 이처럼 말랑말랑한 스키마를 가지고 있지 않으면 당신은 나이와 상관없이 더 젊은 세대의 머릿속에서 '꼰대'라는 스키마에 동화될지도 모른다.

까꿍놀이가 재미있는 이유

대상영속성

생후 7개월이 된 아기 수민이는 과자를 너무 좋아한다. 어쩌다 방바닥에 과자가 떨어져 있으면 잽싸게 기어가서 입에 넣어버린다. 보다 못한 엄마가 과자를 빼앗아 뒤로 감추고 비어 있는 손바닥을 보여주자 수민이는 "으앙" 하고 울음을 터뜨리지만 잠시 후 포기한 듯 다시 다른 곳으로 기어가기 시작한다. 그로부터 1개월 후 다시 방바닥에서 과자를 발견한 수민이는 과자를 향해 돌진한다. 엄마는 이전과 마찬가지로 과자를 냉큼 빼앗아 뒤로 숨기고 빈손을 보여주었다. 하지만 웬일인가? 이번에는 수민이가 포기하지 않는다. 엄마가 숨긴 뒤로 와서는 엄마 뒤에 있는 과자를 찾아내고 입에 쏙 넣어버렸다. 수민이에게 무슨 일이 일어난 것인가? 엄마는

> 깜짝 놀랐지만 이내 귀엽고 사랑스러운 모습에 미소를 참지 못한다. 이렇듯 눈에 보이지 않아도 물건이 여전히 존재한다는 사실을 아는 능력을 '대상영속성object permanence'이라고 한다.

생후 6개월 정도의 아기는 눈앞에 있는 물체가 시야에서 사라지면 실제로 없어진 것으로 인식한다. 이러한 아기에게 까꿍놀이는 참으로 신기한 현상이 아닐 수 없다. 엄마가 두 손으로 얼굴을 가리면, 아기에게 엄마가 보이지 않고 엄마는 없어졌다. 그러다가 금세 엄마가 손을 열고 "까꿍" 하고 소리를 내면 엄마가 갑자기 나타난다. 재미있는 소리는 덤이다. 이 얼마나 신기하고도 놀랄 만한 일인가?

그러다 생후 8개월 정도가 되면 아기의 머릿속에 방금 보았던 사물에 대한 그림이 남기 시작한다. 이를 '표상representation'이라고 한다. 이제 잠시 정도는 눈에 보이지 않아도 그 대상이 완전히 사라진 것이 아님을 안다. 그래서 아기가 찾던 장난감을 베개로 덮어버려도 아기는 베개를 걷어 내고 장난감을 찾아낸다. 하지만 안타깝게도 몇 초가 더 지나버리면 다시 베개 속에 장난감이 있다는 사실을 잊어버린다. 몇 개월이 더 지나면 어느 정도 시간이 지나도 숨겨진 물건을 찾아내기 시작한다. 이제 까꿍놀이에 대한 재미도 시들해진다.

　이러한 대상영속성은 아기에게 정서적 안정감의 근원이 된다. 엄마가 잠시 눈에 보이지 않아도 세상에서 사라진 것처럼 불안해하거나 울지 않아도 되기 때문이다. 엄마는 지금 당장 눈에 보이지 않아도 언제든 부르면 다시 돌아올 수 있는 든든한 안식처임을 알고 안심할 수 있다. 아기는 크면서 더 단단해진 엄마에 대한 대상영속성을 기반으로 좀 더 떨어져서 다른 곳을 탐색해 볼 수 있다. 그리고 어린이집이나 유치원 등을 가면서 세상을 향한 여행을 조금씩 해나가기 시작한다. 엄마가 여전히 마음속 그 자리에 있기 때문이다. 이제 더 성장한 우리도 낯설거나 새로운 곳에서 잘 적응할 수 있는 것은 가족과 집에 대한 대상영속성 때문이 아닐까 생각해 본다. 누구나 마음속 깊은 곳에 돌아갈 수 있는 변함없이 사랑하는 사람과 따뜻한 장소가 있기 마련이다.

어느 주스가 더 많지?

보존 개념

　유치원에 다녀온 민수가 목이 마르다고 한다. 엄마는 민수가 좋아하는 오렌지 주스를 밑면이 좁고 높이가 높은 유리잔에 부었다. 그런데 민수가 마시려는 순간, 엄마는 유리잔에 금이 간 것을 발견하였다. 혹시 민수가 다칠까 봐 엄마는 오렌지 주스를 밑면이 넓고 높이가 낮은 머그잔에 옮겨 주었다. 그러자 민수가 갑자기 울기 시작한다. 엄마가 민수에게 왜 우는지 물어보자 민수는 주스의 양이 아까보다 줄어들었다는 것이다. 엄마는 같은 양이라고 설명하지만 민수는 아니라면서 계속 울고 있다. 결국 엄마는 주스를 다시 금이 간 유리잔에 옮겨 주었다. 그러자 민수는 눈물을 닦고 유리잔에 든 주스를 꿀꺽꿀꺽 마시면서 만족스러워한다.

> 왜 민수는 주스의 양이 같다는 것을 알지 못하는 것일까? 민수에게 아직 '보존 개념 concept of conservation'이 없기 때문이다.

눈앞에 있는 물체나 사람의 이미지를 머릿속에 간직할 수 있게 된 아동은 눈에 보이지 않아도 그 대상이 여전히 존재함을 아는 대상영속성을 지니게 되었다. 하지만 어떤 행동을 하고 마음속에서 그 행동을 다시 되돌리는 작업을 하기에는 역부족이다. 예를 들어, 밑면이 좁고 높이가 높은 잔에 있는 주스를 밑면이 넓고 높이가 낮은 잔으로 옮겼다가, 다시 원래의 잔으로 되돌리는 상상을 할 수 없는 것이다. 이러한 머릿속 작업이 불가능하기 때문에 아동은 눈에 더 잘 들어오는 높이에만 초점을 맞추고 밑면은 고려하지 못한 채 주스의 양이 줄어들었다고 생각한다.

사물의 모양이 달라져도 부피, 질량, 수와 같은 특성이 변하지 않는 원리를 보존 개념이라고 한다. 아동이 초등학교에 입학할 즈음, 만 6~7세경이 되면 조금씩 보존개념이 생겨나기 시작한다. 잔의 높이만 생각하는 것이 아니라 밑넓이도 고려할 수 있고, 잔의 모양이 달라지더라도 원래 들어 있던 주스의 양이 변하지 않음을 알게 된다. 그리고 동그란 모양의 고무찰흙을 접시처럼 넓게 펴거나 막대처럼 길게 늘이더라도 그 부피가 변하지 않음을 깨닫게 된다. 아이는 이렇게 보다 합리적으로 판단할 수 있는 능력이 조금씩 커가게 된다.

엄마에게 매달리는 이유

애착과 각인

1950년대 미국의 심리학자 해리 할로와 마거릿 할로는 새끼 원숭이를 출생 직후에 어미로부터 격리시키고 우리에서 사육하였다. 이때 두 가짜 어미를 만들어 주었는데, 하나는 철사로 만든 몸통에 젖병이 달려 있는 모형이었고, 다른 하나는 젖병이 없이 부드러운 천으로 둘러싼 모형이었다. 새끼 원숭이는 어느 어미에게 더 붙어 있었을까? 젖을 주는 철사 어미? 아니면 젖이 없는 부드러운 천 어미?

새끼 원숭이는 음식보다 부드러운 접촉

> 을 훨씬 더 선호하였다. 대부분의 시간에 천으로 된 어미에게 붙어 있었으며, 젖을 먹을 때조차도 몸의 일부는 천 어미에게 붙어 있으려 하였다. 뿐만 아니라 불안한 상황에서는 더욱 천 어미에게서 떨어지지 않으려고 하였으며, 새로운 것을 탐색할 때에는 천 어미를 안전기지 삼아 탐색 후에는 곧장 돌아오는 모습을 보였다. 새끼 원숭이에게는 먹여 주는 대상이 어미가 아니라 따뜻함을 주는 대상이 어미였던 것이다.

돌봐 주는 대상과 맺는 따뜻하고 끈끈한 관계를 '애착^{attachment}'이라고 한다. 어린아이는 엄마에게 강한 애착을 가지게 되고 엄마와 떨어지면 불안해하고 울음을 터뜨린다. 이러한 아이의 반응은 엄마의 보호본능을 자극하여 아이에게서 떠나지 못하게 만든다. 그러면 이러한 애착은 어떻게 만들어지게 되는 것일까? 할로 당시의 심리학자들은 아기의 애착이 영양분 공급과 관련이 있다고 생각했다. 즉, 엄마가 먹을 것을 주기 때문에 아기들이 엄마에게 애착을 가지게 된다고 보았던 것이다. 그러나 이러한 생각은 할로의 새끼 원숭이 실험을 통해 무너지게 되었다. 새끼 원숭이가 그랬듯이 우리는 음식이 아닌 따뜻한 접촉과 사랑이 필요한 것이다.

아기들은 부드럽고 따뜻하며 흔들어 주고 토닥거려 주고 그리고 먹여 주는 사람에게 애착을 가지게 된다. 엄마와 아기 간의 상호작용은 대부분 안아 주고 쓰다듬는 접촉을 통해 일어나고 이를 통해 애착이 형성된다. 이 때문에 아이가 어릴 때 스킨십을 많이 해주는 것이 중요하다.

그렇다면 애착은 주로 언제 형성되는 것일까? 많은 동물들의 경우 애착을 형성하는 데 가장 중요한 결정적인 시기가 있다. 예를 들어 새끼 거위나 오리는 알에서 깨어난 지 몇 시간 내에 최초로 본 움직이는 대상을 어미로 여기고 이를 졸졸 따라다닌다. 이러한 현상을 '각인 imprinting'이라고 한다. 대부분의 경우에는 어미가 각인의 대상이지만, 그 시점에 사람이 지나가면 그 사람을 어미로 알고 따라 다니게 된다. 뿐만 아니라, 개나 고양이 같은 다른 종의 동물이나 심지어 바퀴가 달린 장난감 자동차, 튀어 오르는 공 등의 다양한 움직이는 대상에 대해서도 애착을 형성한다. 그리고 한 번 형성된 각인은 돌이키기가 거의 불가능하다.

인간도 이러한 강력한 각인이 일어날까? 혹시 아기를 처음 받은 산부인과 의사나 간호사, 아니면 눈이 보이기 시작할 때 눈앞에 있던 장난감 모빌 등을 엄마로 여기게 될까? 다행히도 인간은 새끼 거위나 오리와 같은 고정된 각인이 일어나지는 않는다. 하지만 가장 많은 돌봄이 필요한 생후 1~2년의 시기에 집중적인 양육을 누가, 어떻게 제공했는지는 아이의 애착에 있어 중요한 요인이 될 수 있다. 심리학자 에릭 에릭슨은 이 시기에 엄마, 아빠로부터 공감 받으며 따뜻한 양육을 제공받은 아이들은 그 경험을 토대로 세상은 예측 가능하고 신뢰할 만하다는, 세상에 대한 '기본 신뢰 basic trust'가 형성된다고 말한다. 반면 이 시기에 적절한 양육을 제공받지 못하면 세상은 예측할 수 없고 믿을 수 없다는 불신을 품게 된다고 한다. 갓 태어난 아이들에게 양육자는 세상의 전부를 의미하는 것이다.

사춘기, 도대체 왜 그러는 걸까?

상상 속 청중과 개인적 우화

초등학생 때까지 엄마에게 순종적이고 착한 딸이었던 수지는 중학생이 되면서부터 달라지기 시작했다. 무엇보다 크게 달라진 점은 외모나 옷차림에 지나치게 신경을 쓰게 된 것이었다. 거울을 손에 달고 다니며 수시로 확인하면서 피부에 생긴 작은 여드름에 지나치게 집착하고 그럴 때마다 짜증을 낸다. 엄마의 눈에는 또래들에 비해 오히려 피부가 깨끗한 편인 딸의 짜증이 이해되지 않는다. 외출할 때가 되면 헤어스타일과 옷, 화장 때문에 더 예민해지고 준비하는 데에 시간이 너무 많이 걸린다. 제일 이해가 안 되는 것은 집 근처에 있는 편의점에 간식거리를 사러 나갈 때이다. 금방 나갔다 올 수 있는 거리인지라 대충 입고 갔다 오면 될 것 같은데도 수지는 머리부터 발끝까지의 외양을 다 챙긴 다음에야 나선다. 편의점 다녀오는 시간이 5분이라면 꾸미는 데 걸리는 시간은 30분 이상이다.

또 이해가 안 되는 모습은 엄마와 이야기를 하다 보면 항상 "엄마는 몰라. 엄마는 이해 못 해."라는 말로 대화가 끝나게 되는 것이다. 이 말 뒤에는 방문을 쾅 닫고 자기 방에서 한참 동안 나오지 않는다. 왠지 방안에서 혼자 흐느껴 우는 소리가 들리는 듯하여 측은한 마음이 들기도 하지만, 엄마도 다 겪은 일인데 이해못한다면서 화를 내는 모습에 무시당하는 느낌이 들기도 한다.

이런 수지의 행동 때문에 속이 상한 엄마는 수지의 외할머니와 통화하면서 사춘기 딸 때문에 힘들다고 호소한다. 하지만 그때마다 듣는 이야기는 늘 비슷하다. 수지 외할머니는 "어쩜 너 사춘기 때랑 똑같네. 이제 네가 나한테 한 걸 그대로 딸내미한테서 돌려받는구나. 아이고, 고소해라. 내 속이 다 후련하다." 하고 웃으신다.

왜 많은 청소년들이 이런 모습을 보이는 것일까?

아동기에서 성인기로 넘어가는 과도기를 청소년기라고 한다. 심리학자 스탠리 홀은 이 시기를 '질풍노도의 시기'라고 하였으며, 신체적으로 급격한 성장을 보이나 사회적으로는 독립을 이루지 못하고 여전히 의존적인 단계라고 보았다. 청소년기는 어리고 유약한 아동도 아니고 성숙하고 강인한 성인도 아니다. 그래서 이 두 부류 중 어느 곳에도 속하지 못하는 어중간한 시기로 '주변인'으로 보기도 한다. 또한 이 시기를 한자어로는 '사춘기思春期'라고도 하는데, 이는 봄을 생각하는 시기라는 뜻으로 봄은 성적인 의미를 담고 있기에 성에 대해 조금씩 눈을 뜨는 시기로 볼 수 있다.

청소년기에는 성호르몬의 폭발적 분비로 인해 신체적으로는 음모가 나고 가슴이 발달하는 등 2차 성징이 나타나고, 정서적으로는 기분이 순식간에 오르락내리락 하는 불안정성도 나타난다. 이러한 시기에 나타나는 청소년들만의 독특한 심리적 특성들 중 가장 두드러지는 것이 바로 '상상 속 청중'과 '개인적 우화'이다.

상상 속 청중은 과장된 자의식으로 인해 다른 사람들이 늘 자신을 지켜보고 면밀한 주의를 기울이고 있다고 착각하는 것이다. 길을 나서면 거리에 있는 모든 사람들이 자신을 힐끔힐끔 쳐다보고 자신의 외모나 옷차림을 주의 깊게 살펴보며 이에 대해 속으로 평가를 한다고 생각한다. 학교에 가면 모든 급우들과 선생님이 자신의 행동을 관찰하며 작은 실수에도 심하게 비웃을 것이라고 짐작한다. 이러한 특성으로 인해 상상 속의 청중들을 즐겁게 하거나 실망시키지 않기 위해 과도한 에너지를 쏟게 되고, 남들이 눈치 채지 못할 작은 실수에도 혼자 속상해하고 깊은 번민에 빠지기도 한다. 이러한 이유로 인해 외양을 꾸미는 데 지나치게 신경 쓰고 행동 하나하나에도 스스로 자기평가와 확인의 과정을 거치게 된다. 간혹 자신의 외모가 괜찮아 보인다거나 뿌듯한 행동을 한 것 같을 때에는 혼자 기뻐하고 성취감을 느낄 때도 있지만, 실제의 자기에 비해 꿈꾸고 되고 싶은 이상적 자기가 훨씬 높기 때문에 만족보다는 실망과 후회를 경험하기가 쉽다.

이렇게 청소년 본인은 자신의 일거수일투족이 타인의 눈에 어떻게 보일지에 따라 기분이 하루에도 수백 번씩 오르락내리락하지만, 사실 타인들은 그 청소년에게 별다른 관심이 없다. 사실은 이러하지만 여전히 청소년의 머릿속에 있는 상상 속 청중들은 심사위원이 되어 눈을 부릅뜨고 행동 하나하나에 점수판을 들어 올리고 있다.

타인의 시선과 평가에 지나치게 예민하여 사람들 앞에서 발표, 자기소개 등을 하거나 낯선 사람이나 상급자를 대할 때 극도의 불안을 경험하게 되는 경우를 '사회불안장애'라고 한다. 이러한 사회불안장애가 많은 경우 청소년기에 처음 시작된다는 사실 또한 이 시기의 상상 속 청중이라는 특성과 관련이 적지 않다.

개인적 우화는 청소년들이 자신은 독특하고 특별한 존재이므로 자신이 겪는 감정과 경험들은 다른 사람들과는 근원적으로 다르다고 믿는 특성을 말한다. 자신이 경험하는 우정, 사랑, 고민, 갈등, 세상과 존재, 죽음에 대한 생각과 감성은 어느 누구도 경험해 보지 못한 독특한 것이기에 타인들은 이해하지 못할 것으로 생각한다. 자신보다 어린 동생들에 대해서는 아직 미성숙해서 이해할 수 없다고 생각하며, 자신보다 나이가 많은 어른들에 대해서는 낡은 사고방식으로 이전 세대와는 다른 새로운 경험을 이해할 수 없다고 치부한다.

이로 인해 친구나 선후배와의 관계를 중시하고, 가족 내에서는 소외감을 경험하거나 부모와의 갈등을 경험하기 쉽다. 하지만 태양 아래 완전히 새로운 것은 없다. 부모의 사춘기 경험이 과거의 시대적 흐름을 반영하고 겉모양이 조금 다르다고 해도 그 속에 들어 있는 알맹이는 같다고 볼 수 있다. 마치 예전의 투박한 놋그릇이나 현대의 가볍고 튼튼한 플라스틱 그릇이나 담는 용기는 달라도 그 안에 들어 있는 흰 쌀밥은 같은 것처럼 말이다. 그러므로 서로의 차이를 이해하고 공통의 경험과 감정을 인정하는 부모와 청소년 자녀는 불안정하고 힘든 사춘기를 좀 더 안정적이고 무난하게 보낼 수 있다.

내적 혼란과 갈등의 시기를 통해 청소년들은 '나는 누구인가?'

라는 질문에 조금씩 답을 해 가면서 자신의 존재를 인식하고 또 만들어 가게 된다. 이렇게 사춘기의 고통을 겪으면서 만들어 낸 자신에 대한 고유의 느낌과 인식을 '정체성^{identity}'이라고 하며, 에릭 에릭슨은 정체성 확립을 청소년기의 가장 중요한 과제로 보았다. 꽃샘추위를 이겨낸 개나리들이 노란 꽃들을 피우듯, 청소년기의 고민과 갈등을 이겨내고 정체성을 확립한 이들은 사춘기를 인생에서 가장 밝고 화창한 계절인 봄으로 간직할 수 있게 된다.

어른들의 세상?

중년의 위기와 빈 둥지 증후군

중학생인 민수는 엄마가 즐겨 보는 TV 드라마들이 도저히 이해가 안 된다. 드라마 속의 중년 부부들은 서로 사랑하지도 않는데 왜 결혼생활을 유지하는지 모르겠다. 부부가 식탁에서 나누는 대화는 자녀의 성적에 대한 몇 마디가 전부이다. 그러다 남편은 직장에서 알게 된 젊은 여직원과 불륜을 저지르고, 이를 우연히 알게 된 아내는 배신감에 분노하지만 오히려 남편에게 더 부당한 대우를 받게 된다. 상처를 받은 아내는 아이들 때문에 쉽게 이혼을 결심하지 못하지만 자신의 삶을 찾겠다는 다짐으로 새로운 일을 시작하고 일에서 조금씩 유능함을 보이게 된다. 새롭게 찾은 직장에서 아내는 냉정한 듯하나 자신을 진심으로 아껴 주는 젊은 남자 임

원을 만나게 되고 그 남자가 사실은 기업의 상속자임을 알게 된다. 말 그대로 막장 드라마이다.

　엄마는 불륜을 저지르는 드라마 속 남편에게는 분노를 터뜨리지만, 새로운 사랑을 찾게 되는 아내에 대해서는 이해의 눈빛으로 지나친 감정이입을 한다. 민수의 눈에는 중년이 저렇게 괴롭고 힘든 시기인가 싶고 자신은 어른이 되고 싶지 않다는 생각까지 든다. 드라마 속 '중년의 위기'는 정말 현실일까?

　성인기를 3단계로 나눈다면 대체로 20대에서 30대까지의 청년기, 대략 65세까지의 중년기, 그리고 65세 이후의 노년기로 구분할 수 있다. 청년기는 대학 입학, 첫 데이트, 첫 직장 등을 경험하는 시기이다. 에릭 에릭슨은 이 시기에 가장 큰 관심이 '생산성과 친밀감'이라고 하였다. 즉, 직업을 탐색하며 열심히 일하는 시기이며, 평생을 함께 할 반려자를 찾는 시기로 보았다. 청년기를 지나면서 많은 경우 결혼을 하고 자녀를 가지게 된다. 자녀를 출산하는 전후 3년은 대부분의 부모가 삶의 만족도가 증가하며, 자녀의 출생은 큰 행복을 가져다 준다.

　하지만 이후의 중년기에서 삶의 만족도가 지속적으로 낮아지는 모습을 보인다. 40대가 되면서 부부 간 애정은 조금씩 식어 가고 권태기를 경험하기 쉽다. 귀엽고 사랑스럽기만 하던 아이들은 사춘기에 접어들면서 부모보다는 친구를 더 선호하며 심지어 반항하는 모습을 보이기도 한다. 직장에서는 지속적으로 해온 일이 습관화되면서 일하는 것이 크게 즐겁지도 않고 새로울 것도 없다. 이뿐 아니라 이제는 앞으로 살날보다 살아온 날이 더 길다는 것을 깨닫고 노화와 죽음에 대한 두려움이 조금씩 엄습해 온다.

이러한 중년의 위기는 정말 드라마 속 장면이 현실이 되게 하는 것일까? 대규모의 미국 표본 연구 결과를 보면 사실 그렇지 않다. 즉, 불행, 직업 불만족, 결혼 불만족, 이혼, 불안, 자살 등이 40대에 절정을 이루는 것은 아니라고 한다. 예를 들어 이혼은 20대에서 가장 많이 나타나며, 자살은 70대와 80대에 가장 빈번하게 나타난다고 한다. 그리고 삶의 위기를 경험했다고 하는 성인의 25%에 있어서 위기를 촉발한 것은 나이 자체가 아니라, 질병이나 이혼, 실직과 같은 삶의 중대한 사건이었다. 그러므로 모든 사람이 중년의 위기를 겪는 것은 아니며, 중년의 나이가 되었기 때문에 위기를 겪는 것이 아니라 삶에서 일어난 불행한 사건으로 인해 위기를 겪는 것이다.

50대, 60대에 이르면 자녀들이 진학, 취업, 결혼 등의 이유로 부모를 떠나 독립하는 시기가 온다. 이때 자녀들이 떠나고 부부만 남게 되는 상황에서 겪는 부정적인 감정을 '빈 둥지 증후군'이라고 한다. 과거에는 이렇게 남겨진 부부들이 공허감으로 인해 정서적인 빈곤, 우울증을 경험하게 된다고 보았다. 하지만 근래의 연구들은 오히려 자녀의 독립 후 많은 부부들이 안도와 행복감을 맛보며 다시 신혼 때의 부부 만족도를 회복하기도 함을 보여준다. 특히나 자녀들과 친밀한 관계를 유지하고 있을 때에는 더욱 긍정적이라고 한다. 그렇다면 빈 둥지 증후군 역시 모든 중년이 겪는 일반적인 현상은 아니라고 볼 수 있겠다.

많은 TV 드라마들이 중년 시기를 암울하고 심각한 갈등을 겪는 시기로 묘사하는 것이 아쉽다. 실제로는 큰 어려움 없이 행복하게 살아가는 중년들이 많이 있다. 드라마는 드라마일 뿐이다.

노년기의 축복

말년의 긍정성

  선진이는 할머니의 인자한 미소가 참 좋다. 할머니는 늘 웃으시며 작은 일에도 감사하다는 말씀을 많이 하신다. 하지만 선진이는 이러한 할머니의 넉넉함이 잘 이해되지 않는다. 할머니는 할아버지께서 먼저 돌아가셔서 큰딸인 선진이 어머니와 가까운 거리에서 혼자 사신다. 몸도 이곳저곳 아픈 곳이 많고 눈도 잘 안 보인다고 하신다. 이런 할머니가 어떻게 행복할 수 있을까 하는 생각이 든다. 어느 날 선진이가 할머니에게 물어보았다.

- 선진: 할머니, 할머니는 몸도 아프시고 눈도 잘 안 보이시고 특별히 부자도 아닌데 어떻게 그렇게 웃으면서 지내실 수 있어요? 저는 아픈 데도

없고 눈도 잘 보이지만 늘 짜증나는 일투성이인데……. 저는 솔직히 할머니가 이해가 잘 안 돼요.

- 할머니: 그야, 너처럼 예쁘고 착한 손주가 있어서 감사해서 그러지. 호호호.
- 선진: 에이, 그런 것 말고 다른 이유는 없으세요? 정말 궁금해서 그래요.
- 할머니: 음…… 글쎄다. 이 할미도 너처럼 어릴 때에는 마음이 냄비에 물 끓듯 했단다. 좋은 일에는 많이 흥분하고 기뻤지만 나쁜 일에는 크게 낙담하고 슬퍼서 마치 마음이 널뛰기를 하는 것 같았지. 하지만 나이가 점점 들면서 힘들고 슬픈 일이 있어도 감정이 그렇게 격하게 괴롭기보다는 그냥 은근하게 아프고 아주 격렬하지는 않는 것 같아. 그리고 기쁜 일이 있어도 그렇게 크게 격정적으로 기쁘지는 않은 것 같구나. 하지만 점점 잔잔한 기쁨과 감사한 마음이 생겨나는 것 같아. 이렇게 크게 아프지 않고 하루하루를 살 수 있는 것만 해도 감사한 일이지.

그렇게 할머니는 다시 미소를 지으셨지만 선진이는 아직도 할머니가 잘 이해되지 않는다. 자신도 나이가 들면 할머니처럼 긍정적인 사람이 될 수 있을까 하는 생각을 해본다.

노년기에 이르면 삶의 걱정거리가 늘어날 수 있다. 경제적 수입은 줄어들고 일자리를 찾기 힘들며 건강은 점점 약해진다. 기억력은 감퇴하고 기운은 떨어지고 친구와 가족의 죽음을 경험하며, 결국 인생의 그림자인 자신의 죽음을 예상하게 된다. 이로 인해 많은 사람들이 쓸쓸하고 외로운 노년기를 떠올리고 많은 노인들이 우울과 무기력에 시달릴 것으로 생각한다. 하지만 의외로 많은 노인들이 자신의 삶을 즐기고 주어진 것에 만족하며 행복한 노년을 경험하는 것으로 보고된다. 이러한 '말년의 긍정성'은 어떻게 가능할까?

갤럽 연구에 의하면 전 세계적으로 65세 이상의 노인들이 크게 불행하지 않으며 자존감이 안정적으로 유지된다고 한다. 게다가 감정을 조절하는 능력이 높아져서 긍정적인 감정은 증가하고 부정적인 감정은 상대적으로 가라앉는다고 보고한다. 아울러 긍정적인 감정을 담고 있는 언어적 표현을 더 사용하며, 부정적인 정보에는 주의를 덜 기울이게 된다고 한다.

인생의 다양한 희로애락을 경험한 결과 성격이 성숙한 것으로 볼 수 있겠지만, 이러한 변화에는 나이가 들어가는 뇌의 역할도 있는 것으로 보인다. 노인들의 두뇌 영상을 살펴본 연구에 의하면, 감정 처리와 관련된 중요한 신경계인 편도체가 부정적인 사건에 대해 덜 반응하게 된다. 또한 부정적인 이미지를 제시할 때 일어나는 뇌파의 반응도 감소한다고 한다. 즉, 부정적인 자극에 대한 뇌의 반응이 둔감화되는 것이다.

  심리학자 미하이 칙센트미하이와 리드 라슨에 의하면, 10대들은 전형적으로 1시간도 안 되는 동안 우쭐함과 우울함 사이를 오락가락하지만, 어른들은 기분이 덜 극단적이며 더 지속적이라고 한다. 즉 나이가 들어가면서 덜 흥분하고 덜 의기소침해진다는 것이다. 어릴 때에는 작은 기쁜 일에도 쉽게 흥분하고 사소한 비난에도 우울해지지만, 나이가 들수록 이러한 동요가 잦아드는 것이다. 얕은 물은 작은 돌질에도 첨벙거리지만 깊은 호수는 잦은 돌질에도 요란하지 않은 것처럼 말이다. 사람도 그렇게 깊어 가는 것이다.

③
우리는 어떻게 경험할까?

우리는 시각, 청각, 후각, 미각, 촉각을 통해서 세상을 경험한다. 만약 볼 수 없다면 눈앞에 있는 그랜드캐니언의 장관을 경험할 수 없을 것이며, 들리지 않는다면 웅장한 오케스트라의 연주를 감상할 수 없을 것이며, 맛을 보고 냄새를 맡을 수 없다면 잘 구운 삼겹살을 즐길 수 없을 것이며, 느낄 수 없다면 연인과 처음 손이 맞닿는 흥분을 알 수 없을 것이다.

　이러한 감각기관을 통해 세상을 경험하는 과정은 '감각 sensation'과 '지각 perception'으로 구분할 수 있다. 감각이 감각기관과 신경계를 통해 환경에서 주어진 자극을 받아들이는 과정이라면, 지각은 받아들인 감각정보를 체계화하고 해석하는 과정을 말한다. 예를 들어 학교 운동장을 걸어갈 때, 무언가 크고 둥근 물체가 눈앞으로 날아오는 것을 보게 되는 과정이 감각이라면, 그 물체가 큰 돌이나 대포알이 아닌 농구공임을 알게 되는 과정을 지각이라고 할 수 있다. 예에서처럼 우리는 먼저 감각한 후에 지각하게 된다. 하지만 이 처리과정이 워낙 순식간에, 문자 그대로 눈 깜짝할 새 일어나기 때문에 우리는 감각과 지각이 동시에 일어나는 것처럼 경험하게 되고 둘을 구분하는 것이 거의 불가능하다. 이 장에서는 우리가 주어진 환경을 감각하고 지각할 때 어떤 특징들이 있는지에 대해 살펴보도록 하자.

위에서 아래로, 아래에서 위로

상향처리와 하향처리

이제 사귄 지 다섯 달이 된 명수와 지선은 강변에 있는 공원에 자리를 깔고 앉았다. 화창하고 맑은 날씨에 하늘을 바라보던 지선이 먼저 말을 꺼낸다.

- 지선: 오늘 하늘 참 예쁘지? 파란 하늘에 하얀 구름이 정말 예쁜 것 같아.
- 명수: 그래. 오늘 하늘 참 예쁘다. 하얀 구름들이 정말 멋진 것 같아. 저기 저 구름은 꼭 멋진 스포츠카 같지 않아? 와 정말 멋지다! 저런 스포츠카가 있다면 너랑 같이 신나게 드라이브를 할 텐데.

- 지선: 어디? 어디? 아, 저 구름 말이구나. 글쎄, 내 눈에는 스포츠카가 아니라 하늘에 떠 있는 커다란 궁전 같은데……. 영화 〈알라딘〉에 나오는 자스민 공주가 사는 궁전 같아. 안 그래?
- 명수: 궁전이라고? 에이, 어딜 봐서 궁전 같다는 거야? 저기 봐. 앞부분이 유선형으로 날씬하고 아래는 둥근 타이어처럼 생겨서 정말 스포츠카 같잖아.
- 지선: 그게 어딜 봐서 스포츠카 같다는 거야? 뾰족한 윗부분이 궁전의 첨탑 같잖아. 그리고 그 밑 부분은 궁전으로 들어가는 다리와 호수 같고.

결국 둘은 사소한 의견 차이로 갑자기 분위기가 어색해지고 말았다. 왜 둘은 같은 대상을 앞에 두고 매번 다른 것을 보게 되는 걸까? 반복되는 의견 차이로 둘의 관계까지 흔들리게 될까 봐 염려가 되기도 한다.

우리가 환경에서 주어진 자극들을 감각하고 지각하는 과정에는 두 가지 처리 방향이 있다. 하나는 감각기관에서 시작하여 감각신경계 그리고 두뇌의 통합으로 가는 과정으로, 보다 높은 수준의 처리로 진행되는 '상향처리^{bottom-up processing}'이다. 이와 다른 처리 과정은 두뇌에 이미 저장되어 있던 기억이나 개인적인 기대에 근거하여 감각기관에서 받아들여진 정보를 처리하는 과정으로, 보다 낮은 수준의 처리로 진행되는 '하향처리 top-down processing'이다.

앞의 예에서 본 것처럼 지선과 명수가 눈을 통해 구름을 보고 이 시각정보가 시신경을 거쳐 두뇌로 통합되어, 이를 멋진 구름이라고 지각한 것은 전형적인 상향처리이다. 반면에 평소에 자동차를 갖고 싶다고 생각하던 명수는 이러한 기대와 머릿속에 저장된 스포츠카의 이미지를 가지고 눈에 보이는 구름을 멋진 스포츠카로 보고, 동화나 영화 속 공주 이야기를 동경하고 상상 속 궁전의 이미지를 선명하게 그리던 지선은 눈에 들어온 구름을 환상적인 궁전으로 본 것은 전형적인 하향처리의 과정이다.

이렇듯 상향처리는 시각기관이나 청각기관 등에 특별한 이상만 없으면 대부분 같은 경험을 하기 때문에 개인 간의 차이가 크지 않다. 하지만 이미 뇌에 저장된 기억이나 기대, 욕구 등은 개인마다 다르기 때문에 하향처리를 통한 지각은 사람마다 다를 수 있다. 이러한 이유로 지선과 명수는 같은 구름을 보고 있지만 전혀 다른 상상을 하게 되는 것이다.

이렇듯 인간은 주변 환경을 받아들이는 과정에서 상향처리만 하는 것이 아니라 하향처리도 하기 때문에, 그 결과 사람마다 생각 차이가 나타나게 된다. 이러한 차이는 오해나 갈등의 원인이 되지만 사람들이 저마다 고유한 개성을 이루는 근원이 되기도 한다. 그러므로 다른 사람이 제시하는 고유한 생각에 대해 '틀렸다'라고 지적하기보다 나와는 '다르다'라는 관점으로 받아들일 수 있어야 한다. 하늘의 구름을 보고 모든 사람들이 다 같은 것을 본다면 미술관에 똑같은 그림이 수백 점 전시된 것처럼 얼마나 단조롭고 지루하겠는가? 다양성이 우리를 더 아름답게 만드는 것이다.

내 이름을 불러 줘

칵테일파티 효과

당신은 지금 오랜만에 초등학교 친구들을 만나고 있다. 연락이 닿은 스무 명 정도의 친구들과 함께 패스트푸드점에 들어와서는 햄버거와 콜라 등을 시키고 테이블 별로 앉아 이야기꽃을 피우고 있다.

당신의 테이블에 있는 네 명의 친구들과 옛날이야기를 하며 집중할 때에는 다른 테이블에서 떠드는 소리가 귀에 들어오지 않는다. 오직 같은 테이블 친구들과의 이야기만 선명하게 들릴 뿐이다. 그러다 옆쪽 테이블에 앉은 친구들의 이야기가 갑자기 귀에 들어오기 시작한다. 누군가 이야기 속에서 내 이름을 부른 것 같다. 당신은 그쪽 테이블에 앉은 친구 한 명에게 소리 질렀다. "야, 내 얘기하는 거야?" 그러자 그 친구가 대답한다. "헐,

어떻게 알았어? 그래, 너랑 수업시간에 장난치다가 담임한테 혼났던 이야기하고 있었다." 당신에 대한 험담이 아님을 확인한 후 다시 앉은 테이블의 대화에 집중한다. 그리고 다른 테이블의 이야기는 다시 귀에 들어오지 않는다.

어떻게 이러한 일이 가능할까? 지금 들으려는 이야기는 들리고 다른 소리들은 들리지 않다가, 누군가 내 이름을 부르면 그 소리가 귀에 들어오고, 다시 주의를 기울이지 않으면 다른 곳의 소리는 들리지 않는다. 이렇게 많은 소리들 중에서 한 가지 소리에만 주의를 기울여 들을 수 있는 현상을 '칵테일파티 효과'라고 한다. 사교모임에서 칵테일 한 잔을 들고 다니면서 여러 사람들을 만날 때 대화에 집중할 수 있는 현상에서 유래된 이름이다.

당신이 이 책을 읽으면서 집중하고 있다면 당신의 눈뿐만 아니라 생각이나 의식의 초점 또한 이 글에 맞춰지게 될 것이다. 이렇게 무언가에 집중하게 될 때, 모아지는 생각과 마음의 초점을 '주의$_{attention}$'라고 한다. 우리는 주변의 모든 자극들에 동시에 주의를 둘 수 없기 때문에, 어두운 곳을 손전등으로 비추면 빛이 닿는 부분만 보이는 것처럼 일부에만 초점을 둘 수 있게 되며 다른 부분들은 무시하게 된다. 이러한 현상을 '선택적 주의$^{selective\ attention}$'라고 한다. 말 그대로 필요한 부분에만 선택적으로 마음의 초점을 맞추는 것이다. 칵테일파티 효과는 선택적 주의의 작동으로 일어나는 대표적인 현상 중 하나이다.

만약 당신이 열광하는 컴퓨터 게임에 집중하고 있다면 스마트폰의 벨소리를 못 들을 수 있으며, 가족 중 한 명이 문을 열고 들어오는 것도 모를 수 있다. 심지어 가스레인지에 올려 놓은 음식이 타고 있는 줄도 모를 수 있다. 선택적 주의는 우리의 인지적인 능력이 부족해서 일어나는 현상이라고 할 수도 있지만, 중요한 정보만을 받아들이고 그렇지 않은 정보들은 무시하는 능력은 우리에게 꼭 필요한 것이기도 하다. 지금 이 책을 읽고 있는 당신이 주변에서 전달되는 다른 자극들, 예를 들어 멀리 들리는 자동차 소리, 실내조명의 미세한 변화, 피부에 전달되는 온도의 변화 등을 무시하지 못한다면 수시로 주의를 빼앗기고 집중력이 흐트러지게 될 것이다.

이렇게 선택적 주의 능력이 지나치게 낮아서 집중을 유지하기 힘든 경우를 '주의력결핍 과잉행동장애^{ADHD}'라고 할 수 있다. 뿐만 아니라 주변 환경에서 쏟아지는 수많은 자극들을 적당히 무시할 수 없다면, 우리의 감각기관과 신경계는 금세 과부하를 겪게 될 것이다. 그리고 과도한 감각정보들은 심각한 스트레스를 야기하게 될 것이고 이로 인해 정신적 불균형을 경험하고 결국 정신장애를 겪게 될 수도 있다. 정보의 홍수 속에 살아가는 우리에게 '모르는 게 약이다.'라는 속담처럼 어느 정도는 모르고 넘어가며 정말 필요한 것에만 집중하는 것이 정신건강에는 더 이로울 수 있다.

면세점의 마법

베버의 법칙

    선우는 엄마를 매우 알뜰한 분이라 생각한다. 왜냐하면 엄마가 슈퍼마켓에서 콩나물, 두부 등을 살 때 몇 백 원 차이로 살지 말지를 고민하고 때로는 몇 백 원 더 싸다면 다른 슈퍼마켓까지 찾아가는 모습도 자주 보았기 때문이다.

    어느 날 선우네 가족이 해외여행을 가게 되었다. 공항 검색대를 통과한 후에 나타난 면세점 코너에서 엄마는 그동안 사려고 벼르던 화장품, 가방, 액세서리 등을 사기 시작하셨다. 그런데 이게 웬일인가? 콩나물 살 때는 몇 백 원 차이도 그렇게 아까워하던 엄마가 명품 가방을 사는 데에는 원하는 디자인의 상품을 사기 위해 몇 십만 원을 선뜻 더 지불하시는 것이 아닌가? 이를 지켜보던 선우는 엄마에게 물었다. "엄마, 그 돈 아깝지 않아요? 평소에는 몇 백 원에도 고민을 많이 했잖아요?" 그러자 엄마가 대답하셨다. "아이구, 얘야. 그 돈과 이 돈이 같니? 이 정도면 엄청 싸게 산 거야."

선우는 엄마의 이런 모습이 정말 이해되지 않는다. 엄마는 왜 이렇게 예전과 다른 행동을 하시는 걸까? 이것이 사람들의 눈을 멀게 만든다는 면세점의 마법인가? 물론 선우의 엄마가 그동안 알뜰하게 사신 것에 대한 일종의 보상심리가 작동했을 수 있다. 하지만 엄마의 물건 값에 대한 지각이 달라지게 된 데에는 '베버의 법칙'이라는 심리학 원리가 한 몫을 했을 것이다.

우리가 어떤 자극을 알아차리기 위해서는 그 자극의 강도가 어느 정도 이상이 되어야 한다. 예를 들어 당신의 머리 위에 파리 한 마리가 앉아 있다면 당신은 그 무게를 전혀 느끼지 못할 수 있다. 하지만 머리 위에 고양이 한 마리가 앉았다면 당연히 그 무게를 느낄 것이다. 만약 머리 위에 달팽이 한 마리가 앉아 있다면 어떤 사람은 알아차리지 못할 수도 있지만 어떤 사람은 알아차릴 수도 있을 것이다. 이처럼 개인적인 차이가 다소 있겠지만 어떤 자극을 알아차리기 위해서는 최소한의 자극이 필요하며, 이때 최소한의 자극의 양을 '역치^{threshold}'라고 한다. 당신이 밥 한 그릇으로는 배가 부르지 않고 두 그릇을 먹어야 배가 부르다면, 당신이 배부르기 위한 역치는 두 그릇이 된다.

좀 더 과학적인 느낌이 들게 말하면, 당신이 10그램의 무게가 머리 위에 있을 때부터 이를 느낄 수 있다면 10그램 미만의 무게는 느낄 수 없을 것이다. 이때의 역치는 바로 10그램이 된다. 이제 당신의 머리 위에 있는 10그램의 추에 조금 더 무게를 더하려고 한다. 그런데 이때 1그램 정도를 추가한다면 그 차이가 미미해서 무게가 더해졌는지 느끼지 못할 수도 있다. 그러나 2그램 정도를 추가한다면 민감한 당신은 머리 위의 추가 더 무거워졌음을 느낄 수도 있다. 이때 더 무거워졌음을 알게 한 2그램을 '차이 역치^{difference threshold}'라고 하며, 이는 차이가 있음을 느끼게 하는 최소한의 양을 말한다. 이 차이 역치에 대해 19세기 후반의 심리학자 에른스트 베버가 발견한 원리가 바로 '베버의 법칙'이다.

이 법칙에 의하면 두 자극이 다르게 느껴지기 위해서는 일정한 '양'이 아니라, 일정한 '비율'만큼 차이가 나야 한다. 즉 차이를 느끼는 데에 중요한 것은 양이 아니라 비율인 것이다. 예를 들어 불빛은 강도가 8퍼센트 정도 달라져야만 그 차이를 느낄 수 있고,

무게의 경우에는 2퍼센트가 차이 나야 한다. 즉, 손에 100그램의 추가 들려 있다면 적어도 2그램 이상은 더해져야 눈으로 보지 않고도 추가 더 무거워졌음을 느낄 수 있는 것이다. (앞에서 머리에 추를 올린 경우에는 손에 올릴 때보다 감각이 둔할 것이다. 그래서 더 높은 비율의 차이가 필요할 수 있다.)

이를 물건 값에 적용해 보자. 예를 들어 우리가 물건 값이 10퍼센트 인상이 되었을 때 비싸졌다고 느낀다면, 1000원짜리 물건의 경우에는 100원이 오르면 비싸다고 느끼게 될 것이다. 하지만 100만 원짜리 물건의 경우에는 10만 원이 올라야 비싸다고 느낄 것이고, 1000만 원짜리의 경우에는 적어도 100만 원 이상 올라야 비싸다고 느끼게 될 것이다. 즉, 상품의 가격이 올라갈수록 원하는 물건을 사기 위해 돈을 지불하는 데 있어 통이 더 커지게 되는 것이다.

이러한 이유로 콩나물을 살 때에는 몇 백 원에도 민감하던 선우의 엄마가 몇 백만 원짜리 명품 가방에는 몇 십만 원 정도는 아깝지 않을 수 있다. 게다가 면세점에 붙어 있는 매력적인 할인율은 원가가 얼마인지 의문을 품을 틈도 없이 소비자의 판단력을 흐리게 만든다. 이로 인해 선우 엄마의 입장에서는 오히려 나름 합리적인 소비를 한다고 느낄 수 있는 것이다. 이것이 바로 면세점 마법의 숨은 심리학적 원리다. 이 베버의 법칙 때문에 몇 억씩 하는 집을 살 때에는 몇 백만 원씩의 수수료를 중개사에게 지불하고, 인테리어에도 몇 천만 원씩 통 크게 쓸 수 있게 되는 것이다.

전체는 부분의 합을 넘어선다

게슈탈트의 원리

이 그림에서 무엇이 보이는가? 몇 개의 삼각형이 보이는가? 그리고 몇 개의 원이 보이는가? 아마도 두 개의 삼각형과 세 개의 원이 보일 것이다.

즉, 하나의 삼각형과 세 개의 원 그리고 그 위에 겹쳐진 또 하나의 삼각형이 보일 것이다.

그러나 이는 틀린 답이다. 이 그림에서 완전한 삼각형은 하나도 없으며, 완전한 원도 없다. 대신 V자 모양의 꺾은선이 세 개 있으며, 일부가 잘려나간 피자 모양(혹은 팩맨Pac-Man 모양)의 검은색 도형이 세 개 있을 뿐이다. 그런데 왜 우리는 온전한 삼각형과 원을 보게 될까? 이를 '게슈탈트gestalt의 원리'라고 한다.

'게슈탈트'는 독일어로 '모양'이나 '전체'를 뜻한다. 20세기 초 독일의 일부 심리학자들은 사람들이 무언가를 볼 때, 부분으로 파편화될 수 있는 정보들을 가능한 의미 있는 전체로 통합하는 경향성이 있음을 발견하였다. 앞의 그림에서 끊어진 선들을 연결해서 삼각형을 보고 잘려진 부분들을 메워서 원을 보는 것처럼, 부분으로 나누어서 보지 않고 보다 의미 있는 도형을 보는 것이다. 이렇게 인간이 전체로 통합해서 지각하는 특성을 강조하였기에 이 심리학파를 '게슈탈트 심리학' 혹은 '게슈탈트 학파'라고 부르게 되었다.

게슈탈트 심리학자들은 이러한 인간의 지각적 특성을 '전체는 부분의 합을 넘어선다.'라는 명제로 표현하였다. 다시 말해 인간은 나누어진 부분들을 있는 그대로 보기보다는 이에 무언가를 더하여 보다 이해하거나 정리하기 쉬운 하나의 전체로 보는 경향이 있다는 것이다. 이는 앞서 언급한 내용처럼 인간이 주변 환경을 받아들일 때 있는 그대로를 보는 상향 처리만 하는 것이 아니라, 자신의 생각을 추가하는 하향 처리가 일어나는 것과 일맥상통하는 것이다.

그렇다면 우리는 과연 선이나 도형들을 볼 때에만 이런 게슈탈트를 경험하는 것일까? 만약 당신이 처음 만나는 사람과 식사를 하게 되었다고 생각해 보라. 그런데 상대가 나를 쳐다보는 표정이 그렇게 밝지 않다. 그리고 식사 도중에 별로 말이 없다. 게다가 식사를 다한 후에도 말을 꺼내기보다 자신의 휴대전화를 자주 들여다본다. 이런 경우 당신은 이 세 가지 단서를 가지고 '나를 싫어한다.' 혹은 '사교성이 떨어지는 사람이다.'라는 전체적인 이미지를 형성하게 될 것이다. 그리고 상대방에 대한 이 첫인상을 굳게 믿을 수도 있다.

물론 이렇게 몇 가지 단서들로 상황이나 사람을 빠르게 판단하는 것은 매우 효율적이며 신속한 판단을 내리는 데에 도움을 줄 수 있다. 하지만 이러한 판단은 틀렸을 수도 있다. 이 상황에서 사실 상대방은 당신을 만나기 전에 가족 중 한 명이 갑작스런 사고로 병원에 입원했다는 연락을 받았으며, 그 가족이 무사하다는 소식을 간절히 기다리고 있을 수 있다. 결국 그 사람에 대한 나의 첫인상 혹은 내가 만들어 낸 게슈탈트는 지나치게 주관적인 것일 수 있다.

　대부분의 사람들이 자신은 객관적으로 상황을 인식하고 판단을 내린다고 믿고 있다. 하지만 인간은 완벽하게 객관적일 수는 없다. 왜냐하면 주어진 제한된 정보들을 조합해서 결국 주관적으로 통합하기 때문이다. 그러므로 자신의 인식이나 판단이 주관적일 수 있음을 인정하는 사람이야말로 가장 객관적인 판단에 근접한 사람이라고 할 수 있다. 그러므로 자신이 모든 것을 안다는 사람이야말로 가장 무지한 사람이며, 자신이 아는 것이 거의 없다고 인정하는 사람이야말로 가장 현명한 사람일 수 있다. 그리고 쉽게 확신하지 않고 자신의 한계를 인정하는 태도가 과학자에게 요구되는 자세이기도 하다.

무엇이 보이나요?

지각 갖춤새

이미지 출처:
© Canadian Psychological Association, 1961

이 그림은 무엇처럼 보이는가? 꼬리가 긴 쥐? 아니면 안경을 쓴 매부리코에 대머리 남자?

이미지 출처: W. E. Hill, 1915

이 그림은 무엇처럼 보이는가? 목걸이를 착용한 젊은 여성? 아니면 고개를 숙이고 있는 나이 든 여성?

당신이 무엇을 보는가는 당신이 가지고 있는 '지각 갖춤새perceptual set'에 영향을 받는다.

첫 번째 그림에서 만약 당신에게 "무슨 동물이 보이나요?"라고 물었다면 당신은 쥐를 보기 쉬웠을 것이다. 반면에 "사람의 얼굴이 보이나요?"라고 물었다면 당신은 대머리 남자를 보기 쉬웠을 것이다. 그리고 만약 쥐를 먼저 보았다면 남자의 얼굴을 보기가 어려워질 것이고, 반대로 남자의 얼굴을 보았다면 쥐를 보기 어려웠을 것이다.

두 번째 그림을 보여주기 전에 먼저 한 젊은 귀부인의 슬픈 사랑 이야기를 들려주고 그림에서 무엇이 보이는지 물어본다면 젊은 여인을 보기 쉬웠을 것이다. 반면에 동화에 나올 법한 마녀의 이야기를 들려주고 무엇이 보이는지 물었다면 늙은 마녀가 더 눈에 띄었을 것이다.

이렇게 우리가 가지고 있는 기대나 믿음이 사물을 한 가지 방식으로만 보려는 마음의 성향인 '지각 갖춤새'를 형성하게 된다. 즉, 두 번째 그림에서 젊은 귀부인의 사랑 이야기를 들은 사람은 그림에서 젊은 여인을 보고 나이 든 여인이 보인다는 사람들을 이해하지 못할 수 있으며, 반면에 늙은 마녀의 이야기를 듣고 그림을 본 사람은 젊은 여성이 보인다는 이들의 말을 믿지 못하고 반박할 수 있을 것이다. 사람들은 자신이 믿고 있는 것을 보게 되는 것이다. 이 또한 앞서 말한 하향처리가 강하게 일어나는 사례이다.

영국 네스 호에 괴물 네시가 살고 있다고 믿는 사람들은 호수에 떠 있는 나뭇가지를 괴물로 보기 쉽고, UFO의 존재를 믿는 사람들은 하늘에 떠 있는 구름에서 기이한 비행체를 더 쉽게 찾을 수 있다. 어디 눈으로 보는 것들뿐이겠는가? 정치적으로 진보적 성향의 정권이 집권할 때 이들이 시행하는 정책들을 바라보는 시각은 진보적인 사람들과 보수적인 사람들에게서 극명하게 다른 경우가 많다. 진보적인 사람들은 현 정권의 정책들이 개혁적이면서도 합리적이며 타당하게 느껴지며 때로는 현 정권이나 그 구성원의 실수와 잘못에 대해서도 너그러운 관점으로 보기 쉽다. 하지만 보수적인 사람들의 경우에는 현 정권의 정책 하나하나가 우려스럽다 못해 크게 잘못되었다고 판단하기 쉬우며, 현 정권이나 그 구성원의 실수나 잘못에 대해서는 날카로운 비난의 검을 휘두르게 된다. 물론 보수적인 정권이 집권하게 되면 진보적인 사람들의 비난과 보수적인 사람들의 옹호가 뒤따르게 될 것이다.

이처럼 우리의 결정과 판단에 있어서도 한 가지 관점을 유지하게 되는 지각 갖춤새가 작동하기 쉽다. 이러한 심리학적 원리들을 알게 될수록 드는 의문은 바로 '인간은 정말 합리적인가?'이다. 어쩌면 인간은 자신이 합리적이라고 믿고 싶을 뿐이지, 실제로는 그렇게 합리적이지 않을 수도 있겠다.

쓰기 편해야 잘 팔린다

인간요인

여기 우리가 음식을 조리할 때 수시로 사용하는 가스레인지가 있다. 그런데 어느 레버가 어느 버너를 켤 때 사용하는 것인가? 매번 쓸 때마다 헷갈리지 않는가? 혼동되지 않는다면 당신은 기억력이 아주 좋은 사람이거

나 각각의 레버와 버너를 짝짓는 가상의 연결선이 머릿속에 저장되어 있는지도 모르겠다.

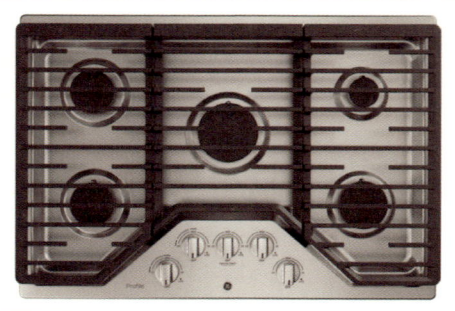

이 가스레인지는 어떤가? 앞의 경우와 다르게 어느 레버가 어느 버너를 제어하는지 보다 쉽게 파악이 될 것이다.

이렇듯 기계를 디자인할 때 이를 사용하게 될 사람이 어떻게 지각하고 판단할지를 고려하여, 더 사용하기 쉽고 안전하게 만드는 것이 바로 '인간요인human factors 심리학'의 영역이다.

현대인의 일상은 기계로 시작해서 기계로 끝난다고 해도 과언이 아니다. 스마트폰 알람 소리에 잠을 깨고 화장실로 가서 변기를 사용하고 수도 레버를 돌려 물의 온도를 적절하게 맞추어 세수를 한다. 조리 기구를 작동시켜 아침식사를 해결하고 자동차를 운전하거나 대중교통을 이용하여 학교에 가거나 출근을 한다. 직장인이라면 직장에서 대부분의 시간을 컴퓨터 앞에서 보내고 퇴근시간에 맞춰 다시 자동차, 지하철 등을 이용하여 집에 돌아온다. 저녁식사를 한 후에는 TV를 보거나 컴퓨터, 스마트 기기로 인터넷 검색, 동영상 시청, 음악 감상 등을 한다. 밀린 빨래가 있다면 세탁기를 돌리고 집이 지저분하다면 청소기를 작동시킨다. 그리고 취침시간이 되면 다시 스마트폰 알람을 확인하고 조명을 끄고 잠자리에 든다.

우리는 하루 동안에도 수많은 기계들과 수백 번 이상의 상호작용을 하게 된다. 이 중에서는 사용하기 편한 기계도 있을 것이고 상대적으로 불편한 기계도 있을 것이다. 시간이 지나면서 불편한 기계들은 아예 사라지거나 더 작동이 편한 형태로 대체된다. 왜냐하면 기존의 불편한 기계들은 사람들이 더 이상 구매하려 하지 않기 때문이다.

우리 손에서 뗄 수 없는 존재가 된 스마트폰을 생각해 보라. 초기에 출시된 스마트폰에 비해 사용하기 훨씬 더 수월해졌다. 예를 들어 잠금장치를 해제하는 기능을 생각해 보자. 초기에는 비밀번호를 입력하거나 패턴을 그려 넣는 방식이 대부분이었다. 하지만 이제는 지문 인식 혹은 얼굴 인식으로 잠금 해제가 가능하다. 앞으로는 음성 인식, 홍채 인식 더 나아가 각 사람 고유의 생체신호(맥박, 피부 전도율 등)를 인식하고 작동하게 될지도 모른다.

사람과 기계가 상호작용하는 방식을 연구하고, 기계와 물리적 환경을 보다 안전하고 사용하기 쉽게 디자인하는 방법을 모색하는 심리학 분야가 바로 '인간요인 심리학'이다. 물론 이러한 분야에서 일하는 사람들이 모두 심리학자인 것은 아니다. 다양한 분야의 디자이너와 공학자들이 작업에 참여하고 있으며 그 수는 심리학자보다 더 많을 수도 있다. 하지만 기계를 사용할 때 인간의 지각과 판단이 중요한 역할을 한다면 심리학 연구가 필수적으로 뒷받침되어야 한다.

특히 해당 기계를 잘못 작동할 경우 엄청난 비용과 희생이 따른다면 더욱더 심리학 연구가 필요하다. 예를 들어 민간 항공기 관련 사고의 3분의 2는 인간 요인에 의해 발생한다고 한다. 즉, 기계 고장이나 오작동이 아니라, 인간의 잘못된 기기 조작과 판단으로 일어나는 사고가 대부분을 차지한다는 것이다. 이를 위해 대표적인 항공 회사인 보잉사는 심리학자들을 고용하고 연구하여 착륙 사고 등을 감소시켰다고 한다.

비행기를 더 안전하게 운행하기 위해서 조종사들에게 필요한 것은 무엇일까? 다음과 같은 인간 요인 관련 질문을 해볼 수 있다. '스크린에 어떤 형태로 비행 데이터를 제시하는 것이 좋을까? 문자 형식? 그림 형식?', '수많은 레버, 스위치, 버튼을 어떻게 배치하는 것이 좋을까?', '경고 메시지를 어떻게 제시하는 것이 좋을까? 불빛? 소리? 동시에?'

 NASA(미항공우주국)에서는 우주여행을 하는 동안 좁은 공간에서 생활해야 하는 우주인의 신체적, 심리적 건강을 돕기 위해 인간 요인 심리학자들을 고용한다. 화성과 같은 다른 행성으로 가는 동안 우주인들은 단조로우면서 동시에 스트레스가 가득한 무중력 상태에서 몇 달을 지내야 한다. 이러한 최악의 상황에서 우주인들의 무기력, 불쾌감 등을 최소화하고 주어진 작업을 잘 수행할 수 있도록 하려면 환경을 어떻게 디자인해야 할까? 아마도 수많은 대안들을 모색하고 검증하는 과정을 거쳐야 할 것이다. 이러한 과정에서 심리학자들의 역할은 결코 작지 않다.

4

우리는 어떻게 기억할까?

기억은 마음의 저장창고라고 할 수 있다. 이 창고 안에는 수많은 기억들이 들어 있다. 머릿속에 남아 있는 가장 어렸을 때의 기억은 최초 기억이라고 할 수 있고 방금 전 있었던 일에 대한 기억을 최신기억이라고 할 수 있다.

    기억에는 크리스마스 선물로 원하던 장난감을 받았던 경험과 같은 긍정적 기억과 거짓말을 해서 부모님께 혼났던 일과 같은 부정적 기억이 있다. 또한 국사 시간에 배웠던 조선시대 왕들의 순서와 같은 지식 형태의 기억도 있고 친구와 밤을 새워 놀았던 에피소드와 같은 기억도 있다. 아울러 지금도 떠올리면 생생한 기억이 있고 선명하게 떠오르지 않는 가물가물한 기억도 있다.

    창고에 물건을 집어넣고 한동안 보관하고 다시 꺼내서 쓰는 것과 같이 새로운 기억을 입력하고 저장하고 인출하는 과정에서 어떤 일이 벌어질까? 기억에 대한 심리학 발견들을 살펴보고 덤으로 나의 기억력을 높일 수 있는 방법도 알아보자.

기억의 처리방법

컴퓨터 모형

당신은 지금 과제를 하기 위해 컴퓨터 앞에 앉아 있다. '기억이란 무엇인가?'라는 주제로 열심히 컴퓨터 자판을 눌러 에세이를 작성한 다음 '심리학 과제'라는 폴더에 저장하였다. 다음날 당신은 해당 폴더에서 과제를 다시 불러내어 내용을 훑어보고 오탈자가 없는지 확인한 후에 제출하였다.

우리가 어떤 사실을 기억하는 과정도 이와 유사하다. 정보를 머릿속에 집어넣고, 저장하고, 필요할 때 꺼내는 과정을 겪는다. 이렇게 인간의 기억 과정을 컴퓨터 프로세스에 비유하는 것을 '컴퓨터 모형' 또는 '정보처리 모형'이라고 한다.

인간이 뇌에 정보를 기억하는 과정을 설명하기 위해 심리학자들이 제시하는 가장 간단한 모형이 바로 컴퓨터 모형이다. 자판을 눌러서 정보를 입력하는 것처럼 정보를 뇌에 집어넣는 과정을 '부호화encoding'라고 한다. 컴퓨터는 주로 자판이나 마우스 등을 이용하여 정보를 입력하지만, 인간은 눈과 귀 등의 감각기관을 통해 정보를 받아들이게 되며 이 정보를 신경계에서 전기적, 화학적 신호로 변환하게 된다.

다음으로 작성한 문서를 특정 공간에 두는 것처럼 정보를 보관하는 과정을 '저장storage'이라고 한다. 인간의 경우에는 감각기관을 통해 입력된 정보들을 뇌에 저장하는데, 이때 저장되는 정보들을 비교적 짧게 저장되는 '단기기억short-term memory'과 길게 저장되는 '장기기억long-term memory'으로 나눌 수 있다.

예를 들어 배가 고픈 당신에게 친구가 짜장면을 잘하는 맛집의 전화번호를 알려주었다고 하자. 당신은 그 번호를 입으로 되뇌면서 전화로 주문한다. 하지만 주문을 하고는 바로 그 번호를 잊어버린다. 즉, 그 음식점의 전화번호는 잠시 당신의 단기기억 속에 저장되었다가 사라져 버린다. 하지만 그 집 짜장면에 매료된 당신이 여러 번 반복해서 전화로 주문하고, 결국 번호를 외우게 되었다면 드디어 당신의 장기기억 속에 저장이 된 것이다.

근래에 심리학자들은 단기기억을 '작업기억working memory'이라고 부르는 것을 더 선호하는데, 그 이유는 우리가 단지 짧게 머릿속에 넣기만 하는 것이 아니라 청각 정보, 시각 정보 그리고 장기기억에서 인출된 정보들을 적극적으로 함께 처리하기 때문이다.

예를 들어 전화번호를 불러주는 소리를 들었다면 동시에 머릿속에서 숫자를 시각적으로 떠올리기도 하고 기존에 알던 번호들과의 연관성을 떠올리는 등 더 적극적인 생각의 작업이 일어난다. 단기기억 혹은 작업기억은 그 용량이 제한되어 있다. 장기기억이 노력에 따라 매우 방대한 양의 정보를 저장할 수 있는 것과 달리, 단기기억(혹은 작업기억)에는 저장될 수 있는 정보의 양이 매우 적다. 다양한 심리학 연구에 의하면 그 용량은 '7 ± 2'라고 한다. 예를 들어 일련의 숫자를 불러 주고 즉각적으로 회상하게 하면 대부분 7개를 평균으로 5개에서 9개 정도의 숫자를 가장 잘 기억한다고 한다. 이러한 이유로 이를 '마법의 수'라고 하며, 전화번호(예: 754-7139)나 주민등록번호 뒷자리의 개수와 같이 많은 실생활에 적용되고 있다. 당신도 9개를 넘어가는 숫자들을 들으면 이를 기억하는 데에 어려움을 겪을 것이다.

마지막 단계는 저장된 문서를 클릭하여 다시 불러오는 것처럼 정보를 뇌에서 끄집어내는 과정으로, 이를 '인출retrieval'이라고 한다. 앞서 말한 것처럼 정보가 단기기억에만 저장되었다면 다시 인출하는 것은 어려우며, 장기기억에 저장되었다면 인출될 가능성은 높아진다. 하지만 장기기억에 저장되었다고 해서 다 인출이 가능한 것은 아닌데, 머릿속에 들어 있지만 꺼내어서 말하지 못하고 혀끝에서 맴도는 경우가 있다. 이를 '설단(舌端, 혀끝) 현상'이라고 하는데, 이런 경우는 대부분 누군가가 힌트를 주면 쉽게 인출이 되기도 한다.

컴퓨터 혹은 정보처리 모형에서 제시하는 것처럼 인간의 기억을 '부호화, 저장, 인출'의 세 과정으로 나눈다면, 우리가 기억하는 데 실패하는 이유도 세 가지로 구분될 수 있다. 즉, 부호화가 안 된 경우, 저장이 안 된 경우, 인출이 안 되는 경우로 나눌 수 있다.

부호화가 안 된 경우는 정보가 입력조차 안 되었다고 할 수 있다. 앞의 칵테일파티 효과에서 배운 것처럼 우리가 주의를 두지 않으면 대부분의 정보는 부호화가 될 수 없다. 친구가 음식점의 번호를 불러 주어도 당신이 다른 일을 하느라 귀담아 듣지 않는다면 입력조차 될 수 없는 것이다.

저장이 안 된 경우는 입력된 정보가 단기기억을 통해 장기기억까지 가지 못한 경우이다. 우리가 단기기억을 장기기억으로 전환하는 데 가장 많은 쓰는 방법이 바로 '되뇌기^{rehearsal}'이다. 이는 단기기억에 저장된 전화번호를 입으로 혹은 머릿속으로 반복적으로 되뇌면서 장기기억으로 옮기는 작업을 하는 것이다.

마지막으로는 인출이 안 되는 경우이다. 분명히 장기기억에 들어갔지만 인출이 되지 않는 경우도 꽤 많이 있다. 이는 시간이 지나면서 기억이 사라져버리는 망각이 일어나서일 수 있다. 하지만 망각되지 않았음에도 인출하지 못하는 경우도 있다. 이는 창고에 물건을 넣어두었지만 어디에 있는지 알지 못해서 꺼내어 쓸 수 없는 경우와 마찬가지이다. 이런 경우에는 잊어버린 기억인 줄 알았는데 어떤 단서를 통해 그 기억이 되살아나기도 한다.

오래 남는 첫사랑? 끝사랑?

계열위치 효과

지금부터 당신이 마트에 가서 사야 할 물건들의 목록을 알려주겠다. 잘 기억할 수 있도록 소리 내어 한 번씩 읽어 보자.

콩나물

두부

우유

화장지

칫솔

아이스크림

오이

이쑤시개

고무장갑

비누

자, 이제 눈을 지그시 감고 사야 할 물건들을 떠오르는 대로 말해 보라. 당신이 기억해 낸 물건들에 동그라미를 쳐 보라. 얼마나 기억해 내었는가? 기억해 낸 개수는 각자가 다르겠지만 가장 많이 떠올린 단어는 아마도 콩나물과 비누일 것이다. 왜 가장 잘 기억한 단어가 맨 처음 제시된 단어와 맨 마지막 단어일까?

이렇게 기억할 목록 중에 처음과 마지막 항목을 가장 잘 회상하는 경향을 '계열위치 효과 serial position effect'라고 한다.

앞서 주어진 10가지 목록을 공평하게 다 기억할 수 있으면 좋겠지만 우리의 기억은 결코 공정하지 않다. 기억은 목록에 있는 첫 번째 정보와 마지막 정보를 편애하는데, 가장 먼저 제시된 단어를 잘 기억하는 것을 '초두 효과 primacy effect', 맨 마지막에 제시된 단어를 잘 기억하는 것을 '최신 효과 recency effect'라고 한다.

이렇게 처음과 마지막에 접한 정보를 잘 떠올리는 계열위치 효과는 다양한 상황에서 나타날 수 있다. 새 학기가 시작되면서 친구들을 처음 만났다면 여러 명과 인사하고 이름들을 듣게 될 것이다. 친구들과 헤어진 후에 이름을 떠올리면 누구의 이름이 가장 기억에 남을까? 물론 아주 독특하거나 인상적인 이름의 경우는 예외겠지만, 대부분 가장 초반부에 들은 이름들과 가장 뒤에 들은 이름들 몇 개가 기억에 남을 것이다.

만약 당신이 입학이나 입사를 위해 면접을 보아야 하는 경우라면 어떨 것인가? 마찬가지로 당신이 매우 강한 (긍정적이든 부정적이든) 인상을 주지 않는다면 아마도 면접관들은 처음에 본 몇 명과 마지막에 본 몇 명의 지원자들을 가장 잘 기억할 가능성이 높다. 물론 이러한 기억의 편향을 막기 위해 면접관들은 최대한 열심히 기록하려고 할 것이다.

여러 명의 가수들이 순서대로 나와서 공연하고 청중들의 평가를 받는 경우도 생각해 보라. 경험이 많은 가수들은 가능한 한 첫 번째나 마지막 공연을 선호할 것이다. 어디 그뿐인가? 자녀들이 많을 경우에 부모는 누구를 더 좋아하는지와는 상관없이 첫째나 막내 자녀의 이름으로 다른 자녀들을 잘못 부르는 경우가 적지 않다. 물론 부모는 실수라고 하지만 이름이 잘못 불린 자녀의 서운

한 마음은 어쩔 수가 없다.

그러면 초두 효과와 최신 효과는 왜 일어나는 것일까? 가장 그럴듯한 설명은 처음 제시된 정보의 경우에는 더 많은 시간 동안 되뇌기를 할 수 있기 때문이다. 앞에서 단기기억이 장기기억으로 전환되는 과정에서 설명한 것처럼 입으로 혹은 머릿속으로 반복해서 되뇌는 것은 장기기억으로 가는 과정을 촉진한다. 처음 제시되는 정보는 그만큼 되뇌기 할 시간이 많아지기 때문에 장기기억으로 들어갈 확률도 높아진다고 볼 수 있다. 그러면 최신 효과는 왜 일어나는 것일까? 아마도 마지막으로 제시된 정보들은 아직 단기기억에 남아 있을 가능성이 높기 때문일 것이다.

그렇다면 초두 효과와 최신 효과는 어느 것이 더 강력할까? 만약 정보를 제시한 후에 바로 묻는다면 최신 효과가 더 강력한 결과를 나타낸다. 아직 단기기억 속에서 사라지지 않고 생생하게 살아 있기 때문이다. 하지만 시간이 더 지난 다음에는 어떻게 될까? 시간이 어느 정도 지난 후에는 초두 효과가 더 강력하다. 단기기억에 들어 있던 최신 정보들은 어느새 사라져 버리기 때문에, 되뇌기를 통해 장기기억으로 들어간 초기 정보들이 살아남을 가능성이 더 높아지기 때문이다.

그렇다면 정말 쓸데없는 호기심을 가지고 한 번 더 생각해 보

자. 첫사랑이 기억 속에 오래 남을까? 아니면 끝사랑이 오래 남을까? 물론 더 강렬하고 깊게 사랑했던 경우가 더 오래 남겠지만, 초두 효과와 최신 효과의 측면에서 생각해 보자.

몇 번의 사랑을 하고 현재는 사랑하는 사람이 없다면 아마도 첫사랑의 초두효과가 크게 남아 있을 것이다. 하지만 몇 번의 사랑을 하고 마지막의 사랑과 지금도 사랑하고 있는 관계라면 아마도 끝사랑이 최신 효과를 유지하고 있을 것이다. 왜냐면 지금 옆에 있는 그 끝사랑이 여전히 작업기억 속에서 생생하게 살아 있기 때문이다. 지금 당신은 첫사랑을 그리워하고 있는가? 그렇다면 현재 당신은 외로운 상태일 가능성이 높다. 지금 당신은 끝사랑으로 가슴 뛰고 있는가? 그렇다면 현재 당신은 사랑에 빠져 있을 가능성이 높다. 믿거나 말거나.

기억의 충돌

간섭효과

1. 유진은 얼마 전에 이사를 했다. 새로운 집의 현관문을 열고 들어가려고 키패드에 비밀번호를 입력하지만 이내 실패하고 만다. 자신도 모르게 이전 집에서 사용하던 번호를 누른 것이다. 새로운 비밀번호를 떠올리려고 하지만 머릿속에 강력하게 자리 잡은 이전 번호만 떠오르고 새로운 번호가 기억이 나지 않는다. 그때마다 가족들에게 연락해야 하는 것이 여간 번거로운 게 아니다.

2. 영철은 초등학교 선생님이다. 매번 새 학년이 되면 반 아이들의 이름을 가능한 한 다 외우려고 애쓴다. 그렇게 몇 주를 노력하고 나면 다행히

도 학생들 이름을 대부분 외울 수 있다. 하지만 그 후에 겪게 되는 어려움도 있다. 바로 전년도에 담임한 학생들 이름을 잊어버리게 되는 것이다. 오늘도 학교 복도에서 작년도 자신의 반이었던 학생을 만났다. 반갑게 인사하는 학생의 이름을 불러 주려고 했는데 이게 웬일인가? 지금 반 학생의 이름만 떠오르는 것이다. 얼렁뚱땅 인사를 받고 반가운 내색을 했지만 아직도 미안한 마음이 가시지 않는다.

왜 하나를 기억하면 다른 하나를 잊어버리는 것일까? 둘 다 기억할 수는 없을까? 이렇게 하나의 기억이 다른 기억을 방해하는 현상을 '간섭효과 interference effect'라고 한다.

창고에 많은 물건들을 제대로 정리하지 않고 쌓아 두면 앞에 쌓인 물건에 가려서 뒤에 있는 물건이 보이지 않기도 하고, 위에 쌓아 둔 물건에 가려서 아래에 있는 물건이 안 보이기도 한다. 때로는 쌓아 둔 물건들이 넘어져서 엉망진창이 되어버리기도 한다. 이처럼 머릿속에 저장된 기억들도 서로 영향을 주거나 얽혀버리기도 하는데 이러한 현상을 간섭효과라고 한다.

앞서 소개한 유진의 이야기처럼 과거에 저장된 기억이 새로운 정보의 습득을 방해하는 현상을 '순행간섭 proactive interference'이라고 한다. 즉, 시간 흐름의 순서대로 앞에 학습한 내용이 뒤에 일어난 학습을 방해하는 것이다. 특히 앞에 저장된 기억이 매우 강력하다면 새로운 기억을 저장하는 것이 더 어려워질 수 있다.

만약 당신이 어떤 노래를 들었는데 처음에 가사나 멜로디를 잘못 배운 채로 수십 번 혹은 수백 번을 불렀다고 생각해 보라. 이런 경우에는 노래를 정확하게 고쳐 부르는 것이 매우 어렵게 된다. 차라리 배우지 않은 것이 나았을 정도이다. 특히 어렸을 때 배운 것은 머릿속에 오래 남는 경우가 많다. (이는 일종의 초두 효과이기도 하다.) 어릴 때 잘못 배운 것을 제대로 고치지 않으면 말 그대로 세 살 버릇이 여든까지 갈 수 있다.

이뿐인가? 이전에 부정적인 인상으로 형성된 기억은 차후에도 부정적인 영향을 미칠 수 있다. 예를 들어 어려서 영어를 배울 때 소문자 'b'와 'd'를 혼동하여 많이 혼이 나서 영어에 대한 부정적인 기억이 있다면, 커서도 영어는 두려움의 대상이 되어 지속적으로 회피하게 될 수도 있다. 이는 모두 순행간섭이라고 할 수 있다.

하지만 영철의 예처럼 반대인 경우도 있다. 즉, 새로운 기억이 기존의 기억을 방해하는 현상도 있는 것이다. 이를 '역행간섭 retroactive interference'이라고 하며 시간 흐름의 역순으로 뒤에 학습한 내용이 앞에 학습된 기억을 방해하는 경우이다.

비밀번호를 새로 설정한 경우에도 처음에는 순행간섭으로 고생하지만, 반복적으로 새로운 번호를 떠올리고 사용하면 오히려 이전의 번호가 기억나지 않게 된다. 마찬가지로 이전의 영어 공부에서 크게 두려움을 경험했지만 용기 내어 시도한 새로운 공부에서 충분한 즐거움과 자신감을 경험한다면, 이전의 부정적인 인상은 사라질 수도 있는 것이다.

우리는 삶을 살아가면서 좋은 기억만 얻는 것이 아니라 나쁜 기억도 가지게 된다. 좋았던 추억은 오래 간직하고 힘들었던 과거는 새로운 경험으로 대체하는 것처럼, 긍정적인 기억은 순행간섭으로 유지하고 부정적인 기억은 역행간섭으로 새롭게 대체될 수 있으면 얼마나 좋을까?

그때가 좋았지

장밋빛 회고

지수의 할아버지는 가족들에게 옛날이야기를 즐겨하신다. 할아버지는 자신이 젊었을 때가 얼마나 좋았는지에 대해 매번 힘주어 말하신다. 그때는 공기가 맑았으며 물도 깨끗해서 따로 사 먹을 필요가 없었고, 사람들의 인심이 좋아서 다들 착하고 순박했다고 하신다. 동네 장터가 얼마나 흥겹고 풍요로웠는지, 혼례와 같은 한 집의 경사가 어떻게 동네잔치가 될 수 있었는지 등에 대해 흥분하시며 말씀하신다. 그러고는 그때와 달리 지금 세상은 얼마나 각박하고 복잡한지, 얼마나 위험한 일이 많고 사람들을 믿기가 어려운지 등을 말씀하시면서 '그때가 좋았지'라는 한숨으로 매번 결론을 맺으신다.

하지만 할아버지의 이야기를 듣는 지수의 입장에서는 이해가 되지 않는 일들이 많다. 왜냐하면 할아버지는 젊을 때 고생을 많이 하셨다고 들었다. 경제적인 어려움으로 끼니를 거르신 적도 있었고 할머니와의 혼례도 최소한으로 하시고 따로 신혼여행도 없으셨다고 들었다. 뿐만 아니라 8형제였던 할아버지는 한 분은 질병으로 또 한 분은 교통사고로 형제를 잃으셨다고 들었다. 그 외에도 많은 삶의 고비를 겪으셨는데 어떻게 저렇게 좋은 부분만 기억하시는지, 마치 방송에서 특정 내용만 편집해서 보여주는 것처럼 느껴지기도 한다.

할아버지는 기억 왜곡이 일어난 것일까? 아니면 좋은 것만 기억하고 싶으신 걸까? 이렇듯 어떤 사건에 대해 당시에 느꼈던 것보다 나중에 훨씬 더 좋게 평가하게 되는 경향을 '장밋빛 회고 rosy retrospection'라고 한다.

우리는 대부분의 경우 과거를 실제보다 더 긍정적으로 회상하는 경향이 있다. 무더운 날 놀이동산에 갔을 때 뜨거웠던 햇살, 한없이 기다렸던 긴 행렬 등을 기억하기보다 화려한 퍼레이드, 신나는 놀이기구, 맛있는 핫도그와 추로스, 재밌었던 해프닝 등을 기억한다. 또 해외여행 후에는 지루한 버스 이동과 멀미, 입에 맞지 않은 타국 음식 등을 기억하기보다 멋진 바위가 어우러진 바닷가

절경, 나무와 꽃에서 풍기는 이국적인 향기, 함께 웃고 떠들었던 경험들을 추억으로 간직하게 된다. 과거에 있었던 일들에서 긍정적인 경험만 뽑아서 기억을 구성하기도 하고, 심지어 당시에는 부정적이었던 경험들도 새롭게 긍정적으로 채색하기도 한다. 예를 들어, 자칫 가족을 잃어버릴 뻔했던 부정적인 경험도 결국 찾았으니 다행이라는 식으로 바뀌기도 하는 것이다.

이렇듯 장밋빛 회고라는 기억의 편향 덕분에 우리는 대부분의 과거를 아름다운 추억으로 회상할 수 있고, 나아가 현재보다 과거가 더 좋았다는 착각까지 가능하게 된다. 나이가 든 어른들은 '왕년에 내가……'라는 말로 그때는 아무런 장애물도 없이 뭐든지 할 수 있었다는 식의 착각을 하기도 하고, '나 때는 말이야……'라는 말로 힘든 경험들도 어려움 없이 이겨냈다는 식의 자신감을 되살려내기도 한다. 이러한 장밋빛 회고는 이미 겪었고 이제는 바꿀 수 없는 지나간 경험들을 보다 긍정적으로 채색하여 지난 기억들을 부정하지 않고 간직할 만한 것들로 지닐 수 있게 해 준다.

하지만 장밋빛 회고가 지나친 경우에는 과거는 늘 좋았고 현재나 미래는 상대적으로 부정적인 것으로 보게 하여, 현재를 부정하게 하고 불만족스럽게 여기는 부작용이 발생할 수 있다. 자칫 추억이 주는 달콤함에 빠져 오늘이라는 거칠지만 몸에 좋은 음식을 거절할 수 있는 것이다. 그때가 더 좋았다며 과거를 동경하고 현재에 불만족하기보다는 현재를 있는 그대로 받아들이고 긍정적으로 보는 태도가 더 건강하다. 오늘 힘들어하는 이 시간도 지나고 나면 결국 다시 그리워할 추억거리가 될 수 있기 때문이다.

과거는 이미 지나갔기에 어찌할 수 없고, 미래는 아직 오지 않았기에 어떻게 할 수 없다. 하지만 현재는 계속 진행되고 있고 우리 손에 주어져 있다. 그러므로 현재^{present}만이 우리에게 주어진 유일한 선물^{present}인 것이다.

내 기억을 나도 못 믿겠어

오정보와 상상력 효과

1. 중학교 1학년 학급에서 두 남학생이 심하게 싸우는 일이 일어났다. 둘 다 타박상을 입고 다쳤는데 그 중 한 명은 코뼈가 부러졌다. 이 사건을 조사하기 위해 학급 학생들을 반씩 나누어 한 그룹은 담임선생님이 경위를 파악하고 다른 그룹은 학생주임 선생님이 경위를 파악하였다. 그런데 이상하게도 두 그룹의 진술이 너무 다르게 나타났다. 한 그룹에서는 한 명이 상대의 코를 주먹으로 때려서 깨졌다고 하는데, 다른 그룹에서는 싸우다가 책상에 부딪혀서 코를 다치게 되었다고 한다.

  이렇게 엇갈리는 진술로 인해 한쪽이 거짓말을 하는 게 아닌가 의심하고 있는 상황이다. 어떻게 같은 상황을 보고 다른 기억을 하게 되는 것일까? 그것도 두 그룹으로 나뉘어서 다른 진술을 하게 되는 것일까?

2. 유치원생인 미지와 엄마가 이야기를 나누고 있다.
- 엄마: 올겨울에는 눈이 많이 오면 좋겠다. 우리 미지랑 눈사람 만들게.
- 미지: 엄마, 우리 작년에도 눈사람 만들었잖아.
- 엄마: 응? 엄마는 아직 미지랑 눈사람을 만든 적이 없는데……
- 미지: 아니야, 엄마. 작년에 눈사람 만들었어. 나는 분명히 기억해. 눈사람 만들고 눈싸움도 하고. 눈사람은 코를 당근으로 만들었잖아.
- 엄마: 미지야, 우린 눈사람을 만든 적이 없어. 그건 네가 영화 〈겨울왕국〉을 보고 상상한 거야.
- 미지: 아니야. 엄마랑 분명히 같이 눈사람 만들었어.

왜 같은 상황을 다르게 기억하게 되는 걸까? 이는 많은 경우, 기억에 대한 '오정보 misinformation 와 상상력의 효과' 때문이다.

앞의 예에서 학급 친구 두 명이 싸운 사건을 왜 저마다 다르게 기억하는 것일까? 공교롭게도 서로 다른 학생을 지지하는 학생들끼리 모인 것일까? 아니면 싸움이 일어난 장면을 목격한 위치가 달라서일까? 그것도 아니라면 각 그룹이 다른 내용으로 집단최면에 걸린 것일까?

여러 가지 가능성이 있겠지만 가장 가능성 높은 것은 학생들의 기억을 조사한 선생님의 의도치 않은 '암시'일 수 있다. 이 암시는 선생님의 질문 방식에 숨어 있을 수 있다. 예를 들어 한 선생님은 '어떻게 하다가 영수가 코를 다치게 되었니?'라는 식으로 질문할 수 있고, 다른 선생님은 '어떻게 때렸기에 영수의 코가 부러지게 되었니?'라는 식으로 질문했을 수 있다.

두 질문은 코를 다친 경위를 탐색한다는 측면에서 유사해 보일 수도 있지만 질문을 받는 대상에게는 서로 다른 암시를 줄 수 있다. 즉, 첫 번째 질문은 말 그대로 코를 어떻게 다치게 되었는지 물음으로써 다양한 가능성을 열어놓았다. 상대가 때려서 다쳤을 수도 있고 다른 것에 부딪혀서 다쳤을 수도 있으며 심지어 실수로 스스로를 때려서 다쳤을 수도 있는 것이다.

하지만 두 번째 질문은 '상대방이 때려서 코를 다쳤다.'는 가정을 전제로 하고 질문한 것이다. 선생님이 의도하였든 그렇지 않았든 간에 '상대방이 때려서 다쳤다.'라는 잘못된 정보를 대답하는 학생들에게 제공하고 있는 것이다. 이러한 오정보를 제공 받은 학생들은 그 정보에 맞게 대답할 가능성이 높아진다. 심지어는 그 정보에 부합하는 추가적인 기억을 만들어 낼 수도 있다. 예를 들어 '명철이가 화가 나서 영수의 코를 두 번이나 때렸어요.' 혹은 '명철이가 팔꿈치로 영수의 코를 내리쳤어요.'라는 식의 잘못된 기억이 만들어질 수도 있다.

물론 이러한 대답을 하는 아이들은 명철을 곤란하게 하기 위해 의도적으로 기억을 왜곡한다기보다, 자신도 모르는 사이에 오정보에 영향을 받아서 기억의 왜곡이 일어나게 된다. 이러한 '오정보의 효과'는 매우 강력하며 특히 오래된 기억이거나 그 경험을 할 당시의 나이가 어린 경우에는 더욱 그러하다.

그렇다면 오정보의 효과를 최대한 줄이면서 정확한 기억을 탐색하려면 어떤 식으로 질문해야 할까? 이를 위해서는 최대한 중립적인 방식으로 질문을 해야 한다. 기억의 탐색이 매우 중요한 상황 중 하나가 바로 피해자나 목격자의 진술을 얻는 범죄 관련 수사 상황이다. 예를 들어 범죄 현장에 있었던 목격자에게 질문할 때, 질문하는 사람이 추정하는 구체적인 내용에 대해 묻기보다(예: 그 편의점 앞에서 용의자가 손에 몽둥이 같은 무언가를 들고 있었나요?) 객관적인 상황만을 제시하고 잘못된 정보를 제공하지 않는 중립적인 질문(예: 그 편의점 앞에서 용의자가 어떻게 하고 있었나요?)을 해야 한다. 특히 아동은 질문자의 암시에 많은 영향을 받기 때문에 더욱 주의를 기울여야 하며, 예상되는 상황을 암시하는 질문(예: 그 나쁜 아저씨가 너의 몸을 만졌니?)이 아닌 오정보를 주지 않는 중립적인 질문(예: 그 머리가 짧은 아저씨가 너에게 어떻게 했니?)을 해야 한다.

우리의 상상력 또한 기억을 왜곡시키는 중요한 요소이다. 우리는 누구나 어렸을 때 있었던 일을 기억하면서 명확하지 않은 부분을 추측해서 말하게 된다. 이렇게 추측해서 메운 기억은 여러 차례 회상하여 말하면서 더 생생해지고 더 구체적으로 변하게 된다. 결국 이러한 과정을 통해 채워진 기억에 대한 확신은 더 커지게 된다.

구멍이 난 옷에 새로운 헝겊을 덧대어 붙이는 것처럼, 비워진 기억을 메울 때에는 재료가 필요하다. 이 공백을 메우는 기억은 여러 기억들의 조합일 수도 있고, 다른 사람에게 들은 경험담일 수도 있으며, 책에서 읽거나 TV나 영화에서 본 장면일 수도 있고, 심지어 순수한 상상의 산물일 수도 있다. 앞의 예에서 미지는 영화에서 본 장면으로 기억을 채운 것이다.

이러한 상상력의 효과가 일어나는 이유는 무엇일까? 그 이유는 무언가를 상상해 보는 것과 실제로 그것을 하는 경험이 뇌의 유사한 영역을 활성화시키기 때문이다. 예를 들어 당신이 머릿속에서 귀엽고 털이 복슬복슬한 강아지를 생생하게 그려 본다면, 실제로 강아지를 볼 때와 마찬가지로 뇌의 뒤쪽에 있는 후두엽의 시각피질이 활성화된다.

지금 당신의 최초 기억, 즉 어렸을 때의 기억 중 가장 오래된 기억을 최대한 선명하게 떠올려 보라. 그리고 그 기억을 입증해 줄 만한 가족이나 친지에게 한번 확인해 보라. 아마도 어떤 세부 기억들은 진실이 아니거나 뒤에 덧붙여진 기억일 수 있다. 어쩌면 그 기억 자체가 실제로 존재하지 않았던 일에 대한 기억일 수도 있다. 혹시 그 기억이 당신에게 소중하고 아름다운 추억이었는가? 그렇다면 굳이 사실 여부를 확인할 필요는 없다. 그 기억이 사실이 아니었더라도 지금의 나를 따뜻하게 해줄 수 있다면 그 자체로도 충분히 소중하기 때문이다.

야, 너두 이제 공부 잘할 수 있어

7가지 기억력 증진법

　미선과 소희는 같은 학교, 같은 학급 친구이다. 서로 관심사도 비슷하고 성격도 잘 맞으며, 둘 다 성실하고 학업에 대한 열정도 있어서 거의 매일 붙어 다니며 공부도 같이 한다. 둘은 거의 같은 시간, 같은 곳에서 공부하지만 시험을 치고 나면 결과가 매우 다르다. 소희는 성적도 잘 나오고 상위권에 속하지만, 미선은 사실 그렇지 않다.

　미선은 소희에게 표현하지 못하지만 이러한 결과가 너무 싫고 화가 난다. 왜 똑같이 공부하는 것 같은데 결과는 다른 것일까? 지능이 달라서 그런 것일까? 아니면 둘이 헤어진 뒤에 소희가 족집게 과외라도 받는 것일까? 공부 문제로 고민이 많던 미선이 소희에게 어렵게 말을 꺼냈다.

- 미선: 소희야, 나 진짜 궁금한 것이 있어.

- 소희: 뭔데? 말해 봐.

- 미선: 음…… 그게 말이지…… 우린 거의 매일 붙어 있고, 거의 같은 시간 공부하는 것 같은데 왜 이렇게 성적은 다르게 나올까? 내가 뭔가 잘못된 걸까? 아니면 내가 너무 머리가 나쁜 걸까?

- 소희: 글쎄, 내 생각엔 말이야. 내가 너보다 머리가 좋다거나 뭔가 더 낫다거나 한 건 아닌 것 같아. 오히려 어떤 때는 네가 나보다 더 열심히 하는 것 같기도 해.

- 미선: 그러면 뭐가 문제일까?

- 소희: 이건 내 생각인데 공부에 왕도는 없지만, 어느 정도 요령은 있는 것 같아. 그런데 너는 열심히 하는 것에 비해 요령 같은 게 좀 부족한 것 같아. 만약 그런 걸 좀 알게 되면 너도 더 잘할 수 있을 것 같아.

- 미선: 그런 게 있을까? 혹시 좀 알려 줄 수 있어?

- 소희: 당연하지. 내가 아는 한에서 다 알려 줄게. 우린 친구잖아.

소희의 말대로 공부에 왕도는 없다. 하지만 어느 정도의 요령과 노하우는 필요하다. 심리학이 말하는 기억력 증진법에는 어떤 것들이 있을까?

여기 심리학에서 말하는 기억력을 높이는 방법 7가지를 정리해 해 보았다. 각자가 부족한 부분이 있다면 잘 읽고 실천해 보기 바란다.

1. 분산학습을 하라

집중적으로 연속해서 10시간 공부하는 것이 효과가 있을까? 아니면 같은 10시간을 5일로 나누어서 하루에 2시간씩 공부하는 것이 더 효과가 있을까? 전자와 같은 방법을 '집중학습'이라고 하고, 후자를 '분산학습'이라고 한다. 다양한 연구결과에 의하면 간격을 두고 하는 분산학습이 효과가 더 크다고 한다. 그러므로 무언가를 공부할 때 공부 시간을 여러 개로 쪼개는 것이 낫다. 분산학습의 효과를 생각할 때 자투리 시간을 우습게 여기지 말아야 한다. 지하철이나 버스를 타고 갈 때, 걸어 다닐 때, 쉴 때 짧게짧게 공부한 것들이 축적되어 엄청난 양이 될 수 있다. 티끌 모아 태산이 되는 것이다. 그리고 생각보다 쏠쏠한 효과가 있다.

집중학습의 부작용은 우리의 감정과도 관련이 있다. 시험 바로 직전에 밤새워 공부한 소위 '벼락치기'를 떠올려 보라. 내일 시험을 코앞에 두고 하는 집중학습이므로 긴장도가 매우 높아서 순간적인 효율은 높아질 수 있다. 하지만 긴장된 상태에서 적절하게 쉬지 못하고 잠도 제대로 못자고 한 공부이기 때문에, 스트레스가 크고 불안, 짜증, 답답함, 불편함 등의 부정적인 감정을 경험하기 쉽다. 이러한 벼락치기가 반복되면 결국 공부하는 것 자체가 싫어지고 최대한 회피하고 싶은 마음이 생길 수 있다. 평소 흥미 있는 게임이라도 잠도 자지 않고 장시간 하면 질려버릴 수 있는데 공부는 오죽하겠는가? 이렇게 공부에 질려버리게 되면 다음 시험 때까지 공부하는 것을 최대한 미루고 싶고, 다시 시험을 코앞에 두고 벼락치기를 하는 악순환이 반복된다. 게다가 이렇게 시험을 앞두고 한 집중학습은 시험이 끝난 다음에는 잊어버리기 쉽다. 결국 시험을 위한 공부로 끝나고, 공부에 대한 유능감은 생기지 않게 된다.

반면 평소에 조금씩 나누어서 한 분산학습은 지나치게 스트레스가 높은 상황에서 하는 것이 아니어서, 공부에 대한 부정적인 감정이 적게 형성되고 흥미나 즐거움이 유지될 가능성이 높아진다. 혹시 당신은 공부라면 질색인 사람인가? 어쩌면 배움 자체에 대한 흥미나 열정이 없어서라기보다, 집중학습의 스트레스로 인한 부작용일 수도 있다.

2. 약간의 과잉학습을 하라

단순히 공부를 많이 하라는 의미가 아니다. 당신이 느끼기에 '이제 되었다' 하는 것보다 조금만 더 하라는 말이다. 예를 들어 영어 단어 10개를 외운다고 하자. 여러 번 반복해서 외우다 보면 그 목록을 보지 않고 다 쓸 수 있게 될 것이다. 그렇게 단어 10개를 안 보고 다 썼을 때 우리는 이제 되었다고 생각하고 멈춘다. 하지만 그때 멈추지 말고 몇 번만 더 반복해 보라. 이렇게 더해진 몇 번의 추가 학습이 장기기억을 더 공고하게 만들어 주고, 더 오래 기억되게 해 준다. 노래나 춤동작을 외워서 타인 앞에서 테스트를 받을 때에도 마찬가지다. 한두 번 완벽하게 준비를 마치고 테스트를 받을 때 생각보다 기억이 잘 안 나는 경험을 해 보았을 것이다. 암기가 끝났다고 생각되는 순간, 이제 멈추고 싶은 욕구를 누르고 그 과정을 몇 번만 더 반복하라. 이러한 과잉학습은 긴장된 상황 속에서도 자연스럽게 기억이 인출되는 효과를 가져온다. 땀은 결코 우리를 배신하지 않는다.

3. 공부거리를 가지고 놀아라

복잡한 내용을 단지 눈으로 읽기만 하는 것은 기억에 아무런 흔적을 남기지 못한다. 그리고 그만큼 지루한 작업도 없다. 수동적인 공부보다는 적극적인 공부, 즉 '액티브 러닝active learning'을 하라. 공부할 내용들을 입으로 소리 내어 되뇌기도 하고, 책에 밑줄을 긋고 다양한 기호로 표시하고 색칠하라. 책이 더러워지는 만큼 머릿속에 들어가는 것이 많아진다. 자신만의 기호나 방식으로 노트를 요약 정리하고 가능하다면 그림도 그려 넣어라. 혼자 칠판에 학습 내용을 쓰면서 누군가에게 가르치는 것처럼 설명하고, 연설하는 것처럼 악센트를 가미하여 말해 보라. 오랜 시간 앉아 있는 것이 답답하다면 일어나서 책을 읽고 방을 돌아다니면서 내용을 소리 내어 말하고 가상의 대상에게 가르쳐 보라. 혼자서 1인 2역 혹은 3역을 하며 말하고 질문하고 답하고 하는 것도 가능하다. 내가 공부한 내용을 촬영하여 나만의 유튜브 콘텐츠를 만들어 올릴 수도 있다.

 이렇게 공부로 노는 방법 중 가장 멋진 것은 학습 내용을 자신과 연관시키는 것이다. 나의 삶에 적용해 보고 내가 겪은 경험과 관련 지어 보라. 공부하는 내용에서 개인적 의미를 찾는 데 시간을 할애하라. 예를 들어 앞에서 배운 '간섭효과'를 이해할 때, 자신에게 있었던 간섭효과의 경험(예: 이전에 사용하던 비밀번호만 기억나고 새로운 비밀번호가 떠오르지 않았던 경험)을 떠올려 보고, '아하, 이런 게 간섭효과구나!'와 같이 정리하라.

역사 관련 공부라면 내가 그 시대에 살았다면 어땠을지, 내가 왕이라면 어떤 정치를 했을지 등을 적극적이고 창의적으로 생각해 보라. 관련된 내용으로 이미지를 그려 보고, 이야기를 만들어 보고 재미있게 상상해 보라. 이러한 공부법이 시간이 조금 더 걸릴 수 있지만 이렇게 머릿속으로 가지고 논 지식들은 좀처럼 잊히지 않는다. 내가 머릿속에서 적극적으로 굴린 만큼 그 기억의 흔적은 선명하게 남는 것이다.

4. 기억술 도구들을 사용하라

암기해야 할 항목들을 친숙하거나 처리가 가능한 작은 단위로 묶는 것을 '청크^{chunk}'라고 한다. 예를 들어 '1, 9, 4, 5, 1, 9, 5, 0, 2, 0, 0, 2'와 같은 12개의 숫자를 그냥 외우는 것은 꽤 어려운 일일 수 있다. 하지만 '1945(일제로부터 독립한 해)' '1950(6·25 전쟁이 발발한 해)' '2002(한일 월드컵을 개최한 해)'로 묶어서 암기하면 아주 쉽게 된다. 또는 무지개의 색깔을 각각 암기하기보다 앞 글자를 따서 만든 두문자어 '빨주노초파남보'로, 《그래, 나 상처 받았어》와 같은 긴 책 제목을 '그나상'과 같은 줄임말로 암기하면 쉽게 잊어버리지 않고 기억할 수 있게 된다.

머릿속에 이미지를 그려서 외우는 방법도 있다. 예를 들어 시장에 가서 사야 할 목록으로 '두부, 콩나물, 오이, 라면'이 있다면, 먼저 머릿속에 집을 떠올리고 방 3개 중 첫 번째 방에는 커다란 두부를, 두 번째 방에는 콩나물을 한가득, 세 번째 방에는 커다란 오이를 넣고 마지막으로 거실에는 거대한 라면이 놓여 있는 장면을 생생하게 상상해 보라. 이렇게 생생하고도 우스꽝스럽게 만든 이미지라면 쉽게 잊히지 않을 것이다. 그 외에도 조선왕의 계보를 '태정태세문단세……'와 같이 앞 글자를 따서 〈독도는 우리 땅〉 노래에 맞추어 외우는 방법과 같이 익숙한 노래를 활용하는 방법도 사용할 수 있다.

5. 간섭을 막아라

잠자기 전에 중요한 내용을 공부하는 것은 뒤에 일어날 간섭을 막을 수 있다. 잠을 자는 동안에는 다른 정보들이 입력되지 않아 간섭이 적게 일어나기 때문이다. 비슷한 내용을 번갈아 가면서 공부하면 간섭이 일어날 가능성이 높아진다. 예를 들어 영어와 독일어를 왔다 갔다 하면서 공부하면 서로 섞여 버려서 혼란스러울 수 있다. 여러 과목을 공부해야 한다면 영어와 수학과 같이 서로 상당히 다른 주제를 오가며 공부하는 것이 간섭을 최소화할 수 있다.

6. 시험이 최고의 공부법이다

어떤 주제를 2시간 동안 공부하는 것과 1시간은 공부하고 나머지 1시간은 그 내용에 대해 시험을 쳐 보는 것 중 어느 경우가 더 학습 효과가 높을까? 후자가 월등히 효과가 높다. 즉, 시험을 치는 것은 얼마나 배웠는지를 측정하는 도구이기도 하지만 그 자체가 탁월한 학습의 방법이기도 하다. 그러나 대부분의 학생들은 시험 치는 것을 상당히 싫어한다. 시험으로 능력이 측정되고 그 결과로 평가를 받기 때문에, 시험을 보며 긴장을 많이 하게 된다. 물론 시험 결과 때문에 부모님에게 잔소리를 듣는 경험을 많이 했다면 더 그렇다.

그렇다면 보다 덜 긴장된 상태에서 시험이라는 최고의 학습 도구를 사용할 수 있는 방법은 없을까? 스스로 내용을 정리하여 문제를 출제하고 답을 해 보거나, 진짜 시험을 치기 전에 스스로 시험을 쳐볼 수 있다. 실제로 많은 문제집들이 시험을 치는 것과 같이 제한 시간을 제시하고 있지만 실제로 이에 맞추어 문제를 풀어 보는 사람은 드물다. 스스로 보는 사전 시험을 시간 제한이 있는 하나의 게임으로 생각하고 약간의 긴장을 일으킨 상황에서 문제를 풀어 보라. 이때 풀어본 문제들은 그만큼 머릿속에 오래 남는다. 시험은 입증된 최고의 공부법이다.

7. 충분히 잠을 자라

예전에 학생들 사이에 유행한 '사당오락'이라는 말이 있다. 4시간만 자면 시험에 붙고 5시간 자면 떨어진다는 말로 최대한 잠을 줄여 가면서 공부를 하라는 뜻이다. 하지만 이는 매우 비과학적인 말이다. 우리의 뇌는 자는 동안 가만히 있는 것이 아니다. 수면 중에 우리의 의식은 희미해지고 몸은 쉬고 있지만, 뇌는 쉬고 있지 않다. 물론 깨어 있을 때만큼 활발하지는 않지만 낮 시간에 습득한 정보들을 체계적으로 조직화하고, 장기기억 속으로 옮겨서 단단하게 자리 잡도록 한다. 은행에서 영업시간에 손님들이 입금한 돈을 영업 후에 문을 닫고 정리하고 결산하는 것처럼 낮 동안 입력한 다양한 정보들을 분류하고 차곡차곡 쌓아 두어 언제든지 빼낼 수 있도록 정리하는 것이다. 만약 은행이 더 많은 손님을 받기 위해 문을 닫지 않고 계속 운영한다면 어떤 일이 생겨날까? 정리되지 않은 돈들이 여기저기 쌓여서 혼란이 가중될 것이고, 결국 적절한 대상에게 제대로 지급할 수 없게 되며 일부는 그 과정에서 분실될 것이다.

아울러 수면이 부족하면 깨어 있는 동안 결핍된 휴식을 보충하기 위해 멍하고 집중력이 떨어지는 가수면 상태를 불러일으킨다. 즉, 깨어 있지도 잠들지도 않은 애매한 시간이 늘어나는 것이다.

이때는 주의력이 떨어져서 정보의 입력과 처리가 원활하게 되지 않고 의지력을 발휘하여 집중하려고 해도 잘되지 않아서 스트레스만 가중될 수 있다. 이러한 악순환이 반복되면 결국 학업에 대한 자신감이 떨어지고 불안이나 우울감이 커질 수 있다. 그러므로 수면을 충분히 취하고 낮 시간에 상쾌하게 깨어 있는 것이 훨씬 더 현명한 방법이다.

아울러 밤늦은 시간에 깨어 있으려고 하다 보면 자연스럽게 각성 상태를 높일 자극적인 정보를 찾게 된다. 이런 이유로 많은 청소년들이 밤 시간에 공부한다고 앉은 책상에서 컴퓨터, 태블릿 PC, 스마트폰으로 웹툰, 동영상 등을 보게 되는 것이다. 이러한 자극적인 정보들을 접하면 다시 각성은 되지만 공부와는 멀어지고 지나치게 깬 뇌로 인해 수면의 질이 떨어지는 악순환을 겪는다. 밤은 잠을 자라고 어두운 것이다.

⑤

우리는 어떻게 생각할까?

우리의 뇌는 우리가 잠든 사이에도 여전히 활동하고 있지만, 아침에 눈을 뜨고부터 보다 본격적인 활동을 시작한다. 스마트폰을 먼저 확인할지, 물을 한 잔 마실지, 아니면 화장실부터 갈지 판단하고, 아침으로 무엇을 먹을지 결정한다. 가족과 인사를 나누고 간단한 대화를 할 수도 있다. 오늘의 날씨를 확인하고 어떤 옷을 입을지 결정하고 오늘 해야 할 중요한 일이 무엇인지 떠올리고 몇 시에 집을 나설지 판단한다. 이렇게 시작된 뇌의 활동은 잠들기 전까지 왕성하게 유지된다. 이렇듯 우리가 뇌를 활용하여 정보를 처리하고 이해하고 판단하며, 기억을 떠올리고 타인과 의사소통하는 모든 심리적인 활동을 '인지^{cognition}'라고 한다.

　단순히 오감을 통해 느끼고 정보를 받아들이는 것보다 더 높은 수준의 지적인 활동이라고 할 수 있는 인지의 과정은 어떻게 일어날까? 이번에는 눈에 보이지 않고 조용하지만 매우 왕성한 뇌의 활동인 인지에 대해 살펴보자. 아울러 인간의 인지에 있어 꽃이라고 할 수 있는 언어에 대해서 살펴보고, 개인의 인지적 능력을 의미하는 지능이 무엇인지에 대해서도 알아보자.

펭귄은 새인가? 개인가?

개념과 원형

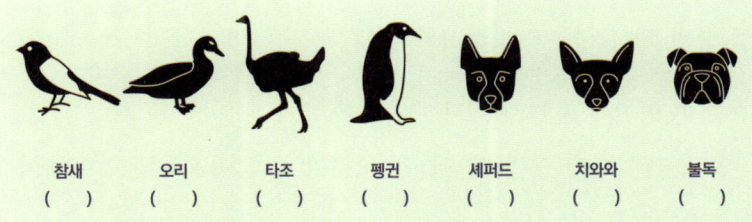

| 참새 | 오리 | 타조 | 펭귄 | 셰퍼드 | 치와와 | 불독 |
| ( ) | ( ) | ( ) | ( ) | ( ) | ( ) | ( ) |

1. 위의 그림 중에서 새에 해당되는 것에 동그라미를 치시오.

2. 동그라미를 친 새에 대하여 '얼마나 새에 가까운지'를 10점 만점으로 괄호 안에 점수를 적어 보라. 예를 들어 '매우 새에 가깝다면 10점, 새이긴 하나 일반적인 새의 모습에서 많이 멀게 느껴진다면 1점'과 같이 점수를 매겨 보라.

위에서 당신은 새와 개를 구분해 보았다. 한글로는 자음 하나 차이로 매우 유사해 보이지만 실제 새와 개는 매우 다르다. 날개가 있고 부리가 있으며 두 발이 있는 동물을 새라고 하며, 반면에 발이 네 개고 기어 다니며 털이 있는 동물을 개라고 한다.

이렇듯 비슷한 특징을 공유하고 있는 대상들의 그룹을 '개념concept'이라고 한다. 새가 날개, 부리, 두 발을 공유하고 있는 개념이듯이, 공은 둥글고 탄력성이 있으며 스포츠에 사용되는 특징을 공유하고 있는 물건들이 포함된 개념이며, 자동차는 네 바퀴와 함께 엔진과 핸들이 있는 운송 수단들이 포함된 개념이다. 우리가 사는 세상에는 이 외에도 음식, 가구, 학용품, 책, 사람 등의 다양한 상위 개념들과 이에 속하는 찌개, 책상, 연필, 동화책, 아시아인 등과 같은 다양한 하위 개념들이 존재한다.

우리는 어떻게 이런 개념들을 구분할 수 있을까? 위의 예에서 본 것처럼 우리는 어떻게 새와 개를 구분할 수 있었을까? 물론 새에서 날개, 부리, 두 발을 찾아내듯이, 각 개념이 가진 중요한 특징들을 찾아내어 구분하기도 하지만 그보다 더 빠르고 많이 사용되는 방법이 있다. 바로 해당 개념에서 가장 대표적인 예를 사용하여 비교하는 방법이다.

새에 있어서 가장 대표적이고 전형적인 예는 무엇일까? 앞의 그림을 기준으로 보면 바로 참새이다. 참새는 우리 머릿속에 들어 있는 가장 새다운 새이다. 그렇기 때문에 하나의 새(예: 오리)를 떠올릴 때 그 새가 얼마나 참새와 비슷한지 비교하여 새인지 아닌지를 판단하게 되는 것이다. 앞의 표에서 당신이 어떻게 점수를 주었는지 확인해 보라. 아마도 참새에 가장 높은 점수를 주고, 다음으로 오리, 타조, 펭귄의 순으로 점수를 주었을 것이다. 왜냐하면 오리에 비해 타조나 펭귄은 참새를 덜 닮았기 때문이다. 이처럼 각 개념에서 가장 대표적인 예를 '원형^{prototype}'이라고 한다.

그렇다면 공에 있어서 원형은 무엇일까? 아마도 축구공(혹은 배구공)일 것이다. 탁구공, 농구공, 테니스공, 골프공, 럭비공과 같은 다양한 공들이 있지만 가장 공다운 공은 축구공(혹은 배구공)이다. 축구공을 기준으로 판단한다면 럭비공이나 골프공 같은 경우에는 공이 맞긴 하지만 약간의 의구심이 든다. 아마도 럭비공은 타원형이기에 둥근 축구공과 다르게 보이고, 골프공은 축구공처럼 탄력성이 높지 않고 딱딱하기 때문일 것이다.

이처럼 원형으로 판단하는 것은 빠르고 쉬운 방법이긴 하지만 오류가 생길 가능성도 높다. 펭귄이 참새와 다르게 생겼지만 새이고, 럭비공도 축구공과 다르게 생겼지만 공인 것처럼, 두리안은 겉모습이 무시무시한 철퇴처럼 생겼고 속도 특이하게 생겨서 사과와는 매우 다르지만 과일에 속한다.

 대학교수의 원형은 어떤 모습일까? 안경을 쓰고 책 읽기를 좋아하고 운동보다는 사색을 즐기는 사람일까? 그럴 수도 있겠지만 대학교수 중에도 책 읽기를 싫어하고 사색보다는 운동이나 컴퓨터 게임을 즐기는 사람도 있을 수 있다. 기업 CEO의 원형은 어떨까? 말을 잘하고 사교적이며 분석적인 남성일까? 아니다. 말수가 적고 덜 사교적이며 감성적인 여성일 수 있다. 지나치게 원형으로 판단하면 선입견이나 편견이 생길 수도 있다.

토마토케첩을 찾아라

알고리즘과 발견법

1. 당신은 지금 마트에 왔다. 아래와 같은 물건들을 사려고 한다.

우유, 고무장갑, 라면, 오렌지 주스, 토마토케첩

당신은 어떻게 물건을 찾는 스타일인가?

① 진열대 위에 붙어 있는 분류 안내판을 따라서 가까운 순서대로 위의 목록들을 찾는다.

② 그냥 무작정 걸어가서 보이는 대로 찾는다.

③ 그때그때 다르다.

2. 다음 5글자는 순서가 뒤죽박죽 섞여 있다. 이 글자가 의미하는 단어들은 무엇일까?

'드 심 키 워 리'

첫 번째 예에서 당신은 어떤 스타일에 해당되는가? ①번인가? 아니면 ②번인가? 만약 ①번과 같은 스타일이라면 토마토케첩을 찾기 위해 '식품 → 조미용 식품 → 소스류'와 같은 순서를 따라가게 될 것이다. 이처럼 특정한 문제를 해결하기 위해 논리적인 순서나 규칙을 세우고 이에 따라 생각하고 판단하는 방식을 '알고리즘algorithm'이라고 한다.

이러한 방식은 문제를 정확하게 해결할 가능성을 높여주고 실수를 줄여준다. 우리가 수학 시간에 훈련하는 사고의 과정이 바로 이러한 방식이며, 이 알고리즘은 컴퓨터가 문제를 처리하는 방법이기도 하다.

반면에 ②번과 같이 문제를 해결하는 방식을 '발견법heuristics'이라고 한다. 발견법은 어림법이라고도 하며 말 그대로 대충 짐작해서 판단하는 방법이다. 발견법은 상대적으로 간단한 사고방식이며 문제해결 가능성이 낮아지고 실수를 범하기 쉽다.

그렇다면 우리는 왜 문제해결 가능성을 높여 주는 논리적 방식인 알고리즘을 사용하기보다 발견법을 사용할 때가 많을까? 물론 알고리즘은 어렵고 머리를 많이 쓰게 되어 스트레스를 일으키는 것이 하나의 이유이다. 하지만 또 다른 이유도 있다. 때로는 발견법이 더 빠르고 효율적인 해결책이기 때문이다.

앞의 두 번째 예를 보라. 정답은 무엇일까? '심리 키워드'라는 단어다. 이 문제를 풀기 위해 5개 글자들의 가능한 모든 조합들을 차례대로 살펴보아야 할까? 그렇지 않다. 몇 가지 글자들을 임의적으로 결합하다 보면 어느 순간 그 정답을 알게 된다. 즉, 어떤 경우에는 알고리즘보다 발견법이 더 효율적일 수 있다. 그러므로 첫 번째 예에서 ③번의 답을 선택한 사람이 현명한 사람일 수 있다.

만약 당신이 규모가 큰 대형마트에 왔다면 안내판을 참고하며 물건을 체계적으로 찾는 것이 좋겠지만, 동네에 있는 작은 구멍가게라면 굳이 그럴 필요가 없다. 즉, 논리적 사고가 필요한 상황에서는 알고리즘을 사용하고 그렇지 않은 상황에서는 시간과 에너지를 과도하게 써 가며 고민할 필요가 없이 그냥 끌리는 대로 하면 되는 것이다. 시간이 부족한 상황에서 약속 장소에 제시간에 도착해야 하는 상황이라면 잠시 멈춰 서서 버스나 지하철 노선도를 살피고 가장 빠른 경로를 찾아내야 한다. 하지만 오늘 점심으로 무엇을 먹을지 결정하기 위해 모든 배달 음식 전단지들을 꺼내 볼 필요는 없다. 그냥 지금 입맛이 당기는 것을 먹으면 되는 것이다. 상황에 맞는 해결방안을 유연하게 선택할 수 있는 사람이 지혜로운 사람이다.

무조건 내가 옳아

확증편향

혹시 자주 보게 되는 시간이 있는가? 어떤 사람은 4시 44분을 자주 본다고 하고, 어떤 사람은 11시 11분을 많이 본다고 한다. 필자의 경우에는 11시 13분을 매우 자주 보게 된다. 왜 특정 시간을 더 자주 보게 되는 것일까? 그리고 정말 그 시간을 자주 보게 되는 것이 사실일까?

이러한 현상은 생각의 오류에서 나올 가능성이 높다. 가령 4시 44분을 자주 보는 사람은 실제로 그 시간을 자주 본다기보다 4시 44분을 선택적으로 의미 있게 받아들이고 기억하는 것이다. 즉, 우연히 4시 44분을 보게 되면, '어, 4시 44분이네. 죽을 사死가 3개나 들어 있네. 왠지 좀 불길하네.' 하고 자신이 그 시간을 본 것을 기억하게 된다. 하지만 이와 달리 우연히 4시 43분이나 4시 45분을 본 경우에는 별 의미를 부여하지 않고 시간만 확인하고 넘어간다. 그러다가 다시 우연히 4시 44분을 보면 '헉, 또 4시 44분을 보았네. 나는 4시 44분을 자주 보는 것 같아. 괜히 불길하네.'라며 기억한다. 이렇게 해당되는 경험은 기억 속에 저장하고 해당되지 않는 경험은 무시해 버리는 과정을 통해서 '나는 4시 44분을 자주 본다.'는 일종의 믿음이 유지되는 것이다.

필자의 경우에 11시 13분을 자주 보는 이유는 11월 13일이 생일이기 때문이다. 이처럼 자신의 신념 혹은 선입견을 지지해 주는 정보는 수집하고 그렇지 않은 정보는 무시해버리는 경향을 '확증편향 confirmation bias'이라고 한다.

일반 대중들에게 널리 알려졌으나 과학적 근거가 없는 대표적인 속설 중 하나가 '혈액형 성격설'이다. 성격이론이 아니라 성격설이라는 명칭에서 알 수 있듯이 이는 하나의 가설일 뿐이며, 사실 전혀 근거가 없는 주장이다. 아마도 혈액형 성격설을 가장 많이 신봉하고 이와 관련된 정보들이 가장 많이 생산되는 나라가 한국과 일본일 것이다. 원래 이 가설이 20세기 초에 제기된 유럽에서는 현재 거의 믿는 사람이 없다고 한다. 그렇다면 이렇게 과학적 근거가 전혀 없는 속설을 왜 우리 주변에 있는 많은 사람들이 받아들이고 믿는 것일까? 이는 앞에서 설명한 확증편향의 효과라고 할 수 있다.

혈액형 성격설에서는 A형의 성격이 소심하고 내성적이라고 말하고, O형의 경우에는 너그럽고 원만하다고 말한다. 만약 당신이 이 가설을 믿는다고 가정해 보자. 그런데 새롭게 알게 된 사람이 유난히 성격이 무난하고 쾌활한 편이어서 혈액형을 물어보았더니, 자신은 A형이라고 답하였다. 이때 당신은 예상과 다른 결과를 듣고 잠시 의아해하였지만, 금세 이 사람의 경우는 예외라고 판단하게 된다. 즉, 대부분의 A형들은 성격이 소심하고 내성적이지만 이 사람은 특별하게 이에 해당되지 않는다고 생각하거나, 혹은 원래는 소심하고 내성적이었지만 부단한 노력을 통해 이를 극복한 경우로 생각하는 것이다.

그러다가 이 사람과 밥을 같이 먹게 되었는데 밥값을 계산하면서 작은 금액도 꼼꼼하게 따지는 모습을 발견하고는 다시 이렇게 생각하게 된다. '거 봐. 되게 꼼꼼하고 소심하네. 역시 A형은 A형이야.' 이렇게 당신이 믿는 신념에 부합하는 증거는 받아들이고 그렇지 않은 경우는 예외로 여기면서 당신의 믿음은 깨질 필요 없이 유지되는 것이다.

이를 그림으로 나타내면 다음과 같이 제시될 수 있다. 그림에서 보듯이 'A형은 소심해!'라는 가설의 피자 모양에 맞는 조각은 받아들이고, 맞지 않는 조각은 튕겨 내버린다. 그리고 일부 맞지 않는 조각은 다시 받아들일 수 있는 조각으로 변형시켜서 받아들인다. 이러한 과정을 통해 내가 믿는 가설은 영원히 지속될 수 있다.

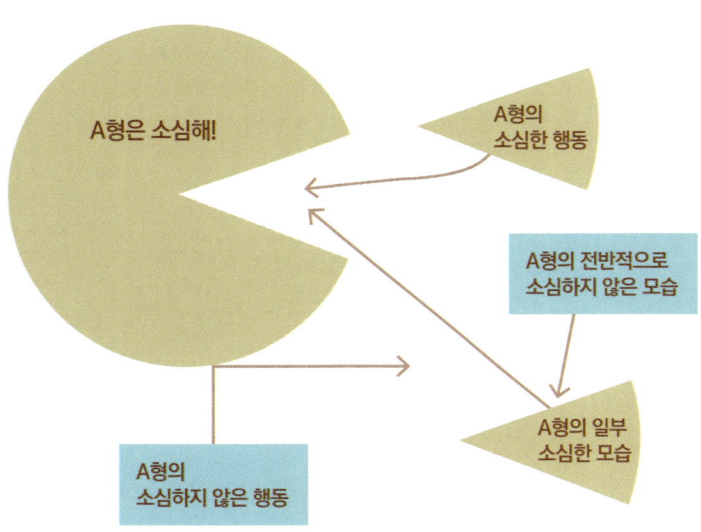

혈액형 성격설의 확증편향 과정

이러한 현상은 정치적인 견해에서도 분명하게 나타난다. 진보 성향을 가진 사람은 진보 성향의 미디어가 제공하는 뉴스를 주로 구독하고 진보 성향의 인사가 하는 주장을 유심히 듣고 동의한다. 하지만 보수 성향의 뉴스나 주장에 대해서는 근거가 없다고 생각하거나 왜곡된 의견이라고 여기게 된다. 아울러 진보 성향의 정치인이 하는 행동에 대해서는 나름의 이유와 타당성이 있다고 생각하고 이해하려 하지만, 보수 성향의 정치인이 하는 행동에 대해서는 쉽게 분개하고 비난하게 된다. 이와 마찬가지로 보수 성향의 사람은 보수 언론에 대해서는 동의하고 반대 의견에 대해서는 비판적인 시선을 가지게 된다. 이러한 확증편향의 순환은 쉽게 깨질 수 없으며 이 고리에 갇히면, 자신의 견해는 무조건 옳고 다른 의견은 받아들이지 않는 고집스럽고 경직된 사람이 될 수 있다.

사람들은 왜 확증편향의 오류에 빠지게 되는 것일까? 첫 번째는 자신만의 생각 틀, 즉 신념을 가지는 것이 안정감을 주기 때문이다. 예를 들어, 우리는 다양한 사람들을 만날 때 상대방의 행동을 예측하고 어떻게 대하는 것이 좋을지 알고 싶어 한다. 그런데 혈액형으로 상대방의 성격을 파악하고 행동을 예측할 수 있다면 이 얼마나 안심이 되겠는가? 두 번째로 이러한 신념이 깨질 때에는 불편함과 혼란감을 경험하기 때문이다. 특히 그 신념이 오랜

기간 강하게 붙들고 있었던 것이라면 더욱 그러하다. 영화 〈매트릭스〉에서 주인공 네오는 인공지능이 만들어낸 가상현실 속에서 깨어나 진짜 세상을 목격하고 엄청난 혼란에 빠진다. 자신만의 신념이 깨지면 네오 같은 혼란감을 느낄지도 모른다. 그러므로 우리는 한번 습득한 신념을 유지하고 싶어 하는 것이다.

 물론 우리가 가지고 있는 생각의 틀, 즉 신념이 올바른 것이라면 우리에게 큰 안정감을 주며, 세상을 바르게 보는 건전하고 유용한 가치관이 될 수 있다. 이를 위해 우리는 교육을 받고 독서를 하며 깊게 사색하고 다양한 경험을 쌓는 것이다. 하지만 건강한 신념 혹은 가치관을 생성하는 과정에서 혼란과 좌절을 피할 수는 없다.

 우리 모두는 어머니의 배 속에서부터 초등학교 입학 전 정도까지 '내가 세상의 중심이다.'라는 믿음으로 살아왔다. 해는 아침에 나를 깨우려고 뜨고 밤에 내가 잠을 자게 하기 위해 진다고 믿었다. 부모님은 나에게 세밀하게 집중해 주셨고 나의 작은 소리에도 반응해 주셨다. 그러나 초등학교에 갈 무렵부터 점점 내가 세상의 중심이 아님을 깨달아 간다. 나보다 똑똑한 아이들이 많고 잘난 아이들도 많으며 인기 있는 아이들도 많다. 선생님은 매번 나에게만 집중해 주실 수 없다. 알고 보니 내가 제일 중요한 존재가 아니었다. '나는 세상에서 아무것도 아니다.' 하지만 다행히 다양한 좌절 속에서도 조금씩 내가 할 수 있는 것들이 생기고 나를 좋아해 주는 몇몇 친구들을 만나게 되었다. 그리고 내가 좀 더 잘할 수 있는 일들을 찾게 되면서 조금씩 새로운 자존감을 형성하게 된다. '나는 세상에서 아무것도 아닐 수 있다. 그리고 (동시에) 나는 나의 세상에서 있는 그대로 가장 중요하다.'

성장과 성숙은 이전 단계의 낡은 신념들을 무너뜨리고 좌절과 혼란을 겪은 후에 다시 새롭게 쌓은 신념들을 세우는 과정이다. 그래서 새 포도주는 새 부대에 담아야 하는 법이다.

천재인가? 바보인가?

서번트 증후군

　SBS 예능 프로그램 <스타킹>에 출연한 이상우 군은 발달장애 2급 판정을 받았으며 IQ는 50 정도이다. 이상우 군은 수업 시간에는 부주의하고 산만한 모습을 보이지만 피아노 앞에 앉으면 전혀 다른 사람이 된다. 피아노를 연주할 때면 매우 집중력이 뛰어나고 피아노 실력도 수준급이다. 방송에서도 애잔한 선율의 '월광 1악장'과 대표적인 속주곡인 '왕벌의 비행'을 능숙하게 연주해 방청객들의 감탄을 자아내었다.

　그뿐 아니라 이상우 군은 지하철 노선을 꼼꼼하게 암기하고 있으며, 100년 전후 날짜의 요일을 달력을 보지 않고 바로 맞힐 수 있는 특별한 능력을 선보였다. 이렇듯 이상우 군은 장애가 있음에도 불구하고 피아노 연주와 숫자, 암기 등에 있어서는 매우 특별한 능력을 나타내고 있다. 이처럼 전반적인 지적 능력은 떨어지지만 특정 영역에서는 비범한 능력을 보여주는 경우를 '서번트 증후군 Savant Syndrome'이라고 한다.

서번트 증후군의 예는 이외에도 많이 찾아볼 수 있다. 서번트 증후군을 가진 이를 주인공으로 한 1988년 영화 〈레인맨〉의 실제 모델이기도 한 킴 픽은 책 9,000권을 통째로 외우고 있었다. 그는 한 페이지를 읽는 데 8~10초 정도밖에 걸리지 않았고 읽은 것을 바로 기억해 낼 수 있었다고 한다. 또한 전화번호부 표지에 있는 지도를 익혀서 미국의 모든 주요 도시로 가는 방향을 말할 수 있었다. 하지만 그는 옷의 단추를 스스로 끼울 수 없었고, 추상적인 개념을 파악하기 어려워서 "목소리를 낮추어라."라는 지시에 자신의 발성 기관의 위치를 낮추기 위해 의자 밑으로 기어들어갔다고 한다. 영국의 서번트 증후군 미술가인 스티븐 윌트셔는 헬리콥터를 타고 상공에서 싱가포르를 내려다 본 후, 기억에 의존하여 닷새 만에 완벽한 조감도를 그려낼 수 있었다고 한다.

서번트 증후군은 왜 생겨나는 것일까? 과학자들에 따르면 뇌의 심각한 비대칭성에 의한 결과라고 한다. 비대칭성이란 우리의 좌측 뇌와 우측 뇌의 차이를 말하는데 좌측 뇌는 주로 논리적, 언어적, 추상적 사고를 담당한다. 반면에 우측 뇌는 주로 감각적, 공간적, 구체적 사고를 담당한다. 서번트 증후군의 경우에는 대부분 좌측 뇌의 발달은 저조한 반면, 우측 뇌의 발달은 우수한 경우이다.

우리가 흔히 사용하는 '머리가 좋다.' 혹은 '머리가 나쁘다.'는 표현이나 '천재인가?' 혹은 '바보인가?'라는 구분에 필요한 심리학적인 개념이 바로 '지능'이다. 지능은 경험을 통해 학습하고, 문제를 해결하고, 지식을 활용해 새로운 상황에 적응하는 능력을 의미한다. 즉, 지능이 높다면 경험을 통해 보다 빠르고 정확하게 학습하고, 주어진 문제를 잘 해결하고, 새로운 상황에 잘 적응할 것으로 예상된다.

부모들이 자녀의 지능이 얼마나 높은지 궁금해하는 것처럼 심리학자들도 아동의 지능에 관심을 가지고 이를 측정하기 위해 다양한 방법들을 궁리하였다. 대표적인 방법은 지적인 능력을 측정하는 다양한 문제들을 만들고 그 문제들에서 얼마나 우수한 수행을 보이느냐를 통해 지능을 평가하는 방법이다. 이러한 방법을 통해 측정된 지능의 정도를 '지능지수 intelligence quotient'라고 하며 이를 줄여서 IQ라고 부른다. IQ는 독일의 심리학자 빌리암 슈테른이 처음 사용한 개념이다. 그는 IQ를 다음과 같은 공식에 의해 산출하였다.

IQ = 정신연령/생활연령 × 100

즉, 아동의 정신연령을 생활연령으로 나누고 소수점을 제거하기 위해 100을 곱한 것이다. 여기서 생활연령은 아동의 실제 나이를 말하는 것이다. 초등학생인 철수의 현재 나이가 8세라면 생활연령은 8세이다. 그리고 정신연령은 검사에 얼마나 잘 수행했는지에 대응되는 나이를 말한다. 예를 들어 10개의 문제가 있는데 보통 8세의 아동들은 8번까지의 문제를 풀 수 있고, 9세의 아동은 9번까지 풀 수 있고, 10세의 아동은 10번까지 다 풀 수 있다고 해 보자. 만약 철수가 또래들처럼 8번까지 풀었다면 철수의 정신연령은 8세가 된다. 그렇다면 철수의 IQ는 어떻게 되겠는가? 위의 공식을 사용해 보자.

IQ = 8세/8세 × 100 = 100

계산해 보면 철수의 IQ는 100이 된다. 즉, 철수가 자신의 실제

나이에 맞는 만큼만 문제를 풀었다면 100점이 된다. 이로 보아 100점은 같은 또래들의 평균 수준의 지능지수가 되는 것이다. 그런데 만약 철수가 또래들보다 머리가 좋아서 모든 문제를 풀었다면 철수의 정신연령은 10세가 된다. 그리고 공식에 의하면 철수의 IQ는 다음과 같다.

IQ = 10세/8세 × 100 = 125

즉, 철수의 IQ는 125로 100점보다 높은 점수를 얻어, 또래들보다 지능이 높다고 볼 수 있다. 하지만 현대에는 이렇게 단순한 방법으로 지능지수를 구하지 않는다. 다양한 연령대의 피검자들을 수백 혹은 수천 명 모아서 검사를 실시한 다음, 각 연령의 평균적인 수행에 임의적으로 100점을 부여한다. 그리고 피검자 연령의 평균수행의 정도와 비교하여 점수를 부여하게 된다. 이러한 과정을 통해 지능지수의 평균이 100이 되며 피검자의 대략 3분의 2가 85~115 사이의 점수를 얻게 된다.

그런데 여기서 중요한 궁금증 하나는 지능이 하나의 능력인가 아니면 다양한 능력들이 모여 있는 것인가이다. 찰스 스피어먼은 언어능력과 같은 분야에서 높은 점수를 받는 사람은 일반적으로 공간능력이나 추리능력 같은 다른 분야에서도 평균 이상의 점수를 받는 것을 관찰하고, 여러 가지 지적인 능력에 기반이 되는 '일반지능'이 존재한다고 보았다. 즉, 여러 개의 가지가 있어도 그 밑에 깔려 있는 하나의 공통된 뿌리가 있다고 본 것이다.

그러나 현대의 심리학자들은 하나의 지능이 아닌 서로 독립적인 지능들이 존재한다고 본다. 대표적인 주장이 하워드 가드너의 '다중지능' 이론이다. 가드너는 9개의 개별적인 지능이 존재한다고 보았는데, 이에는 '언어, 논리-수학, 음악, 공간, 신체운동, 자기이해, 대인관계, 자연주의, 실존'의 영역들이 있다. 앞에서 살펴본 서번트 증후군이 존재한다는 사실도 하나의 일반지능이 아닌 다양한 다중지능을 지지하는 증거로 볼 수 있다.

속담에 '하나를 보면 열을 안다.'는 말이 있다. 이는 한 가지만 알려줘도 열을 알 정도로 영특한 사람이 있다는 의미이다. 이는 어쩌면 일반지능을 지지하는 말로 들릴 수 있다. 하지만 다른 속담에 '굼벵이도 구르는 재주가 있다.'라는 말도 있다. 이는 다 잘하지는 못해도 각자 적어도 하나씩은 잘할 수 있는 능력이 있다는 말로 다중지능을 지지하는 말로 들린다.

현대 심리학자들이 지지하는 것처럼 일반지능보다는 다중지능을 받아들이는 것이 우리에게 더 희망적으로 보인다. 공부면 공부, 운동이면 운동, 음악이면 음악 다 잘하는 친구를 부러워하기보다는 나만의 강점을 찾아서 집중하는 것이 더 지혜로운 태도가 아닌가 한다. 남들과 비교하기보다 나만의 강점을 찾아서 열심히 구르는 멋진 굼벵이가 되어 보자.

이제는 EQ가 대세야

정서지능

고등학생인 지성은 전 과목에서 전교 상위권을 놓치지 않는 우등생이다. 수업시간에 높은 집중력을 보이며 남들보다 일찍 등교하는 성실함도 보인다. 키도 크고 외모도 준수한 편이며 운동신경도 좋아서 농구도 잘한다. 하지만 이상하게도 친구들은 지성을 별로 좋아하지 않는다. 친구들은 지성과 어울리는 것을 꺼리고 지성에 대해 '눈치가 없다', '재수 없다', '공부만 잘한다'라고 평가한다. 지성은 이런 친구들의 반응이 도무지 이해되지 않지만 친구들의 눈에는 지성의 행동이 눈에 거슬릴 때가 한두 번이 아니다.

지성은 다른 사람의 감정이나 표정을 잘 읽지 못하는 것 같다. 성적이 떨어져서 침울해진 급우를 옆에 두고 자신이 만점을 받은 사실에 기분이 들떠서 자랑하고, 서로 썸을 타고 있는 남녀 학생 사이에 자꾸 눈치 없이 끼어들기도 한다. 한번은 교장선생님께 불려 가서 꾸중을 듣고 온 담임선생님에게 눈치 없이 농담을 했다가 그 불똥이 반 전체로 튄 적도 있다.

　이런 지성의 행동은 남자아이들보다 여자아이들에게 더 큰 거부감을 일으키는데 한번은 반 여자아이들 전부가 몰려 와서 따진 일화도 있었다. 같은 반 여학생 지희가 역시 같은 반인 명철을 짝사랑하고 있었는데 우연히 과학시간에 지희, 명철, 지성이 같은 조가 되어 프로젝트를 함께 하게 되었다. 과학실에서 세 명이 조별 모임을 하는 날 지희는 명철에게 잘 보이려고 외모에 신경을 많이 쓰고 왔다. 그런데 너무 긴장한 탓인지 브래지어 어깨끈이 살짝 드러난 것은 눈치 채지 못했다. 명철은 이를 보고도 지희가 당황할까 봐 모른 척하고 모임을 진행했다. 그런데 그때 지성이 작지 않은 목소리로 지희를 쳐다보며 "야, 어깨끈!" 하고 말했다. 무슨 말인지 알아듣지 못한 지희는 다시 물었고 그때 지성은 답답한 마음에 "네 분홍색 어깨끈 다 보인다고!"라고 크게 말해 버렸다. 당황한 지희는 울상이 되어 황급히 과학실을 나가 버렸고 쉬는 시간에 지희 친구인 여학생들이 몰려와서 지성에게 사과를 요구했다. 그러나 지성은 보인 것을 보였다고 한 것이 무엇이 잘못이냐며 오히려 따졌고 이 때문에 반 여학생 전부가 몰려와서 지성에게 따지는 일이 벌어졌다.

> 지성은 여학생들의 성화에 못 이겨 결국 사과하긴 했지만 사실을 그대로 말한 것이 왜 잘못인지, 지희와 여자아이들이 왜 그렇게 화가 났는지 이해가 되지 않는다. 게다가 자신은 옷매무새를 단정히 하라고 좋은 의도에서 알려준 것인데 이러한 대우를 받는 것이 억울하기까지 하다.

지성은 왜 이런 행동을 하는 것일까? 그리고 급우들은 왜 지성을 싫어하는 것일까? 지성의 높은 성적으로 보아 아마도 지성은 지능이 높을 것으로 예상된다. 지능지수가 높은 지성이 다른 사람과 관계에서 어려움을 겪는 이유는 무엇일까? 그것은 지성의 '정서지능 emotional intelligence'이 낮기 때문일 가능성이 높다.

정서지능은 감정을 제대로 지각하고 이해하며 처리하고 사용하는 능력을 말한다. 정서지능이 높은 아동들은 친구를 쉽게 사귀고 선생님에게 협조적인 태도를 보인다고 한다. 또한 정서지능이 높은 사람들은 친구들과 높은 수준의 상호작용을 즐길 수 있고, 우울, 불안, 분노 등의 감정에 쉽게 흔들리지 않는다. 나아가 정서지능이 높으면 직업적인 성취가 더 뛰어나고, 장기적으로 더 나은 보상을 위해 순간적인 충동에 굴복하지 않는 모습을 보인다.

정서지능은 크게 네 가지의 능력으로 구분할 수 있다. 첫째, '정서지각' 능력이다. 이는 타인의 얼굴이나 음악, 이야기 등에서 감정을 알아차릴 수 있는 능력이다. 예에서 나오는 지성은 정서지각이 부족한 것으로 보인다. 그렇기 때문에 성적이 떨어져서 침울해하는 급우나 수치심으로 괴로워하는 지희의 감정을 전혀 파악하지 못하는 것이다.

두 번째는 '정서이해' 능력이다. 이는 감정을 예측하며 그 감정을 변화시키고 완화시키는 방법을 아는 것을 말한다. 만약 지성에게 정서이해 능력이 있었다면 명철 앞에서 긴장하고 수줍어했던 지희가 자신의 지적으로 인해 수치심을 느끼고 결국 분노를 느낄 것을 알았을 것이다. 그리고 자신에게 분노한 여자아이들의 감정을 누그러뜨리기 위해서는 바로 자신의 잘못을 인정하고 사과하는 것이 효과적인 방법임을 알았을 것이다. 그러나 지성은 정서이해 능력이 부족하기 때문에 지희와 다른 아이들의 분노에 더 불을 붙이는 행동을 했던 것이다.

세 번째는 '정서관리' 능력이다. 지성은 시험에서 만점을 받았기 때문에 기분이 좋을 수 있다. 어쩌면 그러한 감정은 당연한 것이다. 하지만 옆에 있는 친구가 성적이 떨어져서 기분이 좋지 않다는 사실을 알았다면 잠시 자신의 들뜬 기분을 가라앉히고 집에 가서 부모님께 자랑하고 칭찬을 받을 수도 있는 일이다. 지희가 자신의 말을 잘 알아듣지 못해서 답답한 상황에서도 잠시 숨을 고르고 지희에게 차분하게 작은 목소리로 알려주었다면 지희가 그렇게 수치스러워하거나 분노하지 않았을 수 있다. 어쩌면 배려 있는 행동으로 여기고 지성에게 고마움을 느꼈을 수도 있다. 하지만 지성은 자신의 답답함에만 집중하여 큰 소리로 화내듯 지희에게 말을 해 버렸다.

마지막으로는 '정서사용' 능력이다. 이는 앞의 다른 세 가지 능력보다 더 고차원적일 수 있는데, 상황에 맞게 적응하고 창의적인 생각을 하는 데에 감정을 적절하게 활용하는 능력을 말한다. 만약 당신이 지금 새롭고 신선한 아이디어가 필요하다면 밝고 경쾌한 음악을 튼다거나 함께 고민하는 사람들에게 유머를 던져서 밝은 분위기로 전환할 필요가 있다. 왜냐하면 긍정적인 감정은 우리의 기분을 좋게 하는 것은 물론 보다 확산적인 사고를 불러오기 때문이다. 확산적 사고는 뻗어 나가는 생각으로 하나의 정답을 찾기보다 다양한 해결책을 고려하게 하는 형태의 생각을 말하며, 확산적 사고는 창의성의 기반이 된다.

반면 당신이 지금 신중하게 하나의 답을 찾아야 하는 상황이라면 밝은 분위기보다는 다소 차분하고 조용한 환경을 만드는 것이 필요하다. 이러한 상황에서는 확산적 사고가 아닌 수렴적 사고가 촉진되며 수렴적 사고는 생각이 여러 가지로 흩어지기보다 하나의 주제에 골몰히 집중하게 만들며 정해진 답을 찾도록 도와준다. 이렇듯 상황에 맞게 생각하고 문제를 해결하기 위해 감정을 적절하게 사용하는 능력이 정서사용 능력이라고 할 수 있다.

이렇게 기존의 지적인 능력에 초점을 맞추는 지능이라는 개념에 대비해 감정을 이해하고 활용하는 능력의 중요성을 강조하며 정서지능이라는 개념이 나타났고, IQ에 대비해 EQ^{emotional quotient}라는 용어가 유행하게 되었다.

그렇다면 왜 정서지능이 중요할까? 몇 가지 이유가 있다. 첫째는 인간은 혼자 살 수 없는 존재이기 때문이다. 인간이 혼자 살 수 있고 혼자서도 행복할 수 있다면 지능만 높아도 잘 지낼 수 있을 것이다. 그러나 고도의 산업화, 전문화, 분업화가 이루어진 현대에서 인간은 생존을 위해서 혼자 살 수 없다. 누군가와 상호작용을 하고 관계를 맺어야만 의식주 등의 문제를 해결할 수 있다. 사람과의 관계에서는 긍정적인 감정뿐만 아니라 부정적인 감정까지 일어날 수밖에 없으며 이 감정을 적절하게 인식하고 이해하고 관리할 수 없다면 그 관계는 손상되거나 파괴될 수밖에 없다.

둘째로 인간은 감정을 다룰 수 없이는 절대로 행복할 수 없기 때문이다. 기계가 아닌 인간은 감정을 경험할 수밖에 없으며 부정적인 감정은 완화할 수 있도록 잘 다스리고 긍정적인 감정은 있는 그대로 잘 경험할 수 있어야 한다. 이러한 감정의 이해와 관리를 통해 우리는 부정적인 감정에 지나치게 빠지지 않고 행복을 경험할 수 있다.

필자는 자신의 감정을 차단해 버린 청소년을 만난 경험이 있다. 그 학생은 어릴 때부터 긴장을 자주 하고 작은 일에도 상처를 받는 자신의 모습이 마음에 들지 않아 최대한 감정을 없애버리려고 노력했다고 한다. 그 결과, 그는 훨씬 더 쿨해지고 감정의 동요가 줄어들었다고 한다. 그 학생은 행복해졌을까? 그렇지 않다. 그 학생은 가끔씩 밤에 혼자 있는 잠자리에서 왠지 모를 가슴이 허전한 느낌이 올라오지만 울 수 없었다고 하며, 늘 마음 한구석에 모호한 불편함과 짜증이 자리 잡고 있다고 한다. 뿐만 아니라 그 학생은 불안과 수치심을 느끼지 않게 된 이후로 인터넷에서 불법 음란물을 거래한 혐의로 법적인 처벌을 받을 위기에 처했다고 한다.

이처럼 감정은 때로는 우리를 힘들게 하지만 동시에 우리를 행복하게 해 주는 결코 떼놓을 수 없는 평생의 친구라고 할 수 있다. 그렇기 때문에 IQ만큼이나, 아니 어쩌면 IQ보다 더 EQ가 중요할 수 있다.

6

우리는 무엇을 느낄까?

우리를 움직이게 하는 것은 무엇일까? 우리는 아침에 일어나자마자 방광에 가득 찬 소변을 배출하고 싶은 욕구를 해결하기 위해 화장실로 향한다. 비워낸 만큼 느껴지는 배고픔을 해결하기 위해 아침을 먹는다. 지각해서 다른 사람들의 따가운 시선을 받고 싶지 않아 서둘러 집을 나선다. 같이 있는 사람들과 소속감을 느끼기 위해 수시로 대화를 나누는 한편, 같이 있지 않은 사람들과 연결감을 유지하기 위해 소셜 네트워크 서비스^{SNS}를 수시로 확인한다. 다양한 욕구들이 잘 해결되면 기분이 좋아지고 행복감을 경험하지만, 그렇지 않을 때에는 기분이 불쾌해지고 화가 나거나 우울해지기도 한다.

　우리가 어떤 행동을 하게 하고 행동의 방향을 제공해 주는 욕구나 바람을 '동기^{motivation}'라고 한다. 동기와 감정은 서로 뗄 수 없는 관계이다. 왜냐하면 동기의 결과가 감정을 일으키고 반대로 감정이 동기를 일으키기도 하기 때문이다. 예를 들어, 우리는 새로운 친구와 친해지고 싶은 동기로 다가가고 그 친구와 친해지면 기분이 좋아진다. 또 외로움이라는 감정 때문에 새로운 친구를 사귀기로 마음먹기도 한다. 이러한 동기와 감정의 공통점은 아마도 우리의 이성과는 구별되는 '느낌'에 가깝다는 점이다. 무엇을 하고 싶은 동기도 우리가 느끼는 것이고, 기쁨, 슬픔 등의 감정도 느끼는 것이기 때문이다.

배부른 돼지보다 배고픈 소크라테스가 정말 나을까?

욕구위계 이론

당신은 타고 가던 비행기가 고장 나서 낯선 곳에 추락하게 되었다. 잠시 정신을 잃었지만 천만다행으로 크게 다친 곳은 없다. 주변은 사방을 둘러 봐도 아무도 없고 건조한 모래가 전부인 사막이다. 사막을 빠져나가기 위해 방향을 정하고 물 한 모금 마시지 못한 채 밤낮 쉬지 않고 2~3일을 걸었다. 이제 기진맥진한 상태로 한 걸음도 옮기기 힘든 상태인 당신 앞에 누군가가 떨어뜨린 것으로 보이는 여행용 가방이 하나 나타났다. 당신은 이 가방 안에 무엇이 들어 있기를 바라는가?

1. 상당한 양의 금괴

2. BTS의 사인이 들어 있는 신규 앨범 CD와 플레이어

3. 세계 일주 항공권 및 숙박권

4. 고대 이집트의 진귀한 보물

5. 현자의 엄청난 깨달음이 기록된 책

6. 생수 두 병과 초코파이 한 상자

    당신은 어떤 물건이 가방 안에 있기를 바라는가? 아마도 대부분의 사람들이 6번을 선택할 것이다. 물론 예외는 존재할 수 있다. 죽기 전에 마지막으로 BTS의 노래를 들으며 눈을 감고 싶다면 당신은 진정한 팬 아미[ARMY]이다. 하지만 만약 이 가방이 당신이 현재 살고 있는 집에서 발견된다면 무엇을 선택할 것인가? 이때에는 누구도 6번을 바라지는 않을 것이다.

    우리는 먼저 필요한 물과 음식을 확보한 후에야 다른 것들을 필요로 한다. 이렇게 우리의 욕구에 일정한 단계가 존재한다고 주장한 사람이 미국의 심리학자 에이브러햄 매슬로다. 그의 욕구위계 이론에 따르면 인간은 피라미드 형태의 욕구의 위계를 가지는데 아래 단계가 충족되어야 윗단계의 욕구를 추구한다고 보았다.

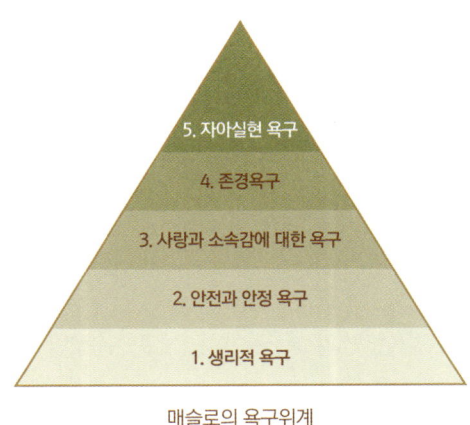

매슬로의 욕구위계

첫 번째는 '생리적 욕구'이다. 이는 가장 기본적인 욕구이며 갈증과 배고픔을 해결하려는 욕구이다. 앞의 예에서 우리가 물과 초코파이를 선택한 것은 가장 기본적인 욕구가 박탈된 상황을 가정했기 때문이다.

두 번째는 '안전과 안정의 욕구'이다. 이는 주변 환경이 안전하고 예측 가능하도록 느끼고 싶은 욕구이다. 당신이 전쟁 중인 국가에 살고 있고 다행히 끼니는 구호품으로 해결할 수 있는 상황이라면 무엇보다 생명과 안전의 위협을 받지 않는 환경에서 살고 싶은 욕구가 가장 강할 것이다.

세 번째는 '사랑과 소속감에 대한 욕구'이다. 의식주와 안전 문제가 어느 정도 해결되면 사람들은 누군가와 연결되는 느낌을 추구한다. 외로움과 소외감을 경험하지 않으려 하며 누군가가 나를 사랑하고 있음을 느끼고, 가족이나 친구 혹은 단체에 소속되고 싶은 강한 욕구를 경험하게 된다. 이러한 사랑과 소속감의 욕구로 인해 우리는 혼자 있기보다 친구를 사귀게 되고 SNS로 수시로 연락하며 잠들기 전까지도 스마트폰을 확인한다.

네 번째는 '존경(존중)의 욕구'이다. 이는 인정받고 존중받고 싶은 욕구로 다른 사람들이 나를 긍정적인 관점으로 보아 주기를 바라는 욕구이다. 자녀들은 자신을 어린아이 취급하고 존중해 주지 않는 부모와 싸우고, 친구들과 선생님의 인정을 받기 위해 학업이나 다른 활동에서 성취를 추구하게 된다. 성인들은 배우자가 자신의 목소리에 귀를 기울이지 않는다며 불만을 토로하고, 더 이상 자신을 존중해 주지 않는다는 이유로 익숙했던 직장을 떠나기도 한다. 성공한 기업가, 교수, 법조인들이 사적인 이익을 추구하기보다 정치나 공익에 관심을 두는 이유는 더 많은 사람들에게 존경받고 싶은 욕구 때문일지도 모른다.

다섯 번째는 '자아실현의 욕구'이다. 이는 매슬로가 주장했던 가장 높은 수준의 욕구로, 자신만의 고유한 잠재력을 달성하려는 욕구이다. 이 수준에 다다르면 경제적인 이익이나 다른 사람들의 존경이나 인정은 상대적으로 덜 중요한 목표가 된다. 운동선수는 자신의 한계를 넘어서는 기록을 세우길 갈망하며 예술가는 다른 이들에게는 없는 자신만의 고유성과 신념을 작품에 담고 싶어 한다. 사회운동가는 자신의 소신을 지키기 위해 구속되는 것을 마다하지 않으며, 학자는 자신만의 학문적 영역을 탐구하기 위해 학계의 관심을 받지 못하더라도 일평생을 바치기도 한다. 평생을 살면서 자아실현 욕구의 수준까지 이르는 사람은 그리 많지 않을 수 있다.

매슬로는 그의 말년에 다섯 가지에 더하여 한 단계 더 높은 수준의 욕구를 주장하는데, 그것은 '자아초월의 욕구'이다. 이전 단계인 자아실현의 욕구에서는 자신의 잠재력을 최대한 발휘하는 데 집중하지만, 자아초월의 수준에서는 자기를 넘어선 의미와 목표를 추구하게 된다. 이는 개인의 꿈과 목표를 넘어선 수준으로 초월적이며 영적인 가치를 추구하는 단계를 말한다. 이러한 수준은 마더 테레사와 같이 고귀한 가치를 실현한 분들에게 가능한 단계가 아닐까 생각된다. 하지만 위인이 아닐지라도 우리 주변에서 소박하고 경건한 삶을 살아 내고 가족들의 사랑과 존경을 얻으며 죽음 앞에서도 두려워하지 않는 태도로 눈을 감는 분들도 이러한 단계에 이른 것은 아닐까 생각해 본다.

만약 매슬로의 욕구위계가 우리의 삶을 설명하는 데에 타당하다면 자신에게 이렇게 질문해 볼 수 있다. 나는 과연 지금 몇 단계에 있는가? 나는 어느 수준의 욕구에 집중하고 있는가? 무엇을 먹고 마실지에 집중되어 있는가? 보다 안전한 삶을 사는 것에 관심이 있는가? 사람들에게 사랑받으며 소속감을 느끼는 것이 가장 중요한가? 타인에게 존중받으며 성취감을 얻는 것에 에너지를 쏟고 있는가? 아니면 타인의 시선보다 나만의 잠재력을 달성하고 타인이 볼 때나 보지 않을 때나 변치 않는 고유의 가치에 집중하는가? 혹은 이러한 욕구들을 넘어서 초월적인 가치와 의미에 헌신하고 있는가?

현재 내가 낮은 수준의 욕구에 집중하고 있다고 해서 지나치게 부끄러워할 필요는 없다. 어쩌면 그 욕구가 아직 충분히 충족되지 않아서일 수도 있기 때문이다. 하지만 지금 내가 관심을 두고 있는 단계보다 한 단계 더 높은 욕구에 조금씩 관심을 갖기 위해 노력한다면, 언젠가 당신도 자아실현 혹은 자아초월의 단계에 이르게 될 수도 있다.

SNS 홍수의 시대

친애욕구

언제부터인가 우리는 눈을 뜨자마자 스마트폰부터 찾게 되었다. 음악을 듣거나 날씨나 뉴스를 확인하기 위한 목적도 있지만 온라인 메신저를 통해 온 메시지를 확인하려는 경우도 많다. 눈을 뜬 이후부터 우리는 수시로 메시지를 주고받으며 잠시라도 쉬는 시간이 있으면 새로운 메시지가 없는지 거의 반사적으로 확인한다.

그뿐 아니라 페이스북, 트위터, 인스타그램 등을 통해 다른 사람들의 글, 사진, 동영상을 확인하고 댓글을 달거나 '좋아요'를 누르게 된다. 내가 작성한 글이나 사진, 동영상에 다른 사람들이 얼마나 호응해 주는지 수시로 살피고, 호응이 좋으면 기분이 좋아지기도 하고 그렇지 않을 때에는 침울해지기도 한다. 여유가 있을 때에는 온라인 게임을 즐기면서 함께 게임을 하는 친구와 메시지나 음성채팅을 주고받기도 한다.

이렇듯 온라인상에서 관계망을 구축하고 유지할 수 있도록 하는 다양한 시스템들을 통틀어 '소셜 네트워크 서비스Social Network Service: SNS'라고 한다. 현대사회에서 우리는 이러한 SNS의 홍수 속에 살고 있다. 당신은 현재 몇 개 정도의 SNS를 사용하고 있는가?

SNS는 이제 우리 삶의 일부이다. 젊은 층만 즐겨 사용하는 것이 아니라 중년 이상의 성인들까지 남녀노소가 사용하고 있다. 사람들은 왜 SNS에 열광하는 것일까? 물론 SNS를 사용하게 만든 데에는 PC와 스마트 기기 그리고 인터넷의 발달이 많은 기여를 하였지만 첨단기술의 발달이 그 근본적인 원인이라고 할 수는 없다. 가장 중요한 원인은 다른 사람들과 연결되고 싶어 하는 인간의 기본적 욕구에 있으며 이를 '친애욕구affiliation need'라고 한다.

친애욕구는 매슬로의 욕구위계 3단계에 해당되는 사랑과 소속감에 대한 욕구와 같은 것으로, 생리적 욕구와 안전과 안정의 욕구가 충족되면 누구나 가지게 되는 기본적인 욕구이다. 이러한 인간의 욕구를 아리스토텔레스는 '인간은 사회적 동물이다'라는 말로 표현하였고, 성격 이론가인 알프레드 아들러는 인간은 '공동체의 충동'을 가지고 있다고까지 말하였다.

사람들은 왜 서로 연결되고 어딘가에 소속되고 싶어 하는 것일까? 이에는 여러 가지 이유들이 있을 것이다. 먼저 인간은 함께 모여 있을 때 생존의 가능성이 높아진다. 날카로운 발톱이나 하늘을 나는 날개, 강하고 빠른 다리를 가지지 못한 인간은 강한 포식자의 먹이가 되기 십상이다. 하지만 모여 있다면 포식자나 적에게 맞설 수 있으며 식량을 구하고 안전을 보장받을 가능성이 높아진다. 매슬로우의 욕구위계로 설명하자면 3단계의 욕구가 1, 2단계의 욕구를 채울 가능성을 높여줄 수 있는 것이다.

하지만 관계 맺고자 하는 친애의 욕구는 단순히 생존만을 위한 것이 아니다. 우리는 누군가에게 연결되고 소속될 때 더 큰 행복감을 경험할 수 있다. 누군가에게 가장 행복했던 순간이 언제였는지 묻는다면 대부분이 가족, 친구, 연인과 만족스러운 관계를 경험했을 때를 말한다. 반대로 혼자라고 느껴지거나 고립되어 있을 때에는 불행감을 경험한다. 결혼한 사람들에 비해 이혼한 사람들이나 외톨이라고 느끼는 사람들이 행복하다고 보고하는 비율이 상대적으로 낮았으며, 별거 중이거나 이혼한 사람들이 결혼한 사람들에 비해 조기에 사망할 가능성까지 더 높았다고 한다.

사랑의 감정은 우리의 뇌에도 영향을 미치는데 특히 두뇌의 보상과 안전 시스템을 활성화시킨다고 한다. 한 실험에서는 대학생들을 뜨거운 열에 노출시켰는데, 낯선 사람의 사진을 보거나 단어 과제로 주의를 분산시킬 때보다 사랑하는 사람의 사진을 볼 때 고통을 훨씬 덜 느꼈다고 한다. 이는 연인의 사진이 안전감과 관련된 두뇌 영역인 전전두엽을 활성화시켜서 신체적 고통의 느낌을 줄여 주기 때문이라고 한다. 말 그대로 사랑이 마약과 같은 역할을 하는 것이다. 아울러 타인에게 인정받는 느낌과 사회적인 연대감이 증가하면, 자존감이 높아지고 긍정 감정을 더 많이 경험하며 심지어 신체 건강도 나아진다고 한다. 이쯤 되면 친애욕구를 충족시키는 것, 즉, 사랑을 주고받는 것이 행복의 근원이며 만병통치약이라고도 할 수 있겠다.

사람들이 서로 관계를 맺고 소속감을 가지는 것이 생존에 도움이 될 뿐만 아니라, 행복감, 자존감, 긍정정서, 그리고 건강에까지 영향을 미친다는 결과들을 볼 때, 우리에게 관계를 맺고자 하는 욕구가 얼마나 중요한지 이해가 된다. 그런데 실제로 사람을 만나서 관계를 맺는 면대면의 만남과 온라인에서 컴퓨터나 스마트폰 등을 통해 관계를 맺는 SNS는 과연 같은 것일까? 만약 다르다면

SNS의 장점은 무엇일까? 그리고 단점은 무엇일까? 심리학자들의 연구에 의하면 다음과 같이 정리해 볼 수 있다.

먼저 SNS 활용은 몇 가지 장점이 있다. 첫째로 이미 알고 지내는 사람들과 수시로 연결될 수 있도록 도와주므로 기존에 형성된 관계를 강화시키는 역할을 한다. 친구와 즐거운 만남을 마치고 집에 돌아와서도 늦은 시간까지 메시지를 주고받을 수 있다. 멀리 떨어져 있는 가족, 친구, 친지와도 연락을 주고받으며 관계를 유지할 수 있다. 예전처럼 몸이 멀어지면 마음도 멀어진다는 불변의 원칙을 어느 정도는 거스를 수 있게 되었다. 또한 자신의 일상이나 솔직한 생각들을 노출할 기회가 많아지므로 우정을 더 깊게 만들어 준다. 서로 얼마나 친한가의 정도는 서로 얼마나 많이 알고 있는가의 정도와 비례하기 때문에 솔직하게 자기를 공개하는 것은 서로에 대한 친밀감을 더해 주는 역할을 한다. 때로는 얼굴을 보고는 할 수 없었던 말까지 솔직하게 하고 자신을 보여줄 수 있는 기회가 더 늘어난 것이다.

둘째로 새로운 관계를 형성할 기회를 더 쉽고 다양하게 얻을 수 있다. 온라인 동호회나 팬클럽 등을 통해 관심사나 가치관이 비슷한 사람들을 만날 수 있고 이 관계가 오프라인 모임으로 발전되어 보다 친밀한 관계를 형성할 수 있다. 소개팅 앱을 사용하여 이성

친구를 만날 수도 있다. 아울러 만날 수 있는 사람의 범위도 확대되어 다른 지역은 물론 다른 나라에 살고 있는 친구를 사귈 수도 있다.

셋째로 면대면 만남이 어려운 상황에서 보완책이 될 수 있다. 코로나19와 같은 전염병으로 팬데믹을 경험하는 상황에서는 직접 사람을 만나고 싶어도 불가능할 수 있다. 이러한 상황에서 혼자 고립되어 지내면 결과적으로 심한 외로움을 느끼고 우울을 경험할 수 있다. 하지만 온라인을 통한 상호작용을 지속한다면 관계를 유지할 수 있고 이는 심각한 고독과 불행에 빠지지 않도록 막을 수 있다. 질병의 감염과 공포로 인해 사람을 만날 수 없는 '언택트 untact' 상황에서 온라인을 통한 '온택트 ontact'가 가능해지는 것이다.

하지만 SNS를 통한 만남에는 단점도 있다. 첫째로 관계에 대한 진지함이나 신중함이 낮아질 수 있다. 우리는 면대면으로 만날 때보다 SNS를 통해 만날 때 상대방의 반응에 제대로 집중하지 않게 된다. 대부분의 경우 그 상호작용에만 집중하기보다 다른 행동을 병행하기 때문이다. SNS로 만나는 동시에 인터넷 검색을 하거나 동영상을 보는 등 딴 짓을 하기 쉽다. 그리고 신중하지 않고 충동적으로 반응할 가능성도 높아진다. 친구의 게시물에 생각 없이 상처가 되는 댓글을 달 수도 있고, 편협한 생각이나 잘못된 가치관이 반영된 글을 접할 수도 있다. 때로는 자신의 정체를 숨기고 함부로 말하는 사이버 폭력에 가담할 수도 있다.

둘째, 온라인이 아닌 오프라인의 관계를 소홀히 할 수 있다. SNS에 집중하면 주의를 빼앗기기 쉬우며 엄청난 양의 시간과 에너지를 소모할 수 있다. 이 때문에 면대면의 실제 관계에는 소홀해지고 온라인 만남만을 추구할 수 있다. 연구결과에 의하면 SNS에 지나치게 몰입하는 사람들은 실제 이웃들을 알고 있을 가능성이 낮아지며, 가족이나 자신을 위해 이웃에게 도움을 청할 가능성도 낮다고 한다. 온라인에서의 만남이 실제 만남과 유사한 면이 있으나 온라인에서의 관계가 진짜 관계라고 할 수는 없는 것이다. 온라인에서 많은 이야기를 나누고 상대방과 많은 정보를 공유했다고 해서 실제로 친밀하다고 하기에는 부족함이 있을 수밖에 없다.

셋째로 실제보다 과장된 모습을 보이기 쉽다. 우리는 SNS에 사진을 올릴 때 학업이나 업무에 대한 고민으로 괴로워하는 모습이나 가족, 친구와 싸우는 모습, 방금 자고 일어나서 정돈되지 않은 외모 등은 올리지 않는다. 대부분 다른 사람들의 부러움을 살 만한 모습들을 올린다. 여행지에서 예쁜 옷을 입고 아름다운 배경을 두고 활짝 웃는 모습을 올리고, 근사한 식당에서 맛있는 음식을 즐기고 있는 사진을 게시하며, 가족이나 친구들과 행복한 표정으로 웃음이 만개한 장면을 올리게 된다. 즉 어느 정도 연출된 사진을 올리는 것이다. 사진 속의 모습이 행복해 보이긴 하지만 그 모습이 진짜 나를 나타낸다고 할 수는 없다. 이렇게 꾸며진 모습들만 보인다면 서로 진실한 모습을 만나기 어려우며 그 결과 피상적인 관계로 끝날 수 있다.

여러 연구결과들도 사교적인 사람들은 오프라인 관계에 더 몰입하고, 외로운 사람들이 온라인 관계에 더 많은 시간을 사용한다고 한다. 그리고 오프라인에서의 실제 소통이 삶의 만족도를 더 잘 예측해 주는 요인이라고 한다. 그러므로 이미 형성된 관계를 유지하고 강화하기 위해 SNS를 적절히 활용하되 면대면의 실제 상호작용보다 SNS를 우선시하지 않는 것이 행복한 삶의 비결이라고 할 수 있다. 그렇지 않으면 홍수 속에서 마실 물을 구하지 못하는 것처럼 SNS의 홍수 속에서 더 외로워질 수도 있다.

좋아서 웃는 걸까? 웃어서 좋은 걸까?

감정이론

경민은 같은 회사동료인 세란을 좋아하게 되었다. 용기를 내어 세란에게 데이트 신청을 하였고 세란도 거절하지 않아 데이트를 시작했다. 그리고 연애한 지 1년 정도의 시간이 지난 지금 경민은 세란에게 청혼할 생각이다. 어떤 방식으로 청혼할지 고민하던 중 대학교 시절 심리학개론 수업에서 교수님께서 놀이동산에서 놀이기구를 탄 후에 프러포즈를 하면 성공할 가능성이 높다는 말을 하신 것이 갑자기 떠올랐다. 왜 그런지 그 이유는 까마득하지만 수업을 재미있게 들었던 까닭에 교수님의 말씀대로 놀이동산에서 청혼을 하기로 결심했다.

둘은 놀이동산에서 즐거운 시간을 보냈고 마지막으로 롤러코스터를 타

> 고 내려왔다. 아직 가슴이 두근거리고 흥분된 상태일 때, 경민은 호주머니에 숨겨 두었던 반지를 꺼내면서 무릎을 꿇고 떨리는 목소리로 세란에게 고백했다. "나랑 결혼해 줄래?"
>
> 전혀 예상치 못한 고백에 세란은 떨리는 가슴과 흥분을 감출 수 없었다. 하지만 순간 세란에 머릿속에 생각이 스치고 지나갔다. '내가 행복해서 흥분되는 걸까? 아니면 흥분해서 행복하게 느껴지는 걸까?' 과연 세란은 경민의 청혼을 받아들일까?

우리는 좋아서 웃고, 슬퍼서 울고, 긴장해서 가슴이 뛰고, 화가 나서 얼굴을 붉힌다고 생각한다. 그러나 심리학의 선구자 중 한 명인 윌리엄 제임스는 이와 반대되는 주장을 했다. 그는 "우리가 울기 때문에 슬프고, 때리기 때문에 화가 나며, 떨기 때문에 무서움을 느낀다."고 한다. 덴마크의 생리학자 칼 랑게도 유사한 주장을 하였기에 이들의 이름을 따서 이러한 주장을 '제임스-랑게 이론'이라고 부른다.

이들에 의하면 '생리적(신체적) 반응이 감정에 앞선다.'는 것이다. 즉, 감정은 어떤 자극(예: 무서운 개)에 의해 발생한 생리적 반응(예: 가슴이 두근거리고 흥분됨)을 알아차린 결과(예: 두려움)이다.

이 이론에 따르면 세란은 경민이 꺼낸 반지와 청혼 멘트에 가슴이 떨리고 흥분되는 경험을 하였으며, 뒤이어 행복감을 경험하게 된다. 이 이론이 맞다면 경민의 전략은 매우 그럴싸하다. 왜냐하면 방금 전에 탄 롤러코스터 덕분에 세란의 신체적 흥분이 더 강했을 것이고 이 때문에 뒤에 따라온 감정도 더 컸을 것이기 때문이다. 즉, 경민의 전략은 청혼으로 인한 행복감이 극대화되는 결과를 가져왔다. 그러므로 이 이론에 따르면 세란이 청혼을 승낙할 가능성도 높아질 것이 틀림없다.

하지만 생리학자인 월터 캐넌과 필립 바드는 이 의견에 동의하지 않았다. 그들은 '생리적(신체적) 반응과 감정은 동시에 일어난다.'고 보았다. 이 이론은 이들의 이름을 따서 '캐넌-바드 이론'으로 불린다. 이에 따르면 어떤 자극(예: 무서운 개)에 대한 생리적 반응(예: 가슴이 두근거리고 흥분됨)과 감정(예: 두려움)은 동시에 일어나며 서로 영향을 주지 않는다. 즉, 경민이 청혼하였을 때, 세란은 교감신경계의 활성화가 일어나서 가슴이 떨리고 흥분이 되는 동시에, 뇌에서는 행복감이라는 감정이 일어나는 것이다. 그러므로 이 이론에 따르면 경민의 전략은 별다른 효과가 없을 것으로 생각된다. 왜냐하면 롤러코스터를 탄 것이 세란의 신체적 흥분을 높이는 데에는 성공적이었으나, 행복감은 신체적 흥분과는 관련이 없기 때문이다.

또 다른 견해도 있다. 이는 '2요인 이론'이라고 하며 스탠리 샥터와 제롬 싱어가 주장하였다. 이들은 '생리적 반응에 해석이 더해져서 감정이 일어난다.'고 보았다. 여기서 두 개의 요인이란 '생리적 반응'과 '인지적인 해석'을 말하며, 이 요인들이 감정을 만들어 낸다고 본다. 이 이론에 따르면 감정(예: 두려움)을 경험하기 위해서는 어떤 자극(예: 무서운 개)에 의해 생리적 반응(예: 가슴이 두근거리고 흥분됨)이 일어나고, 이 반응에 이름을 붙이는 과정(예: '이렇게 가슴이 두근거리는 것은 내가 너무 무서워서야!')이 있어야 한다. 경민의 청혼에 세란은 가슴이 두근거리고 흥분되는 경험을 하였다. 이 신체적 반응에 세란이 '내가 너무 기뻐서 흥분되는 거야.'라고 해석하면 결과적으로 강한 '행복감'을 경험하게 된다. 그런데 세란이 이때 '내가 지금 흥분되는 것은 롤러코스터를 탔기 때문이야.'라고 해석해 버린다면 행복감보다 단지 놀이기구를 탔기 때문에 겪은 흥분감 정도로 느끼게 될 것이다. 만약 이 이론이 맞다면 경민의 전략은 반은 성공이지만 반은 실패라고 할 수 있다. 왜냐하면 롤러코스터를 탄 것이 생리적 반응을 높이는 데에는 효과가 있었지만, 생리적 반응에 대해 이름을 붙이는 것(해석)에는 영향을 미치지 못하기 때문이다.

세란은 과연 경민의 프러포즈를 받아들였을까? 당신의 생각은 어떠한가? 물론 당사자가 아닌 이상 알 수는 없다. 하지만 다음과 같은 추론은 가능하다. 현대의 많은 심리학자들이 앞의 감정이론들 중에서 2요인 이론을 가장 지지하고 있다. 우리도 이 이론을 받아들인다면 세란은 신체적 흥분과 이에 대한 해석을 통해 감정을 경험하게 될 것이고 이를 토대로 결정할 가능성이 높다.

만약 세란이 기분파이고 감정에 많은 영향을 받는 타입이라면 심사숙고하기보다 신체적 흥분에 대해 빠르게 행복감으로 해석하고, 그 결과 청혼을 받아들일 가능성이 높을 수 있다. 반면 세란이 매우 이성적이고 합리적인 판단을 선호하는 타입이라면 롤러코스터를 탄 후의 신체적 흥분과 경민의 청혼에 대한 감동을 구별해 내고 좀 더 신중한 판단을 할 수 있다. 물론 이는 어디까지나 추측일 뿐이다.

우리는 사람들이 대부분 이성적이고 합리적인 판단을 할 가능성이 높다고 생각한다. 하지만 실제로는 많은 경우 그렇지 않다. 예를 들어 보자. 간혹 축구나 야구와 같은 스포츠 경기에서 두 팀의 대결이 드라마틱하게 펼쳐질 때가 있다. 이때 관중들은 감정이 격앙되고 흥분하게 된다. 그러다 선수들 간에 싸움이 일어나거나 심판의 판정이 공정하지 않다고 여겨질 때에는 흥분이 더 고조된다. 이때 자칫 경기에서 일어난 충돌이 팬들 사이의 갈등으로 연결될 때에는 물리적 충돌이 일어나거나 상대편 팀의 이동 버스를 파괴하는 등 심각한 폭력이 나타날 수도 있다. 이때 격앙된 관중들은 자신들의 감정이 흥미진진한 경기와 팬들의 함성 소리로 인한 생리적 흥분인지, 이성적인 판단 후에 일어나는 정당한 분노인지 제대로 구별할 수 있을까? 아마도 어려울 것이다. 이러한 효과를 심리학에서는 '파급 효과 spillover effect'라고 한다. 먼저 발생한 신체적 각성이 뒤따르는 감정에 영향을 미치는 현상을 말한다.

또 다른 예가 있다. 지금 바로 펜 하나를 찾아서 입에 물고 입꼬리를 올리고 눈가에 주름이 잡히도록 크게 미소를 지어 보라. 금세 웃음이 나오고 왠지 모르게 기분이 약간 좋아지는 경험을 할 수 있다. 이번에는 잠시 두 팔을 씩씩하게 흔들고 큰 걸음으로 경쾌한 리듬을 타며 걸어 보라. 이렇게 걷다 보면 왠지 기분이 좋아지고 자신감마저 커지는 경험을 할 수 있다. 이번에는 두 가지를 함께 해 보라. 더 기분이 좋아지고 마음이 가벼워지는 느낌마저 들 것이다.

얼굴 표정에 따라 감정이 달라지는 현상을 '얼굴 피드백 효과'라고 하고, 행동에 따라 감정이 달라지는 현상을 '행동 피드백 효과'라고 한다. 사실 이성적으로는 기분이 좋아질 이유가 없지만 우리의 감정은 머리가 아닌 표정이나 행동 등 다른 것에 영향을 많이 받고 있음을 보여주는 예이다. 그러므로 우리는 이성과 감정을 균형 있게 이해하고 관리하는 연습을 해야 한다. 변증법적 행동치료라고 하는 최신 심리치료에서는 이성과 감정 둘 다를 고려할 수 있는 태도를 '지혜로운 마음'이라고 부르며 이를 훈련하는 기술을 제시한다.

다양한 감정을 나누는 2가지 기준

유인가 대 각성

다음 표정들에 대해 각각 어떤 감정을 나타내는지 적어보라.

(   ) (   ) (   ) (   )

• 정답: 기쁨, 슬픔, 놀람, 분노

당신은 얼마나 정답을 맞히었는가? 일반적으로 남성보다 여성이 상대방의 표정을 더 잘 읽는다고 한다. 물론 여성이 감정 표현도 더 자주, 섬세하게 한다고 한다. 그렇다면 감정은 얼마나 다양할까? 얼마나 많은 종류의 감정들이 존재할까? 학자들에 의하면 가장 기본이 되는 감정들이 있으며 나머지는 기본감정들이 조합되어 나타난다고 한다.

캐럴 이저드는 기본감정에 기쁨, 흥미, 놀람, 슬픔, 분노, 혐오, 경멸, 공포, 수치심, 죄책감 등 10가지가 있다고 보았으며, 이러한 감정들은 유아기부터 존재한다고 하였다. 삼원색을 섞어서 여러 가지 다양한 색을 만들어 낼 수 있듯이, 기본감정이 섞일 때 다양한 감정들이 나타날 수 있다. 예를 들어 사랑의 경우에는 기쁨과 흥미가 조합된 것으로 볼 수 있다.

그런데 이렇게 다양한 감정들을 구분할 수 있는 두 가지 기준이 있다고 한다. 하나는 그 감정이 유쾌한지 불쾌한지를 의미하는 '유인가^{valence}' 차원이고, 다른 하나는 흥분되는지 이완되는지를 의미하는 '각성^{arousal}' 차원이다. 이 두 가지 기준에 따라 다양한 감정을 구분하면 다음과 같은 그림으로 나타낼 수 있다.

예를 들어 당신이 오랫동안 준비한 시험에서 수석으로 합격하였다면 환희의 감정을 경험하게 될 것이다. 환희는 매우 유쾌한 감정이며 동시에 매우 흥분된 상태를 나타낸다(그림에서 제1사분면에 위치함). 어느 나른한 오후에 소파에 기대어 따뜻한 차를 마시며 창밖에 펼쳐진 풍경을 바라본다면 평온감을 느낄 수 있다. 이때 느끼는 평온감은 유쾌한 느낌을 주지만 흥분되었다기보다 이완된 느낌을 준다(그림에서 제4사분면에 위치함). 당신이 아끼는 물건을 동생이 깨뜨리고도 전혀 미안해하지 않는다면 아마도 분노에 휩싸일 것이다. 분노는 불쾌한 느낌을 주며 동시에 매우 흥분된 상태를 나타낸다(그림에서 제2사분면에 위치함). 당신이 길을 가다가 몇 달 전 세상을 떠난 사랑하는 반려견을 꼭 닮은 강아지를

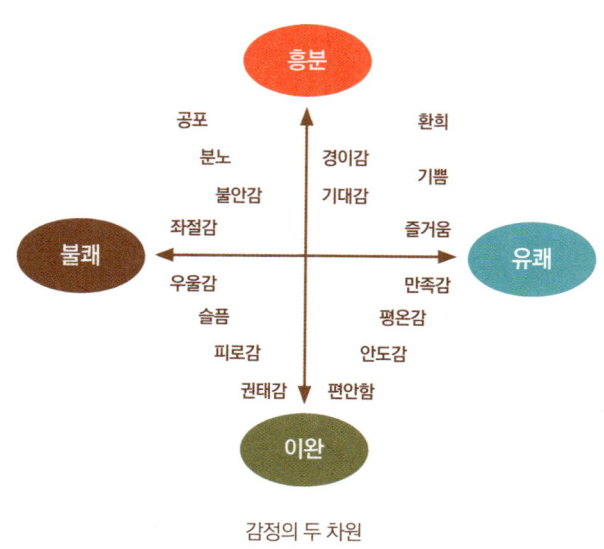

감정의 두 차원

보게 되었다면 슬픔으로 눈물을 보일지도 모른다. 이때 경험하는 슬픔은 불쾌한 감정이며 동시에 이완된 느낌을 준다(그림에서 제3사분면에 위치함). 이렇듯 '유쾌-불쾌'와 '흥분-이완'의 기준으로 다양한 감정들을 구분할 수 있다.

감정의 두 차원을 고려할 때 우리가 더 유쾌하고 편안한 감정을 느낄 방법을 생각해 볼 수 있다. 먼저 유인가의 측면에서 불쾌한 감정을 보다 유쾌한 감정으로 바꾸는 방법이다. 어떻게 하면 불쾌한 감정을 유쾌한 감정으로 바꿀 수 있을까? 감정을 일으킨 자극이나 사건에 대한 우리의 생각이나 해석을 바꿈으로써 가능하다.

예를 들어 길을 걸어가는데 옆으로 오토바이가 지나가면서 당신을 거의 칠 뻔했다고 생각해 보자. 이때 분노가 일어날 수 있다. '뭐야, 저 자식 나를 칠 뻔했잖아!' 그런데 이때 당신이 놀란 가슴을 쓸어내리며 '휴, 다행이다. 큰 사고가 날 뻔했는데 그렇지 않아서 감사하다.'라고 생각을 바꾼다면 분노가 아닌 안도감을 느낄 수 있다. 이렇게 생각이 바뀌면 보다 유쾌한 감정을 경험할 수 있다.

다음으로 각성의 측면에서 지나치게 흥분된 감정을 보다 차분한 감정으로 바꾸는 방법이 있다. 이것은 몸을 이완시키는 법을 배우는 것이다. 골목길에서 만난 사나운 개를 겨우 피하여 집에 들어왔다고 해 보자. 이때 당신은 너무 놀라 공포를 경험했고 이때 심장이 쿵쾅거리고 땀이 나면서 불쾌하고 흥분된 상태를 경험할 수 있다. 이때에는 먼저 천천히 호흡을 가다듬고 들숨보다 날숨을 길게 쉬는 것이 몸을 이완시키는 데에 도움이 된다. 이에 더해 따뜻한 목욕물에 몸을 담그고 차분하고 편안한 음악을 듣는다면 몸은 언제 그랬냐는 듯이 이완되고 편안함을 느낄 수 있다. 이렇게 지나치게 불쾌하거나 강렬한 감정을 느낄 때에는 생각을 바꾸는 방법과 몸을 이완시키는 훈련을 통해 유쾌하고 차분한 감정으로 변화시켜 보자.

감정을 터뜨리는 것이 좋을까?

카타르시스 가설

당신은 지금 엄청 화가 나 있다. 아끼는 블루투스 이어폰을 동생이 망가뜨렸기 때문이다. 동생은 미안해하기는커녕 그런 일로 속 좁게 왜 그렇게 소리를 지르냐며 오히려 따지는 상황이다. 방으로 돌아와 화를 삭이려고 애쓰지만 좀처럼 가라앉지 않는다. 당신은 어떻게 하겠는가? 당신이 할 것 같은 행동에 동그라미를 치라(복수 응답 가능).

1. 가서 동생에게 소리를 지른다.
2. 가서 동생을 두들겨 패 준다.
3. 동생이 아끼는 물건을 나도 똑같이 망가뜨린다.

> 4. 욕을 하며 동생 대신 베개를 때리거나 종이를 박박 찢는다.
> 5. 일단 화를 좀 가라앉힌다.
> 6. 기타 (   )

충분히 화가 날 수 있는 상황이다. 당신은 어떻게 하겠는가? 어떤 방식이 화를 가라앉히는데 가장 좋은 방법일까?

'화를 쌓아 두지 말라.'고 흔히들 이야기하는데 이 메시지는 많은 경우 화를 표출하고 있는 그대로 드러내라는 말로 해석된다. 이렇게 감정을 드러내고 표출하는 과정을 '카타르시스 catharsis'라고 하며, 이는 심리치료의 원조라고 할 수 있는 정신분석에서 나온 개념이다. 카타르시스 가설에 따르면 마음속에 억압된 묵은 감정을 말이나 행동으로 표출하는 과정을 통해 결국 마음의 안정을 찾게 된다고 보고 치료자는 이러한 과정을 촉진시키는 역할을 한다. 그런데 과연 그럴까?

몇몇 실험연구들은 실제로 나에게 공격을 한 사람에게 보복할 때 분노가 가라앉을 수 있다는 결과를 보여준다. 그런데 항상 그런 것은 아니며 조건이 있다. 즉, 나를 공격한 그 사람에게 보복을 할 때, 그 보복이 정당할 때, 그리고 보복의 대상이 위협적이지 않을 때에만 그렇다고 한다. 반대로 말하면 공격한 사람이 아닌 다른 사람에게 분노를 표현하거나, 그 보복이 정당하지 않을 때, 그리고 보복의 대상이 반격할 수 있을 정도로 위협적일 때는 분노가 가라앉지 않는다는 것이다. 오히려 이러한 상황에서 분노를 표출하고 보복하면 죄책감이나 불안이 생길 수 있다. 또한 내가 상대방에게 분노를 드러내고 공격하면 상대방도 다시 나를 공격할 가능성이 높아져서 결국 사소한 다툼이 더 큰 갈등과 분노를 가져오기 십상이다. 뿐만 아니라 분노는 몸에 해롭다. 분노는 교감신경계를 극도로 흥분시켜서 심장박동을 증가시키고, 땀이 나게 하며, 스트레스 호르몬의 일종인 테스토스테론 수준을 높이며, 이러한 분노가 만성화되면 심장병 발병 확률까지 높이게 된다.

'감정은 자기 자신을 사랑한다.'는 말에서처럼 분노와 같은 감정에 몰입하는 것은 더 큰 분노를 일으키기 쉽다. 분노할 때 우리의 뇌는 이를 경고신호로 받아들여 경고시스템에 더 많은 양의 혈액을 공급하여 화난 이유에 더욱 집중하게 만든다. 또한 분노를 과격하게 표현하거나 공격하는 방식으로 해결하면 그 행동이 일시적으로 감정이 풀리는 결과를 가져오기 때문에 그 방법이 강화가 된다. 즉, 몇 번 화를 강하게 드러내어 기분이 풀리면 습관적으로 더 자주 화내는 사람이 되기 쉽다. 이는 자신의 건강을 해할 뿐 아니라 다른 사람과의 관계를 망쳐 버리게 된다. 누가 쉽게 화를 내는 시한폭탄 같은 사람을 친구로 두고 싶어 하겠는가?

그러므로 많은 심리학자들은 분노를 폭발시키기보다 건강하게 다스리는 방법을 제안한다. 다음은 분노를 다스리기 위한 몇 가지 지침들이다. 첫째로 분노를 인정하라. 마음에 가득 찬 분노를 인정하지 않고 무조건 억압하는 것은 폭발시키는 것만큼이나 좋지 않은 방법이다. 먼저 자신이 분노를 느끼고 있음을 인정해야 한다. 그리고 분노의 기능을 이해하는 것이 필요하다. 분노는 필요 없거나 무조건 나쁜 감정이 아니라, 나에게 임박한 공격이나 중요한 목표나 활동을 방해받을 때 이를 해결하기 위해 일어나는 에너지와 반응이다. 그러므로 이러한 상황에서 분노가 일어나는 것은 자연스러우며 때로는 분노를 에너지로 삼아 나를 지키는 것도 필요하다. 분노를 '느끼는 것'과 분노를 '표현하는 것'은 별개의 과정이므로 분노를 느끼더라도 꼭 강하게 표현할 필요는 없다. 먼저는 내가 화가 났음을 인지하고 그 감정이 나쁜 것이 아님을 인정하라. 이를 감정에 대한 '타당화 validation'라고 한다.

둘째로 시간을 가지라. 분노가 아무리 강렬하다 하여도 일시적인 감정이기 때문에 오래 지속되지 않는다. 마음속으로 숫자를 세면서 느리고 깊은 호흡을 하며 시간을 버는 것이 필요하다. 혹은 강한 파도 같은 분노에 함몰되지 말고 서핑 선수처럼 분노 위에 올라타서 흘려보내는 이미지를 그려 보는 것도 도움이 된다. 시간이 지나면 분노는 어느 정도 가라앉기 마련이다.

셋째로 주의를 분산시켜라. 화나게 만든 대상이나 상황을 계속 곱씹는 것은 더 화나게 하는 결과를 가져올 뿐이다. 머릿속으로 다른 생각을 하거나 노래를 부르거나 음악을 듣거나 얼음팩으로 찜질을 하거나 기분을 좋게 하는 여행 사진이나 재미있는 동영상을 보거나 하는 방법으로 분노에 집중된 주의를 다른 곳으로 돌려라.

넷째로 몸을 안정시켜라. 앞의 방법들로도 좀처럼 흥분이 가라앉지 않는다면 더욱 강력한 방법이 필요하다. 먼저 차가운 물에 얼굴을 담그고 숨을 참아 보라. 이를 30~60초 동안 반복하면 우리 몸에서 '잠수반사 dive reflex'가 일어난다. 몸을 이완시키는 부교감신경계가 자동적으로 활성화되어 몸을 단기간에 이완시키는 강력한 효과가 있다. 또는 최소 20분 정도 팔 벌려 뛰기와 같은 강렬한 운동을 해 보라. 그 외에도 복식호흡과 근육이완법 등을 사용하는 것도 좋다.

다섯 번째로 반대로 행동하라. 이는 내가 이성적으로는 그렇게 화내지 않아도 될 상황인데 감정적으로 화가 날 때 사용하면 좋은 방법이다. 반대로 행동하라는 것은 화가 나지만 이와 반대되는 행동을 선택하라는 것이다. 이는 감정을 무시하거나 억압하라는 것이 아니다. 화나는 감정을 인정하지만 이대로 행동하는 것이 나에게 좋지 않음을 인식하고 반대되는 행동을 하는 것이다. 이를 위해 가장 좋은 방법은 '기꺼이 하는 손과 살짝 미소 짓기'이다. 우리는 화가 날 때 손을 움켜쥐기 쉽다. 이는 고집을 부리거나 공격하고자 하는 의도를 담고 있다. 이때 손을 움켜쥐지 말고 펴서 하늘을 향하게 하라. 이는 고집부리지 않고 있는 그대로를 받아들이겠다는 동작이 된다. 그리고 살짝 미소 지어 보라. 미간을 찌푸리고 이를 꽉 다무는 화가 날 때의 표정이 아니라 반대로 입꼬리를 올리고 살짝 미소 지으면 화가 덜 나게 된다. 이때 '그럴 수도 있지.'라며 너그러운 혼잣말을 한다면 더 효과가 있다.

여섯 번째로 흥분이 덜 가라앉았다면 다른 사람에게 말해 보라. 나를 화나게 한 사람이 아닌 제삼자에게 내가 얼마나 화가 났는지 말하는 것은 감정을 간접적으로 건강하게 표출할 수 있는 효과가 있다. 또한 상대방이 나의 감정을 공감해 준다면 감정이 누그러지는 효과를 볼 수 있다. 만약 나를 화나게 한 당사자에게 말해야 한다면 '나 메시지'를 사용하여 말해 보라. '너 메시지'는 "너는 나쁜 녀석이야. 너는 대가를 치러야 해."와 같이 상대방을 비난하고 공격하는 말투로 상대방을 다시 무장시켜서 재공격하게 만드는 결과를 가져온다. 하지만 나 메시지는 "내가 아끼는 이어폰이 망가져서 (내가) 많이 속상해. 나는 네가 사과해 줬으면 좋겠어."와 같은 말투로 상대방을 비난하기보다 나의 감정과 바람을 부드럽게 전달하는 방법이다. 많은 경우 나 메시지로 말하면 상대방이 공격 받는 느낌을 덜 받기 때문에 보다 부드러운 반응을 이끌어낼 수 있다.

마지막으로 문제를 해결할 방법을 찾으라. 만약 상대방이 부드러운 나 메시지에도 반응하지 않는다면 분노 감정에 집중하기보다 상황을 해결할 방법을 찾는 것이 낫다. 이 상황에 도움 받을 수 있는 중재자, 예를 들어 부모님을 찾아서 도움을 요청하거나, 아니면 이어폰을 수리하거나 다시 구입할 방법을 찾는 것이 더 현명한 방법일 수 있다.

용돈은 엄마가 기분 좋을 때 말해야지

좋은 기분 – 좋은 행동 현상

민수와 민혁이는 형제이다. 민수는 성실하고 책임감이 강하며 정직한 형이다. 반면에 민혁이는 재치 있고 애교가 많고 눈치가 빠른 동생이다. 민수는 동생인 민혁이를 미워하거나 싫어하지는 않지만, 어머니가 자신과 동생에게 다르게 반응한다는 생각에 속상하거나 억울할 때가 있다. 예를 들어 얼마 전에도 민수가 어머니에게 친구들과 만날 약속이 생겨서 용돈을 좀 달라고 했을 때, 어머니는 "이미 정해진 용돈 줬잖니? 그걸 아껴 쓸 생각은 안 하고 왜 더 달라고 하니? 너무 계획 없이 쓰는 것 아니니?"라고 말씀하시며 야단치셨다. 하지만 며칠 뒤에 민혁이가 친구들과 약속이 있어서 용돈이 필요하다고 할 때에는 "그래? 알았어. 대신에 이번 한 번만이다. 아껴 써."라고 하시면서 용돈을 주시는 게 아닌가?

이를 지켜본 민수는 화가 나고 억울하기도 해서 어머니에게 말했다. "엄마, 너무 하신 거 아니에요? 내가 용돈 달라고 할 때는 안 주고 민혁이가 달라고 하면 주시고, 이거 차별 아닌가요? 다른 집은 첫째를 편애한다고 하던데 우리 집은 편애는커녕 동생만 잘 해주고 정말 너무해요."라며 불만을 토로했다. 그러자 어머니께서 말씀하셨다. "그래. 엄마가 좀 너무 했던 것 같다. 너랑 민혁이에게 다르게 대했구나. 그런데 너도 눈치가 좀 있으면 좋겠어. 너는 꼭 그렇게 엄마가 할머니랑 통화하고 기분이 안 좋을 때 와서 용돈 이야기를 해야겠니? 용돈은 엄마가 기분 좋을 때 말해야지!"

많은 연구들에 의하면 사람들은 기분에 따라 행동하는 경우가 많다고 한다. 특히 기분이 좋을 때에는 타인에게 더 너그러워지게 된다. 이렇게 기분이 좋을 때 타인에게 더 너그러워지는 현상을 '좋은 기분-좋은 행동 현상 feel-good, do-good phenomenon'이라고 한다.

우리는 기분이 좋을 때 더 흔쾌히 노약자에게 자리를 양보하고, 더 기꺼이 길을 안내하며, 더 쉽게 돈을 기부한다. 반대로 기분이 좋지 않을 때에는 이러한 너그러움을 덜 보이게 된다. 이렇게 좋은 기분이 좋은 행동을 하게 하지만, 역으로 좋은 행동이 좋은 기분을 주기도 한다. 즉, 남을 돕거나 기부를 하는 등 좋은(혹은 선한) 행동을 하면 이로 인해 뿌듯하고 자존감이 높아지는 등 기분이 좋아지기도 하는 것이다. 즉 '좋은 행동-좋은 기분 현상^{do-good, feel-good phenomenon}'도 가능한 것이다. 그러므로 늘 행복한 사람들은 기분이 좋아서 선한 행동을 더 많이 하고, 그 선한 행동으로 인해 다시 기분이 더 좋아지는 선순환을 경험한다. 반대로 늘 불행한 사람들은 기분이 좋지 않으므로 남들을 돌아보거나 챙기는 행동을 할 가능성이 낮아지고, 또 그만큼 기분이 좋아질 기회를 잃어버리게 된다.

  선행을 자주 하는 사람들을 대상으로 한 인터뷰에서 "제가 드리는 것보다 그분들에게 받는 기쁨이 더 큰 것 같아요."라는 말을 자주 듣는다. 이러한 말은 단순히 겸손한 표현이 아니라 심리학적으로도 근거가 있는 말인 것이다. 하지만 이는 실제로 선행을 지속한 사람들만 이해할 수 있다. 기쁨은 나누면 배가 되고 슬픔은 나누면 반이 된다. 좋은 기분-좋은 행동 현상은 민수가 용돈을 얻어 낼 때에도 알아야 하지만 우리의 삶을 더 풍요롭고 행복하게 만드는 데에도 필요한 지혜이다.

나는 행복한가?

주관적 웰빙

1. 다음 중 우리나라보다 행복도가 낮은 나라는? (   )

　① 핀란드

　② 멕시코

　③ 우즈베키스탄

　④ 말레이시아

　⑤ 홍콩

2. 다음 중 행복에 영향을 주는 요인은? (   )

　① 나이

② 교육 수준

③ 신체적 매력도

④ 숙면

• 1번 답: 2023년 세계행복보고서에서 국가별 행복도를 발표하였다. 우리나라는 중상위권 수준으로 세계 57위를 기록하였다. 핀란드는 행복도가 세계에서 가장 높은 나라이다. 그 외 멕시코는 36위, 우즈베키스탄은 54위, 말레이시아는 55위로 모두 우리나라보다 행복도가 높은 나라들이다. 그리고 홍콩은 82위로 낮은 편에 속했다. 홍콩은 우리나라보다 1인당 GDP가 훨씬 더 높을 정도로 부유하다. 우즈베키스탄, 말레이시아와 같이 우리나라에 비해서 경제적으로 가난한 나라들이 오히려 더 높은 행복도를 보인다. 이로 보아 행복은 부유한 순이 아닌 것만은 틀림없다.

• 2번 답: 보기에서 행복에 영향을 주는 것으로 밝혀진 유일한 요인은 숙면이며, 나머지 보기들은 행복과 관련이 없다고 한다.

대부분의 사람들이 삶에서 가장 원하는 것은 아마도 행복일 것이다. 더 행복해지기 위해 친구를 사귀고, 공부를 하고, 대학에 가고, 돈을 벌고, 결혼을 하고, 집을 사고, 여행을 한다. 심리학에서는 행복을 '주관적 웰빙 subjective well-being'이라고도 하며, 이는 스스로 느끼는 행복이나 삶에 대한 만족도를 의미한다.

우울, 불안, 중독 등의 심리적 장애나 문제와 같은 인간의 부정적 측면을 핵심적인 연구주제로 삼고 자라 온 심리학은 21세기에 들어오면서, 인간의 강점과 긍정적인 덕목, 행복 등을 연구하는 '긍정심리학 positive psychology'을 새롭게 제안하였다. 새롭게 나타난 긍정심리학은 각 개인의 주관적 웰빙을 측정하고 이를 함양할 수 있는 다양한 방법과 훈련법들을 연구하고 개발하는 중이다.

2013년 흥사단 투명사회운동본부 윤리연구센터가 초중고 학생 2만 1000명을 대상으로 한 질문 '10억이 생기면 1년 감옥에 가도 좋다?'에 고등학생의 47%, 중학생의 33%, 초등학생의 16%가 '그렇다'고 답했다. 청소년들의 윤리의식만을 탓하기보다 우리 사회에 만연해 있는 물질만능주의, 또는 돈이 행복의 근원이라는 믿음이 얼마나 심각한지를 보여준다고 할 수 있다.

그런데 과연 돈은 행복에 있어 얼마나 중요할까? 정말 돈이 많으면 행복해질까? 다양한 연구결과들에 의하면 돈과 행복은 그다지 관련이 없는 것으로 나타난다. 모든 사람들이 한번은 꿈꾸었을 진정한 대박인 로또에 당첨된 사람들은 당첨되었을 때에 순간 엄청난 황홀감을 경험하지만 이 느낌이 사라지고 나면 결국 전반적인 행복감은 예전과 다르지 않다고 한다. 어릴 때부터 부유하게 성장한 아이들은 그렇지 않은 아이들보다 약물남용, 불안, 우울의 위험이 오히려 더 높다고 한다. 미국, 유럽, 호주, 일본 등 다양한 국가에서 조사한 바에 의하면 소득이 증가하더라도 행복이 증가하지는 않았다. 돈은 건강과 비슷한 양상을 보인다. 즉, 완전히 잃어버리면 불행해지지만 가지고 있다고 해서 행복이 보장되지는 않는다.

어떻게 하면 행복해질 수 있을까? 다음은 행복에 대한 몇 가지 심리학적 제안이다. 첫째, 돈으로 행복을 살 수 없음을 기억하라! 앞에서 말한 것처럼 돈으로 행복을 사려는 시도는 신기루와 같이 헛된 방법이다. 물론 돈이 너무 없으면 불행해질 수 있지만 과도하게 돈을 벌려고 애쓰다가 시간과 건강까지 잃어버릴 수 있다.

둘째, 소확행을 누려라! 소소하지만 확실한 행복을 주는 것들을 찾아서 누리는 것이 현명하다. 친밀한 가족, 친구, 연인과의 대화와 식사, 함께 하는 시간은 확실한 행복을 가져다준다. 좋아하는 음악 듣기, 사진 찍기, 악기 연주하기, 그림 그리기 등의 취미 생활은 큰 비용을 들이지 않고도 즐거움을 선사한다. 유럽 여행과 같은 큰 행복을 드물게 누리는 것도 좋지만 가까운 여행지에서 주말을 보내는 등의 작은 행복을 자주 누리는 것도 괜찮은 방법이다. 각자가 경험할 수 있는 소확행의 원천은 다를 수 있다. 그러므로 나의 소확행 목록을 적어 놓는 것도 좋은 방법이다.

셋째, 몰입할 수 있는 것을 찾아라! 무언가에 온전히 집중하여 시간과 공간을 잊어버리는 경험인 몰입은 행복의 원천이 될 수 있다. 자신이 하고 있는 공부나 일에서 몰입을 경험할 수 있다면 이상적이겠지만 그렇지 않다면 몰입할 수 있는 다른 일들을 찾는 것도 좋다. 무언가를 만들거나 그림을 그리거나 노래를 하거나 식물을 키우거나 하는 일에 몰입하는 경험이 당신을 행복하게 해 준다.

넷째, 의미 있는 일을 하라! 행복의 두 가지 원천은 '즐거움과 의미'이다. 즐거움이 떡볶이, 피자와 같이 가볍고 유쾌한 각성을 가져다준다면, 의미는 미역국이나 보약과 같이 덜 자극적이지만 마음을 건강하게 하고 삶의 깊이를 더해 준다. 즐거움만을 찾는다면 삶은 지나치게 가벼워질 수 있고 의미만 찾는다면 삶이 너무 무거워질 수 있다. 그러므로 둘의 균형을 잡는 것이 중요하다. 의미를 찾기 위해서는 선행이나 봉사를 할 수도 있고, 내면의 의미를 찾기 위해 지혜로운 이들의 경험이 담긴 책을 읽을 수도 있고 종교 생활과 같은 영적인 활동에 참여할 수도 있다.

다섯째, 감사하는 습관을 만들어라! 수많은 긍정심리학 연구들은 감사의 효능에 대해 극찬하고 있다. 감사하는 사람은 긍정적인 감정을 더 많이 경험하고, 자존감이 높아지며, 더 건강해지고 심지어 더 오래 살기까지 한다. 현재 감사한 일들을 세어 보고 감사를 기록하는 일기를 쓰고 주변 사람들에게 더 자주 감사를 표현하라. 그러면 감사할 일이 더 많아질 것이다.

여섯째, 건강을 관리하라! 운동은 건강에 이로울 뿐만 아니라 기분이 좋아지게 한다. 다른 사람들과 함께 하는 운동은 상호작용을 통해 사회성을 증진시키고 더 깊은 친밀감을 누리게 한다. 충분한 수면은 건강을 유지하는 데 필수적이며 부족한 수면은 피로와 우울감을 일으킨다.

우리는 어떻게 배울까?

무언가를 배운다는 것은 무엇을 의미할까? 아마도 배우기 전에는 할 수 없었던 생각이나 행동을 새롭게 할 수 있게 되는 변화를 의미할 것이다. 세계 어느 나라보다 학구열이 높은 우리나라에서 학습에 대해 이야기하자면, 교실에서 수업을 듣거나 책상에 앉아서 문제집을 푸는 모습이 먼저 떠오른다. 하지만 학습은 학생이 공부하는 것과 같은 고차원적인 지적활동만을 뜻하는 것이 아니다. 갓 태어난 아기가 시간이 지나면서 엄마의 목소리를 구별하게 되는 것도, 엄마가 주는 음식을 '맘마'라고 말할 수 있게 되는 것도, 더 자라서 빨간 불이 아닌 초록 불에 건널목을 건너는 것도, 친구와 친해지기 위해 인사를 건네는 것도, 선생님과 부딪혔을 때 엄마가 가르쳐준 대로 "죄송합니다."라고 말하는 것도 모두 어떤 과정을 통해 생각이나 행동의 변화가 일어났다는 점에서 '학습'이라고 할 수 있다.

연결 짓기

파블로프의 개 실험

심리학 역사에서 가장 빛나는 스타 중 하나인 이반 페트로비치 파블로프(1849~1936)는 러시아의 생리학자였다. 그는 개의 침 분비에 대해 연구하던 중, 개가 먹이뿐만 아니라 먹이와 연관된 자극(예: 밥그릇, 먹이를 주는 사람, 먹이 주는 사람의 발소리)에도 침을 흘린다는 것을 알게 되었다. 그 유명한 파블로프의 개 실험에서 도출된 발견은 다음과 같다.

먼저 개에게 고기와 같은 먹이를 준다. 그러면 개는 당연히 먹이 때문에 침을 흘리게 된다. 이렇게 고기라는 자극과 그로 인한 침 흘리기 반응은 개라면 당연하게 일어나기 때문에(즉, 무조건 일어나기 때문에), 고기는 '무조건 자극 unconditional stimulus'이라고 하고, 침 흘리는 것은 '무조건 반응

unconditional response'이라고 한다. 아무런 조건 없이 당연하게 일어나는 일이기 때문에 적절한 명칭이다.

두 번째로 개에게 먹이를 주기 전에 종소리를 먼저 들려준다. 즉, 종소리와 먹이를 연결 지어서 제시하는 것이다. 여기서 종소리는 개가 침을 흘리는 것과는 아무런 관련이 없는 자극이다. 왜냐하면 보통의 개라면 종소리를 듣고 침을 흘리지 않을 것이기 때문이다. 그래서 종소리를 침 흘리기와 관련이 없는 '중성 자극 neutral stimulus'이라고 한다. 이렇게 종소리(중성 자극)를 들려주고 먹이(무조건 자극)를 주면 개는 침을 흘리게 되고(무조건 반응), 이런 과정이 여러 번 반복되면 다음의 현상이 일어나기 시작한다.

세 번째로 이번에는 먹이가 없이 종소리만 들려주어도 개가 침을 흘리게 된다. 즉, 종소리와 먹이 간에 연결 혹은 연합이 일어났기 때문에, 원래 먹는 것과는 아무 상관이 없는 종소리를 듣고 침을 흘리게 된 것이다. 이렇게 종소리와 먹이와의 연결을 학습한 것이 조건적(여기서는 먹이를 주기 전에 종소리를 들려주는 조건을 말한다)이기 때문에, 이제 종소리는 '조건 자극 conditional stimulus'이 되고 침 흘리기는 '조건 반응 conditional response'이 된다. 다시 말해, 종소리를 울릴 때마다 먹이를 주는 특수한 조건이 만들어졌기에 가능하기 때문에, 종소리와 침 흘리기는 각각 조건 자극과 조건 반응인 것이다. 그렇다. 같은 침이지만 먹이에 대해 흘리는 침은 무조건 반응이고, 종소리에 대해 흘리는 침은 조건 반응이 된다.

이렇듯 자극(예: 종소리)과 다른 자극(예: 먹이)이 연합이 되어 이루어지는 학습을 파블로프가 발견했기 때문에 '파블로프식 조건형성Pavlovian conditioning'이라고 한다. 파블로프는 이 실험을 통해 당시 러시아를 대표하는 생리학자이자 심리학 역사상 가장 유명한 인물 중 하나가 되었다.

아울러 그가 의도하지 않았겠지만 파블로프와 개 사이에도 강력한 연합이 형성되어, 이제는 그를 아는 모든 사람들이 그를 떠올리는 동시에 개를 떠올리게 되었다. 심지어 어떤 사람은 파블로프가 유명한 개 조련사인 줄 알고 있다. 이는 산타클로스와 루돌프만큼이나 뗄 수 없는 강력한 연합이다.

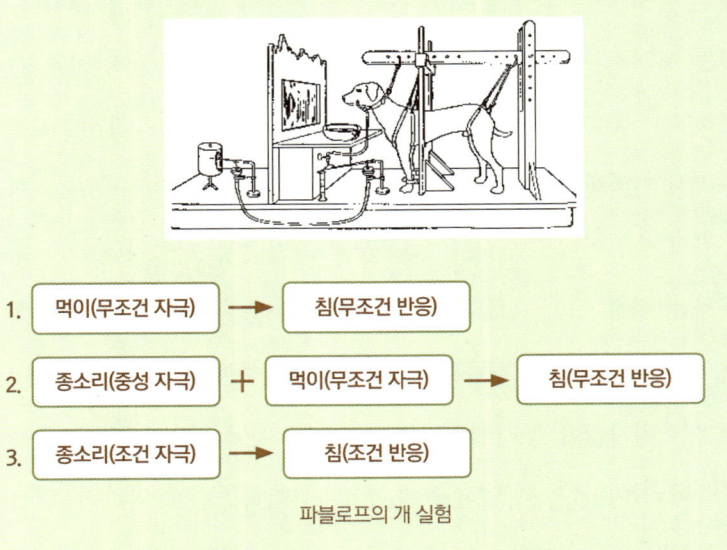

파블로프의 개 실험

많이 불리는 구전동요 중에 '원숭이 엉덩이는 빨개. 빨가면 사과. 사과는 맛있어. 맛있는 건 바나나……'로 시작하는 노래가 있다. 두 대상을 공통점으로 엮어서 계속해서 말도 안 되는 연결을 지어 가는 노래이다. 그런데 이렇게 하나와 다른 하나를 연결 짓는 과정이 학습에 있어 가장 기본이 된다고 한다. 과연 그럴까?

이를 살펴보기 위해 우리가 처음 '자동차'라는 단어를 어떻게 배웠는지 떠올려 보자. 물론 대부분의 경우, 자동차라는 단어를 처음 배웠을 때의 기억을 떠올리기 어려울 것이다. 하지만 우리는 절대로 '자동차란 원동기의 동력으로 바퀴를 굴려서 철길이나 가설된 선에 의지하지 않고 땅 위를 움직이도록 만든 차를 말한다.'라는 사전적 정의를 반복해서 외움으로써 자동차라는 단어를 습득하지는 않았다. 그렇다면 이 단어를 어떻게 배웠을까? 그때를 정확히 기억할 수는 없지만, 아마도 부모님이나 다른 누군가가 자동차의 사진이나 그림 혹은 실물을 가리키면서 '자동차(혹은 더 어릴 때는 '빵빵')'라는 말소리를 내며 알려주었을 것이다. 즉, 심리학적으로 말하자면 자동차를 보여주는 시각자극과 자동차를 의미하는 소리자극을 동시에 제시하면서, 두 '자극 간의 연결'을 통해 학습이 일어났다. 이 연결을 조금 더 심리학스럽게 말하면 '연합 association'이라고 하며, 이러한 연합을 통해 배우는 과정을 '조건형성^conditioning'이라고 한다.

그런데 파블로프의 개가 먹지도 못할 종소리에 침을 흘리게 된 것이 우리 인간과 도대체 무슨 상관이 있단 말인가? 당신이 좋든 싫든 아주 큰 상관이 있다. 왜냐하면 인간도 같은 유형의 학습을 하기 때문이다. 열심히 무언가에 집중하던 당신이 시계가 낮 12시를 가리키고 있음을 보게 되는 순간, 갑자기 배가 고프거나 심지어 배에서 꼬르륵 소리가 나게 되는 것은 왜일까? 짐작이 되듯이 바로 파블로프식 조건형성의 결과이다. 즉, 12시라는 시간에 식사를 한 경험이 많기 때문에 이제는 12시만 보아도 배가 고프다. 어디 그뿐인가? 특정 노래를 들으면 그 노래를 많이 들었을 때의 경험들과 연합이 일어나서 노래와 연관된 기억이 나기도 하고 감정이 올라오기도 한다. 크리스마스 캐롤을 들으면 크리스마스 시즌의 선물과 파티가 떠오르고 연말의 들뜬 기분이 느껴지기도 하고, 군가를 들으면 힘들었던 군생활이 떠오르고 왠지 긴장이 느껴지기도 하며, 한창 연애할 때 들었던 음악을 들으면 헤어진 연인과 함께 한 경험들이 떠오르면서 복잡한 감정을 느낄 수 있다.

왜 사람들은 치킨을 먹을 때마다 맥주 혹은 탄산음료를 찾게 될까? 물론 치킨의 기름지고 느끼한 맛을 맥주나 탄산음료가 잡아주기 때문일 수 있다. 하지만 와인이나 소주 또는 레모네이드와 같은 음료들도 비슷한 효과를 낼 수 있지 않을까? (만약 당신이 절대 동의하지 못하겠다면 심리적 연합이 그만큼 강력한 것일 수도 있다.)

앞서 배운 것처럼 치킨과 맥주 혹은 탄산음료는 당신의 삶에서 수십 번 혹은 수백 번 이상 이미 연합되었기 때문에 자동적으로 떠오른다. 혹시 치킨만 먹거나 맥주나 탄산음료가 아닌 다른 음료나 물과 먹게 되면 무언가 빠진 듯한 허전한 느낌마저 든다. 이러한 파블로프식 조건형성의 예는 우리 일상에 수없이 많다.

왜 많은 사람들은 명품에 열광하는 것일까? 물론 디자인이나 품질이 우수하기 때문도 있다. 하지만 명품은 광고를 통해 수많은 럭셔리한 이미지들과 연합이 되어 있다. 명품 광고에는 세계적인 스타들이 등장하고 호화스러운 저택과 스포츠카, 그리고 행복한 표정을 한 멋진 사람들이 등장한다. 거기다 명품은 공항 면세점이라는 설레는 해외여행 경험과도 연합되어 있다. 이러니 누가 명품을 싫어할 수 있겠는가? 많은 청소년들이 좋아하는 아이돌의 사진만 보아도 가슴이 두근거리는 이유도 상당 부분 이 조건형성에서 나온다. 물론 멋진 노래와 춤도 강력한 이유이지만 콘서트장의 가슴을 울리는 사운드와 함성 소리, 화려한 조명, 감동으로 눈물 흘리는 팬들의 모습들과 연합된 아이돌은 보기만 해도 심장이 뛰게 할 만큼 충분히 조건형성이 되었다.

두려움도 학습된 것이라고?

꼬마 앨버트 실험

미국의 행동주의 심리학자 왓슨과 그의 제자 로잘리 레이너는 유명하고도 그만큼이나 비난을 샀던 한 가지 실험을 진행하였다. 이들은 생후 11개월짜리 꼬마 앨버트에게 흰쥐를 보여주었다. 그러자 꼬마 앨버트가 호기심 어린 눈으로 흰쥐를 바라보고 만지려 하였다. 실험자는 바로 그때 앨버트 뒤에서 쇠막대를 망치로 때려서 깜짝 놀랄 만한 큰 소리를 내었다.

이렇게 흰쥐와 끔찍한 소리를 7번 연합시키자 꼬마 앨버트는 그야말로 흰쥐에 대한 공포증이 생겨났다. 이전에는 두려움의 대상이 아니었던 흰쥐가 이제는 보기만 해도 울음을 터뜨리게 하는 공포의 대상이 된 것이다.

가엾은 앨버트와 같은 인간인 우리에게도 이와 유사한 학습이 일어날 수 있다. 당신은 혹시 이유 없이 싫어하거나 무서워하는 대상이 있는가? 어쩌면 기억이 나지 않을 뿐이지 앨버트와 같은 공포 학습을 했을 수 있다.

어렸을 때 영어 알파벳을 배우다가 'b'와 'd'를 혼동하여 혼이 많이 난 아이는 커서 영어 울렁증이 있는 어른이 될 수 있고, 경상도 사투리를 쓰는 남자와 연애하다가 큰 상처를 입은 여성은 왠지 사투리를 쓰는 사람이 다가오면 불안과 짜증을 경험할 수 있다. 또 어릴 때 카레를 먹고 크게 체한 경험이 있는 사람은 다른 음식과 다르게 카레 냄새만 맡아도 알러지 반응을 일으키거나 절대로 먹지 않는 '맛 혐오 taste aversion'를 나타낼 수도 있다.

이렇게 모든 일에는 이유가 있다. 그러므로 상대방의 행동이나 태도가 이해되지 않는다면 '너는 도대체 왜 그러니?'라며 비난하기보다 '너에게 무슨 일이 있었던 거니?'라며 묻고 이해하려는 자세가 필요하다.

당근과 채찍

강화와 처벌의 원리

당신에게 튼튼하고 힘센 말 한 마리가 있다고 생각해 보라. 말이 빠르고 힘차게 달린 후에 당근을 주게 되면 말은 더 열심히 달리게 될 것이다. 반면 말이 당신을 거부하고 앞발을 들며 몸부림칠 때마다 채찍을 들면 말의 반항적인 행동이 줄어들게 될 것이다. 이렇게 당근을 주는 것을 심리학에서는 '강화reinforcement'라고 하며 이는 우리가 원하는 행동을 증가시키는 과정을 말한다. 반면 채찍으로 때리는 것을 '처벌punishment'이라고 하며 이는 우리가 원치 않는 행동을 감소시키는 과정을 말한다.

강화와 처벌을 좀 더 자세하기 설명하기 위해 파블로프 덕분에 친숙해진 개의 예를 다시 들어 보겠다. 자주 등장하게 되는 만큼 개의 이름을 지어주어도 좋을 듯하다. 개의 이름을 뭐라고 하면 좋을까? 파블로프식 조건형성을 발견한 파블로프와 강화와 처벌의 원리를 발견한 스키너의 앞글자를 따서 '파스'라고 부르면 되겠다.

만약 파스가 앞발을 들 때마다 당신이 먹이를 준다면 어떻게 되겠는가? 그렇다. 파스가 앞발을 더 자주 들게 될 것이다. 이러한 과정은 파스가 앞발을 드는 행동을 증가시키기 때문에 강화라고 할 수 있다. 그런데 이렇게 개가 좋아하는 것을 '제공'하면서 강화시키는 경우를 '정적positive 강화'라고 한다. 여기서 '정적'이라는 것은 무언가(여기서는 먹이)를 제공하거나 자극(먹이)이 나타나기 때문에 쓰는 표현이다. 이는 '좋거나 나쁘다'는 의미가 아니라 병원에서 어떤 검사를 받았을 때 특정 결과(혹은 반응)가 '나타났느냐(positive: 양성), 나타나지 않았느냐(negative: 음성)'의 의미와 유사한 것이다. 즉, 먹이라는 자극이 나타나서(정적) 앞발을 드는 행동이 증가(강화)했기 때문에, 정적 강화에 해당된다.

그렇다면 사람의 경우에 정적 강화가 일어나는 예에는 어떤 것들이 있을까? 아이가 '까까 주세요.'라고 했을 때 과자를 얻는 것과 손을 씻었을 때 엄마의 칭찬을 듣는 것이 그 예이다. 그리고 학생이 열심히 공부했을 때 상을 받거나 부모님께 용돈을 받는 것, 직장에서 열심히 일해서 월급을 받거나 승진이 되는 것 등이 모두 정적 강화에 해당된다. 이때 먹이와 같이 생존과 바로 연결되는 강화물을 '일차 강화물primary reinforcer'이라고 하고, 칭찬이나 돈과 같이 생존과 직접적인 관련은 없지만 강화의 힘을 가지는 것을 '이차secondary 혹은 조건conditioned 강화물'이라고 한다.

돈이 엄청난 힘을 가진, 현대사회 최강의 강화물이라는 것을 아는 당신은 강화의 힘이 얼마나 큰지, 강화를 통한 학습이 얼마나 강력한지 이미 실감하고 있을 것이다. 만약 이 책을 끝까지 읽고 A4용지 한 장의 독후감을 쓰고 이메일로 제출하는 사람들에게 백만 원씩 상금이 제공된다면 아마도 이 책은 불티나게 팔릴 것이다. 이것이 정적 강화의 엄청난 힘이다. 물론 상금을 제공하는 저자 혹은 출판사가 망해서 금세 강화물의 제공은 중단될 것이다.

이번에는 파스가 마당을 다니다 발에 가시가 박혔다. 통증으로 괴로워하던 파스는 당신에게 다가가 아픈 앞발을 들어 올렸다. 그때 파스의 발에 가시가 박힌 것을 본 당신은 바로 가시를 제거하고 약을 바르고 붕대로 감싸 주었다. 이런 경험을 한 파스는 앞으로도 발을 다치게 되면 당신에게 앞발을 드는 행동을 보일 것이다. 이런 경우도 개가 앞발을 드는 행동이 증가하게 되었으니 강화라고 할 수 있다. 아울러 이번에는 가시라는 불쾌한 자극이 '제거'되었기 때문에, '부적negative 강화'라고 한다.

 사람의 경우에는 어떤 부적 강화가 일어날 수 있을까? 당신이 방을 치우지 않으면 어머니께서 방문을 열 때마다 잔소리를 늘어놓게 된다. 그러면 억지로나마 방을 치우게 되고 드디어 잔소리를 듣지 않아도 된다. 이는 부적 강화의 예이다. 앞에서 예를 들었던 아이가 '까까 주세요.'라고 해서 엄마에게 과자를 받는 것은 정적 강화이기도 하지만 동시에 부적 강화이기도 하다. 그 이유는 과자를 달라는 말을 한 행동이 결국 '배고픔'이라는 불편한 자극을 제거하기 때문이다. 다른 예로는 자동차를 탔을 때 안전벨트를 착용하지 않으면 경고음이 울리는 것이다. 안전벨트를 착용하지 않을 때 울리는 경고음은 여간해서 무시하기 힘들 정도로 귀에 거슬리는 소리이다. 그러나 안전벨트를 착용하면 그 시끄러운 소리가 바로 제거되기 때문에 안전벨트를 착용하는 행동이 부적 강화를 받게 된다.

 이번에는 처벌을 설명해 보도록 하겠다. 당신의 사랑을 듬뿍 받고 버릇이 없어진 파스가 당신의 손을 깨물었다. 개에게 물린 당신은 순간 너무 화가 나서 파스를 걷어차고 말았다. 우리의 가여운 파스는 깨갱거리며 통증을 호소한다. 파스에게 개 파스가 필요할 듯하다. 당신의 손을 물고 한 대 맞은 파스는 다음부터는 손을 무는 행동이 줄어들게 될 것이다. 이렇게 원치 않는 행동이 줄어들게 되는 과정을 처벌이라고 하였다. 이런 경우는 정적 처벌일까? 아니면 부적 처벌일까? 이 경우는 발이든 몽둥이든 자극이 '제공'되었기 때문에 '정적positive 처벌'이라고 할 수 있다. 인간에게 적용되는 정적 처벌은 그 예가 쉽게 떠오를 것이다. 아이가 거짓말하거나 동생을 때려서 엄마에게 회초리를 맞는 것이 전형적인 예이다. 학생이 시험을 치다가 부정행위를 하거나 다른 학생을 괴롭혀서 징계를 받거나 벌점을 받는 것도 정적 처벌이다. 직장에서 중대한 실수를 저질러서 징계를 받는 것도 예가 될 수 있다.

당신에게 한 번 걷어차인 파스가 앙심을 품고 이번에는 당신의 다리를 물고 말았다. 화가 나서 열이 머리 꼭대기까지, 아니 심리학적으로 표현해서 두정엽까지 찬 당신은 파스의 버릇을 고치기 위해 오늘 저녁에 줄 먹이 그릇을 치워버렸다. 먹이가 없어진 파스는 낑낑대며 자기 집에 기운 없이 누워 있다. 이후로 파스는 주인을 무는 행동이 없어졌다. 이러한 경우 역시 원치 않는 행동인

물기가 감소했으니 처벌에 해당될 것이다. 그리고 먹이라는 자극이 '제거'되었으니 '부적 negative 처벌'에 해당된다. 아이가 잘못된 행동을 했을 때 생각의자에 앉아 있게 하거나 벽을 보고 있게 하는 것이 대표적인 부적 처벌이다. 즉, 놀거나 하고 싶은 것을 할 수 있는 시간과 공간을 제거당한 것이다. 청소년이 성적이 떨어지거나 집에 늦게 들어왔을 때 받게 되는 외출금지령 또한 원하는 것을 빼앗기게 되었으니 부적 처벌이다.

사회적으로 전형적인 부적 처벌은 바로 범칙금 제도이다. 일본이나 호주, 싱가포르 같은 국가들의 거리가 깨끗하고 사람들이 교통질서를 잘 지키는 이유는 무엇일까? 물론 국민성이 훌륭하다고 볼 수도 있다. 하지만 가장 명시적인 차이는 바로 범칙금의 차이다. 이러한 나라들의 경우 주차위반이나 속도위반을 하면 벌점과 함께 우리 돈으로 수십 내지 수백만 원의 벌금을 물게 된다. 강력한 강화물이 되는 돈을 빼앗는 것은 역으로 강력한 부적 처벌이 된다.

이렇게 강화와 처벌을 통해 학습하는 과정을 '조작적 operant 조건형성'이라고 한다. 그런데 왜 '조작적'이라고 할까? 이유는 앞에서 살펴본 것처럼 보상을 얻거나 처벌을 피하기 위해 환경에 무언가를 '가하거나 변화시키는' 행동을 하기 때문이다. 파스가 한 것처럼 먹이를 얻거나 가시를 빼기 위해 앞발을 올리는 행동을 더 하게 되거나, 맞지 않거나 먹이를 빼앗기지 않기 위해 무는 행동을 줄여서 주변 대상이나 환경에 변화를 일으키기 때문에 조작적이라고 할 수 있다.

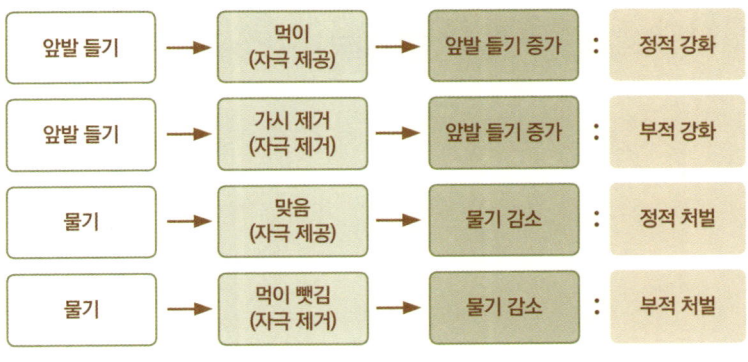

강화와 처벌

백문이 불여일견

모델링

한 아동이 실험실에 들어왔다. 그리고 다른 방에서 어른이 커다란 오뚝이 인형을 발로 차고 때리며 "때려 부수겠어, 가만 두지 않을거야……."와 같은 말을 하는 모습을 유리창 혹은 모니터를 통해 10분 정도 보게 된다.

다음으로 실험자가 이 아동을 장난감과 다양한 놀거리가 많은 방으로 안내한다. 하지만 애석하게도 그 방에서는 놀 수 없다고 말하고 아동을 아까 그 오뚝이 인형이 있던 방으로 데려간다.

이때 아동은 어떤 행동을 보이게 될까? 그렇다. 잠시 후 아동은 자신이 보았던 어른이 했던 행동 그대로 오뚝이 인형을 발로 차고 "때려 부수겠어, 가만 두지 않을거야……."와 같은 말까지 하며 분풀이를 하기 시작

> 한다. 아동은 아까 보았던 어른의 행동을 그대로 보고 따라하는 '모델링 modeling'을 한 것이다.

우리가 무언가를 배울 때 파블로프식 조건형성이나 조작적 조건형성처럼 직접 경험한 것만 배우는 것일까? 그렇지 않다. 만약 우리가 직접 경험한 것만 배운다면, 우리의 경험이 매우 제한적이라는 것을 감안할 때 학습에 많은 제약이 따를 것이다. 모든 경험들을 다 하기에는 시간과 공간 그리고 에너지의 제한이 있다. 뿐만 아니라 때로는 직접 배우기에는 너무 위험한 것들도 있다. 불이 위험하다는 것을 배우기 위해 불에 손이 데이는 경험이 필수라면 우리 모두 화상의 흔적이 있어야 할 것이다. 우리는 직접 배우기도 하지만 직접 경험하지 않은 것을 간접경험, 즉 관찰을 통해 배우기도 한다. 이러한 종류의 학습을 '관찰학습 observational learning'이라고 한다. 앞에서 예를 든 오뚝이 실험은 앨버트 반두라라는 심리학자가 한 실험이다. 반두라의 실험에서 아이는 어른의 공격적인 행동을 그대로 보고 배운 것이다.

일상에서도 이러한 관찰학습은 쉽게 찾을 수 있다. 여자아이는 엄마가 화장하는 모습을 따라 하고, 남자아이는 아빠가 면도하는 모습을 흉내 낸다. 중학생 여자아이들은 고등학생 언니들의 스타일을 따라 하고 연예인들의 패션을 따라 하기도 한다. 대학생들은 선배들이 동아리 활동을 하는 모습을 관찰하고 배우며, 직장에서는 상급자의 업무방식을 보고 배우게 된다. 불행하게도 아버지의 술주정과 가정 폭력을 지긋지긋해하던 아들이 결혼해서 그렇게 싫어하던 아버지의 행동을 그대로 반복하는 모델링도 드물지 않게 일어난다.

관찰학습은 어떻게 일어나게 되는 것일까? 우리 뇌의 앞부분에 해당하는 전두엽에는 '거울뉴런 mirror neuron'이라는 영역이 있어서 다른 사람의 행동을 관찰할 때 흥분하게 된다. 이 영역이 다른 사람이 하는 행동을 마치 거울처럼 투영하며, 이 영역으로 인해 다른 사람에 대한 모방과 공감이 가능하다. 이렇듯 타인의 행동을 보고 학습하는 관찰학습이 매우 기초적인 학습의 방법이고 이에 대한 신경학적 토대까지 존재한다면, 부모의 자녀에 대한 영향이 얼마나 큰지 충분히 짐작된다. 뿐만 아니라 왕성하게 주변 환경을 관찰하고 그대로 모방하는 아동, 청소년들이 수많은 시간을 소비하는 TV 프로그램, 웹툰, 동영상, 영화 등 대중매체의 효과가 얼마나 큰지도 알 수 있다.

그렇다면 이런 질문을 할 수 있다. 폭력적인 영화나 게임 등을 자주 즐기면 스트레스나 분노가 해소되어 폭력 행동이 줄어들까? 아니면 모방하게 되어 폭력 행동이 늘어날까? 많은 심리학 연구들은 폭력물을 통해 내재된 갈등이 해소된다기보다 오히려 폭력 행동이 더 증가한다는 주장에 힘을 실어 주고 있다.

예를 들어, 한 연구팀은 아동이 〈파워 레인저〉를 시청한 후에 폭력적인 놀이가 이전보다 일곱 배나 증가하였다고 보고한다. 또한 다른 실험연구에서는 사흘 저녁시간 동안 성폭력 영화를 관람한 남자 참가자들이 강간이나 난도질 등의 폭력 행동에 대해 점차적으로 덜 괴로워하게 되었다고 한다. 그리고 이들은 이러한 영화를 보지 않았던 참가자들에 비해 가정폭력 희생자에 대해 덜 공감하고, 희생자의 상처가 덜 심각한 것이라고 평가하기도 하였다. 아울러 미국 국립정신건강연구소는 '대부분의 연구팀이 텔레비전 폭력이 아동과 10대를 공격 행동으로 이끌어 간다는 사실에 동의한다.'고 보고하였다. 더 심각한 문제는 이러한 미디어 속에서 폭력 행동은 정당하고 매력적이며 처벌 받지 않는 것으로 묘사되며, 시청률 경쟁 등을 통해 점점 더 그 수위가 높아진다는 사실이다. 우리가 무엇을 자주 보는지가 우리의 성격과 행동 그리고 미래를 만들어 간다.

3부

심리학 잘 써먹기

①

성격이 뭐지? 스트레스는 왜 겪을까?

우리는 다른 사람들을 두고 성격이 좋다거나 나쁘다고 평가하곤 한다. 그런데 과연 성격이 무엇일까? 심리학에서는 성격을 무엇이라고 말할까? 우리는 일상을 살면서 스트레스를 받는다는 말도 자주 사용한다. 스트레스란 과연 무엇일까? 심리학에서 말하는 스트레스가 무엇인지도 알아보자. 그리고 어떤 유형의 성격을 가진 사람들이 스트레스를 많이 받게 되는지 성격과 스트레스의 관련성도 살펴보자. 아울러 다양한 스트레스에 대처하는 방법들도 살펴보자.

내 속에 있는 3가지의 나

프로이트의 성격구조

초등학생 승준이는 지금 심각하게 갈등하는 중이다. 어머니께서 외출을 하셔서 집에 아무도 없다. 심심한 승준은 요즘 꽂힌 컴퓨터 게임을 너무 하고 싶다. 그리고 우연히 컴퓨터의 비밀번호를 알게 되었다. 어머니께서 돌아오실 때까지 적어도 3시간은 남아 있다.

- 악마: 야, 그냥 해! 엄마가 어떻게 알겠어? 게임하다가 돌아오실 때 쯤 숙제하고 있으면 절대 모르실 거야.
- 천사: 안 돼. 아무리 게임이 하고 싶어도 그렇지. 그건 엄마를 속이는 거잖아? 거짓말하면 안 된다고 배웠잖아. 안 돼!

- 승준: 어떻게 하지? 게임은 하고 싶지만 엄마가 알면 난리가 날 텐데…….
- 악마: 야, 괜찮아. 네가 애기도 아니고 게임 좀 한다고 큰일 나거나 성적이 갑자기 떨어지는 것도 아니잖아?
- 천사: 그런 게 아니잖아? 엄마가 얼마나 실망하시겠니? 그건 나쁜 애들이나 하는 짓이야.
- 승준: 아, 모르겠다. 그냥 딱 한 시간 반 게임하고 한 시간 반 숙제하자. 그러면 엄마도 모르실 테고 게임한 만큼 숙제도 한 거니까 나쁜 것도 아니잖아. 그래, 그렇게 하자!

'성격personality'이란 쉽게 변하는 특성이 아니라 시간이 흘러도 잘 변하지 않는 특성을 말한다. 성격은 어린 시절부터 서서히 발달해서 성인이 되면서 고유의 특성으로 자리잡는다. 심리학에서 성격에 대해 처음으로 이야기한 사람은 그 이름도 유명한 정신분석가 프로이트다.

프로이트는 우리의 성격이 '원초아id', '자아ego', '초자아superego'의 3가지 구조로 이루어졌다고 보았다. 앞에서 깊은 갈등에 빠져 있는 승준의 마음속에서는 정말 악마, 자신, 천사가 서로 목소리를 내고 있는 것일까? 프로이트의 입장에서 보면 악마의 마음은 원초아, 자신의 마음은 자아, 천사의 마음은 초자아가 된다.

원초아는 욕구를 충족하는 나를 말한다. 원초아는 자신이 하고 싶은 대로 하고 욕구에 충실하게 움직이기 때문에 '쾌락의 원리'에 따른다고 볼 수 있다. 우리가 아주 아기일 때는 먹고 싸고 놀면서 원초아가 원하는 대로 움직인다고 볼 수 있다.

다음으로 초자아는 착하게 살려는 나를 말한다. 우리가 태어난 직후에는 주로 원초아에 의해 움직이지만 점점 부모님과 선생님을 통해 무엇이 옳은 것인지 무엇이 그른 것인지에 대해 배우고, 하면 안 되는 것이 생기게 된다. 이러한 과정을 통해 윤리적 의식이 내면화되는데 이것이 바로 초자아이다. 초자아는 옳은 것을 지키려는 '도덕의 원리'에 따라 움직인다.

마지막으로 자아는 현실에 타협하는 나를 말한다. 자아는 현실에 맞게 적응하려는 목적이 있다. 그래서 원초아의 욕구를 현실에서 적절하게 충족시켜 주고, 원초아와 초자아 사이에서 적절한 타협을 하는 역할도 한다. 그러므로 자아는 '현실의 원리'에 따라서 움직인다. 승준이 마지막에 게임과 숙제를 반반씩 하기로 한 타협도 자아가 한 것이라고 볼 수 있다.

프로이트는 우리 성격의 구조가 그림에서처럼 빙산과 같다고 보았다. 즉, 빙산에서 보이는 부분보다 보이지 않는 부분이 더 큰 것처럼 성격 대부분을 우리가 알아차리지 못하고 있다는 것이다. 우리가 쉽게 알 수 있는 부분을 의식, 조금 신경 쓰면 알 수 있는 부분을 전의식, 쉽게 알 수 없는 부분을 무의식이라고 하였는데, 대부분이 무의식의 세계 속에 잠겨 있다고 보았다. 그래서 프로이트는 정신분석이라는 기법을 통해 이러한 무의식을 드러내는 것이 필요하다고 제안했다. 프로이트의 주장은 대중적으로도 매우 유명해져서 일반인들도 '나도 모르게 무의식적으로 그랬다.'는 표현을 쓰도록 만들었다. 만약 '무의식'이라는 표현을 자주 쓴다면 당신도 모르게 무의식적으로 프로이트에게 영향을 받은 것이다.

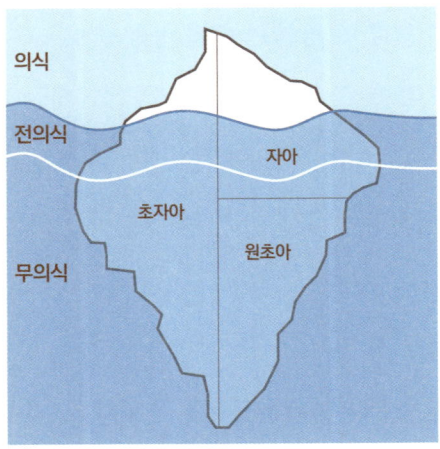

프로이트가 제안한 인간의 성격구조

프로이트는 성격적으로 성숙한 사람은 자아가 잘 발달한 사람이라고 보았다. 그래서 원초아가 원하는 욕구를 적절하게 충족해 주고 또한 초자아의 윤리의식과 잘 타협해서 쾌락과 양심 사이에서 균형을 잘 잡는 것으로 본 것이다. 반면에 미숙한 사람은 자아가 잘 발달하지 못한 사람으로 생각했다. 미숙한 사람은 자아가 제대로 역할을 하지 못하여 원초아와 초자아 간의 타협이 이루어지지 않고 내면의 갈등이 생겨서 불안을 지속적으로 경험한다고 보았다.

프로이트는 아동의 성격이 발달하는 단계에 대해서도 제시하였다. 아동이 성적인 욕구를 충족하는 신체부위의 변화에 따라 발달의 단계도 달라진다고 보고, 이를 '구강기, 항문기, 남근기, 잠재기, 성기기'로 나누었다. 구강기는 태어나서 만 1세 6개월 정도까지 지속되는 시기로 말 그대로 입으로 빨고 씹고 하는 것에서 성적인 욕구를 충족하는 시기이다. 항문기는 만 3세까지의 시기로 배설하는 것에서 성적인 욕구를 충족한다. 또 이 시기는 배변 훈련을 하게 되는 시기로 조금씩 배설을 조절하게 된다. 남근기는 만 6세 정도까지로 주로 성기에 관심을 가지고 수시로 성기를 만지면서 성적인 욕구를 충족한다. 잠재기는 만 12세 정도까지로 성적인 욕구를 거의 드러내지 않는 시기이다. 이때에는 성적인 욕구보다는 학업이나 운동 등을 통해 에너지를 발산하게 된다. 마지막으로는 성기기이다. 성기기는 만 12세 이후, 사춘기부터 나타나는 시기로 성적 행위를 통해 욕구를 충족하게 된다. 프로이트는 각 발달단계에서 필요한 성적인 욕구를 적절하게 충족하면 건강한 성인으로 발달하지만 그렇지 않고 각 단계에 해당되는 욕구를 지나치게 적게 충족하거나 혹은 과도하게 충족하면 성격적인 문제가 생긴다고 보았다.

그런데 프로이트의 이런 발달 단계가 너무 변태스럽다고 느껴지지 않는가? 즉, 성적인 욕구의 중요성을 너무 과도하게 강조했다는 것이다. 이러한 내용은 후대에 이르러 비판 받게 되었고, 이후로는 성적 욕구가 아닌 더 높은 수준의 욕구(예: 안전, 우월감)와 사회적인 상호작용(예: 사랑과 친밀감)을 강조하는 관점으로 발전하게 된다.

우리는 성욕도 중요하지만 그보다 더 높은 수준의 욕구인 사랑이나 인정 등을 추구하는 존재이다. 그렇다. 당신은 사랑받기 위해 태어난 사람이다!

시간이 지나도 잘 변하지 않는 성향

외향성과 내향성

성민과 성빈은 한 살 차이 나는 형제이다. 형인 성민은 친구가 많고 사교적이며 활동적인 스타일이다. 그리고 사람들 앞에 나서서 말하는 것을 좋아하는 편으로 학급 대표와 같은 직책을 맡는 것을 좋아하고 사람들의 눈에 띄는 스타일이다. 반면에 성빈은 친구가 적은 편이고 전반적으로 차분하고 조용한 스타일이다. 성빈은 형과 달리 사람들 앞에 나서기보다는 혼자 독서하거나 사색하는 것을 좋아하여 사람들에게 잘 드러나지 않는 스타일이다. 부모님의 입장에서 볼 때에도 같은 부모 밑에서 태어나고 자랐음에도 어떻게 이렇게 다를까 하는 생각이 들 정도이다.

아버지는 적극적이고 활동적인 성민이 마음에 들고 상대적으로 소극적

> 이고 조용한 성빈에 대해서 걱정이 된다. 하지만 어머니는 너무 외향적이고 다소 충동적인 성민이 걱정되고 오히려 차분하고 신중한 성빈이 더 안심이 된다. 둘은 왜 이렇게 다를까? 그리고 어떤 성향이 더 낫다고 볼 수 있을까?

프로이트의 관점과 다르게 성격을 잘 변하지 않는 특징적인 패턴, 즉 '특질^{trait}'로 보는 관점이 있다. 이러한 관점에서는 특질에 어느 정도 유전적 소인이 영향을 미치는 것으로 보며, 이 때문에 안정적이고 지속적인 특성이 있다고 본다. 또한 다양한 성격검사를 통해 이러한 특질로서의 성격을 측정할 수 있다고 보고 이를 반복적으로 검증하려고 시도하고 있다.

이렇게 성격을 특질로 보고 구분하려는 시도는 아주 오래전부터 있었는데 그 역사는 고대 그리스까지 올라간다. 현대의학의 아버지라 불리는 히포크라테스는 인간의 몸에 존재하는 체액이 매우 중요한 역할을 한다고 보았는데, 그가 정리한 4종류의 체액에 따라 사람들의 성격이 결정된다고 보았다. 우울질은 우울한 성격을 지니며, 다혈질은 유쾌한 성격을 지니며, 점액질은 냉담한 성격을 보이며, 담즙질은 성마른 성격을 보인다는 주장이 바로 체액에 따른 성격 구분의 결과이다.

근대에 와서는 1962년에 이사벨 브릭스 마이어스와 그녀의 어머니 캐서린 쿡 브릭스가 126가지 질문에 대한 반응에 기초하여 칼 융이 제시한 유형에 따라 사람들의 성격을 분류하고자 하였다. 그 결과가 바로 현대인들에게 널리 알려진 '마이어스-브릭스 유형 지표Myers-Briggs Type Indicator'이다. 이 검사는 MBTI라는 약자로 불리며 전 세계 30개 이상의 언어로 번안되었고, 매년 2,000만 명 이상의 사람들이 실시하고 있다. 우리나라의 경우에는 온라인에서 다양한 간이 검사를 해볼 수 있고 TV 프로그램에서 연예인들이 자신의 성격유형을 MBTI로 말하는 것을 흔하게 볼 수 있다.

MBTI는 성격을 '외향-내향', '감각-직관', '사고-감정', '판단-인식'의 4가지 차원으로 구분하여 총 16가지 성격유형으로 나눈다. 이러한 구분은 교육, 진로, 기업 등의 영역에서 선풍적인 인기를 끌고 있지만, 사실 과학적 근거가 부족하다. 이로 인해 대중적 인기에 비해 연구를 위한 도구로는 거의 사용되지 못하고 있다.

하지만 이보다 더 과학적 근거가 부족하지만 많은 사람들이 애용하는 성격유형 구분이 있다. 바로 혈액에 따른 성격 분류이다. 예를 들어 A형은 꼼꼼하고 배려심이 많고, B형은 리더십이 강하고 창의적이며 똑똑하며, O형은 성격이 원만하며 열정적이며, AB

형은 제멋대로이며 성격이 좋지 않다는 식의 구분이다. 하지만 이는 과학적 근거가 전혀 없는 속설이자 사이비 과학의 대표이다.

보다 과학적 지지를 많이 받는 성격 구분은 아이젱크 부부가 제안한 '외향성-내향성'과 '정서적 안정성-불안정성'의 두 가지 차원으로 분류한 것이다. 이 두 가지 차원은 어느 정도 유전의 영향을 받는 것으로 보고 있다.

오늘날 연구에 의하면 두 가지가 아닌 다섯 가지의 차원으로 성격이 구분될 수 있다고 본다. 이 모델을 '5대 요인$^{\text{Big Five}}$'이라고 하는데 '성실성, 우호성, 신경증, 개방성, 외향성' 5가지이다. 첫 번째 차원인 성실성이 높은 사람은 체계적이고 신중하며 규칙적인 모습을 보이며, 성실성이 낮은 사람은 무질서하고 부주의하며 충동적인 모습을 보인다. 두 번째 차원인 우호성이 높은 사람은 관대하고 신뢰하며 협조적인 모습을 보이지만, 우호성이 낮은 사람은 너그럽지 못하고 회의적이며 비협조적인 모습을 보인다. 세 번째인 신경증이 높은 사람은 감정적으로 불안하고 불안정한 모습을 보이며, 신경증이 낮은 사람은 감정적으로 차분하며 안정적인 모습을 보인다. 네 번째인 개방성이 높은 사람은 창의적이며 관심사가 다양하고 독립적인 모습을 보이지만, 개방성이 낮은 사람은 현실적이고 관습적이며 의존적인 모습을 보인다. 마지막으로 외향성이 높은 사람은 사교적이며 유쾌하며 다정한 모습을 보이지만, 외향성이 낮은 사람은 혼자 있기 쉬우며 절제하고 말수가 적은 모습을 보인다.

성격 구분들을 살펴볼 때, 반복적으로 나타나는 것이 바로 '외향성-내향성' 구분이다. MBTI에서도, 아이젱크 부부의 구분에서도, 5대 요인에서도 공통적으로 제시되는 것으로 보아, 이 구분은 지금까지 발견된 가장 분명한 구분이라고 할 수 있다.

당신은 외향적인 사람인가? 아니면 내향적인 사람인가? 많은 사람들이 외향적인 사람들이 더 성공하고 유쾌하며 사교적이라고 생각하며 외향성이 높은 성격을 동경한다. 반면 내향적인 성격을 소극적이고 리더십이 부족하다고 보며 부정적인 성격으로 여긴다. 심지어 자신의 내향적인 성격을 싫어하고 감추고 싶어 하기까지 한다.

그러나 여러 연구결과에 따르면 내향적인 사람들도 강점이 있다. 내향적인 사람들은 외향적인 사람들에 비해 민감성이 높고 더 많은 것을 알아내며, 상사로서 부하들의 생각이나 의견에 보다 수용적 태도를 보이며, 외향적인 사람들과 비교할 때 판매 실적에서 차이가 없었다. 미국에서 가장 훌륭한 대통령으로 존경받는 사람은 누구인가? 바로 에이브러햄 링컨이다. 그는 내향적인 성격으로 손꼽히는 사람이었다. 그러므로 내향적인 성격을 부끄러워할 필요는 없다.

외향성과 내향성이 각각의 장단점이 있듯이 모든 성격적 특성은 나름의 장점이 있다. 자신의 고유한 성격을 애써 바꾸기보다는 자신의 성격이 가지는 강점을 잘 발휘하도록 노력하는 것이 훨씬 현명한 방법이다.

스트레스가 스트레스야

스트레스와 여키스-도슨 법칙

중학교 동창인 동철과 성진은 오랜만에 만났다. 대학생이 된 두 사람은 반가운 얼굴로 인사를 나누고 함께 삼겹살을 먹은 후 2차로 치킨집에서 근황을 나누고 있다.

• 동철: 나는 요즘 너무 스트레스가 많아서 죽을 지경이야. 전공과목들은 너무 어렵고 과제도 끊임없고, 창업 동아리에서 구성원들과 국가지원사업에 응모하느라 밤을 새우는 날도 많고, 이번 달에 있는 토익 시험까지 준비하느라 몸이 열 개라도 모자라. 그런데 여자친구는 자기와 시간을 보내 주지 않는다고 우리 관계를 다시 생각해 보자고 하고, 정말 미

칠 지경이야. 요즘에는 머리를 감으면 머리털이 한 움큼씩 빠져. 아무래도 스트레스성 탈모까지 오는 것 같아.

- 성진: 그렇구나. 나는 육군 훈련소에 들어가는 날까지 4개월 넘게 남았는데 할 게 없어서 너무 심심해 죽겠어. 게임하고 넷플릭스에서 영화 보는 것도 하루 이틀이지, 정말이지 너무 따분하고 무료해. 차라리 나는 네가 부럽다.
- 동철: 무슨 소리야? 네가 내 입장이 안 돼 봐서 몰라. 나도 너처럼 아무 일 없이 그냥 집에서 실컷 잠만 자고 웹툰이나 보면 좋겠다. 나는 네가 부러워. 스트레스가 너무 많아서 미칠 것 같아.
- 성진: 나는 스트레스가 없어서 스트레스다. 나는 네가 부러워.

앞의 대화에서 보듯이 우리의 일상 속에서 '스트레스^{stress}'라는 단어만큼 자주 쓰이는 용어도 드물 것이다. '스트레스 받는다.', '스트레스가 너무 많다.', '스트레스는 모든 병의 근원이다.', '스트레스 없이 살고 싶다.'와 같이 남녀노소를 불문하고 매우 빈번하게 사용한다.

그렇다면 과연 스트레스는 무엇인가? 스트레스는 친구와의 갈등, 시험공부, 과도하게 많은 일, 시험 불합격, 해고, 가족의 사고나 질병과 같이 우리를 힘들게 하는 특정 자극이나 사건들과는 구분된다. 이렇게 우리를 고통스럽게 하는 자극이나 사건들은 '스트레스원 stressor', 즉 스트레스를 일으키는 원인이라고 할 수 있다.

스트레스는 이러한 스트레스원에 우리의 몸과 마음이 대처하는 심리적, 신체적 과정을 말한다. 예를 들어 중요한 시험을 앞두고 공부하는 중에 '나는 이 시험에 합격할 수 없을 거야.'와 같은 부정적인 생각이 들고, 시험에 대한 생각이 들 때마다 불안하고 입맛이 떨어지며, 이로 인해 계속 단 것만을 찾게 되고 안절부절못하는 등의 과정이 바로 스트레스인 것이다.

캐나다의 과학자 한스 셀리에는 스트레스가 일어나는 과정에서 우리 몸에 일어나는 변화를 3단계로 나누고 이를 '일반 적응 증후군 general adaptation syndrome'이라고 명명하였다. 우리의 몸이 스트레스의 원인을 접할 때 일어나는 일반적인 반응을 말하는 것이다.

1단계는 '경고' 단계이다. 스트레스원에 접하면 우리를 각성시키는 교감신경계가 활성화되어서 심장박동이 증가하고 혈액이 골격근으로 몰리게 되는 단계이다. 예를 들어 공부해야 할 과목들을 떠올리면서 긴장이 되고 부담이 조금씩 느껴지기 시작하는 단계이다.

2단계는 '저항' 단계이다. 우리를 자극시키는 대상에 맞서 싸울 준비를 하는 단계로, 혈압과 체온이 상승하고 호르몬이 폭발적으로 분비된다. 예를 들어 시험공부를 하면서 긴장이 더 심해지고 스트레스가 누적되고 몸까지 힘들게 느껴지고 잠을 못 이루는 단계이다.

3단계는 '소진' 단계이다. 스트레스가 지속되면서 신체의 에너지들이 고갈되어버리는 단계이다. 이때에는 우리의 면역체계가 약화되고 질병에 걸릴 가능성이 증가한다. 소진 단계에서는 '더 이상 버티지 못하겠다.'는 생각이 들고 몸에 기운이 없고 무기력한 상태를 느끼게 된다. 우리가 중요한 일을 앞두고 한참 힘들 때에는 잘 버티다가 일이 끝나기 직전이나 겨우 끝낸 다음에 감기몸살에 걸리는 경우가 소진의 예이다. 시험공부의 경우에도 힘들 게 버텨서 끝낸 다음에 몸져눕거나 아프기 시작할 때가 많다. 이렇게 스트레스가 지나치게 오래 지속되어서 누적되는 경우에는 다양한 질병에 걸리기 쉽게 되고, 염색체의 끝부분에서 DNA가 짧아지는 현상이 나타나서 노화가 일어나기도 한다. 말그대로 고생이 사람을 늙게 만들어버리는 것이다.

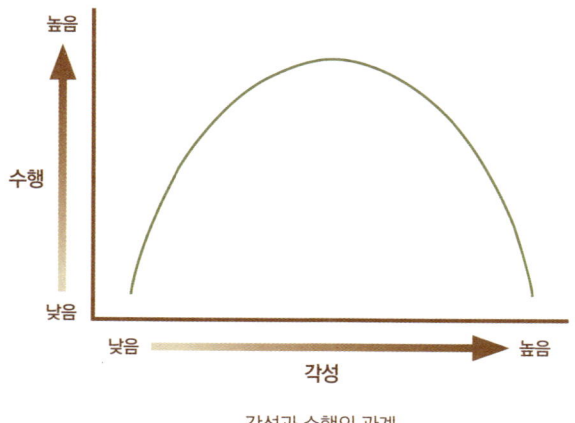

각성과 수행의 관계

그러나 스트레스가 늘 나쁜 것만은 아니다. 앞의 성진의 예에서와 같이 긴장이나 스트레스가 너무 없어도 지루하고 심심할 뿐만 아니라 심지어 무기력해지기도 한다. 즉, 적절한 수준의 스트레스는 우리에게 필요한 정도의 각성과 흥미를 제공하여 활기차고 생산적인 상태가 되도록 유지해 준다.

그림에서 보는 바와 같이 각성의 수준이 너무 낮을 때에도 수행의 정도가 떨어지고, 반대로 각성이 너무 높을 때에도 수행의 정도가 떨어진다. 즉, 적절한 정도의 각성이 있는 상태에서 최적으로 수행할 수 있다. 예를 들어 수학 시험을 치고 있는 시간에 너무 졸려서 집중할 수 없다면 낮은 점수를 얻을 것이고, 반대로 너무 떨려서 심장이 두근거릴 때에도 낮은 점수를 얻게 될 것이다. 그러므로 어느 정도의 적절한 긴장이 필요하다. 이러한 원리를 발견한 두 심리학자의 이름을 따서 '여키스-도슨 법칙'이라고 한다.

여러분이 이 책을 읽는데 너무 졸려서 집중이 되지 않는다면 자리에서 일어서서 몸을 움직이거나 경쾌한 음악을 들으면서 읽는 것이 도움이 될 것이다. 만약 지금 이미 다른 일들로 긴장한 상태라면 따뜻한 욕조에 몸을 담그고 은은한 조명 아래에서 책을 읽는 것이 훨씬 더 집중이 잘될 것이다.

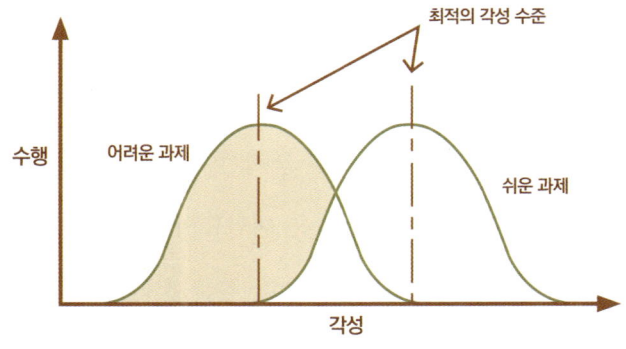

과제의 난이도에 따른 각성과 수행의 관계

이 법칙을 좀 더 정교하게 적용하면 위와 같은 그림이 도출될 수 있다. 즉, 각성과 수행의 관계는 하려고 하는 일의 난이도에 따라 달라질 수 있다. 쉽거나 이미 익숙한 일을 할 때에는 보다 높은 각성 수준에서 최상의 수행을 보일 수 있지만, 어렵거나 익숙하지 않은 일을 할 때에는 보다 낮은 각성 수준에서 최상의 수행을 보일 수 있다.

예를 들어 좋아하는 만화책을 볼 때에는 어느 정도 시끄럽고 밝은 곳에서 약간은 흥분된 상태에서 보는 것이 가장 좋다. 하지만 이해하기 쉽지 않고 어려운 내용의 전공서적을 볼 때에는 조용하고 차분한 곳에서 어느 정도 이완된 상태에서 보는 것이 가장 좋다. 물론 너무 어둡고 심지어 졸리는 분위기라면 각성 수준이 지나치게 낮아져서 집중하기 힘들 것이다. 아울러 개인마다 평소에 각성되어 있는 수준이 다르기 때문에 이를 자신에게 적용하기 위해서는 나만의 적절한 최적의 각성수준을 찾아내야 한다. 예를 들어 어떤 사람은 혼자만 있는 조용한 독서실이 공부하기에 가장 좋은 분위기가 될 것이고, 어떤 사람은 대학도서관 같은 여러 사람들이 같은 공간에서 공부하는 분위기가 좋을 것이다. 또 어떤 사람은 다른 사람들과 함께 질문하고 답하며 활발하게 상호작용하는 분위기가 가장 좋을 수 있다.

스트레스의 수준도 마찬가지이다. 어떤 사람은 많은 일을 해내고 다양한 사람들과 만나면서 다소 정신없이 사는 것이 최적의 스트레스 수준이 될 것이다. 하지만 어떤 사람은 최소한의 일을 하면서 사람들을 자주 만나지 않는 한적한 시골과 같은 곳에서 사는 것이 최적의 스트레스 수준이 될 것이다. 일반적으로 젊고 활기찬 사람들은 보다 많은 양의 스트레스를 수용할 수 있고, 나이가 들고 에너지가 부족한 사람들은 보다 적은 양의 스트레스를 수용할 수 있다. 이 때문에 젊은이들은 도시로 몰려들고, 은퇴한 사람들은 시골이나 한적한 곳을 찾아 여생을 보내려고 하는 것이다.

스트레스가 없는 삶은 없다. 그리고 스트레스가 전혀 없는 것이 좋은 것도 아니다. 그러므로 스트레스를 없애려고만 하기보다 자신에게 적절한 스트레스 수준을 알아차리고 관리하는 것이 더 현명한 선택이다.

스트레스를 잡는 2가지 방법

문제중심적 대처 대 정서중심적 대처

민기와 지희는 같은 대학교 심리학과 2학년에 재학 중인 동기이다. 이들은 이번 학기에 산업심리학이라는 과목을 함께 열심히 수강하였다. 그리고 어제 학점을 확인하였다.

- 민기: 지희야, 너 산업심리학 성적 확인했어?
- 지희: 응. 확인했어. 난 완전 망했어. 그렇게 열심히 했는데 C학점이라니…….
- 민기: 그래? 너도 C 받았어? 사실 나도 C 받았어. 어제 확인하고 엄청 속상하더라. 잠이 안 올 정도였어.

- 지희: 너도 그랬구나. 나만 망한 게 아니었네.
- 민기: 너는 어떻게 할 거야?
- 지희: 어떻게 하긴 어쩔 수 없지. 이미 나온 학점인데 어떻게 하겠어. 나는 오늘 현정이랑 애들 몇 명 불러서 매운 떡볶이 먹고 영화도 보고 기분 전환하기로 했어. 잊어버리고 신나게 놀 거야. 너도 같이 갈래?
- 민기: 아니, 괜찮아. 나는 오늘 교수님께 메일 드리고 한번 찾아가 보려고 해.
- 지희: 왜? 교수님을 찾아가서 어떻게 하려고?
- 민기: 학점을 좀 올려달라고 말씀드려 보려고 해. 무슨 문제를 틀렸고 왜 이렇게 학점을 주셨는지 여쭤 보고, C학점 받으면 지금 받고 있는 장학금 수령에도 문제가 생길 수 있다고 말씀드리고 설득해 보려고 해.
- 지희: 그게 가능할까? 그 교수님 깐깐하다고 소문 난 분인데 괜히 마음만 더 상하지 않을까?
- 민기: 교수님 깐깐하신 것 나도 알지만 그래도 이렇게는 못 넘어가겠어. 죽이 되든 밥이 되든 한번 해 봐야지.
- 지희: 그래. 네 생각이 그렇다면 해야지. 혹시 마음 바뀌거나 하면 전화 주라. 우리는 학교 근처에서 놀 생각이거든.

우리는 스트레스를 받을 때 이에 대처하기 위해 다양한 방법들을 사용한다. 어떤 사람들은 맵거나 달거나 기름진 음식들을 먹기도 하고, 잊어버리기 위해 영화를 보거나 잠을 자기도 하며, 산책을 하거나 운동을 하기도 하고, 친구들을 만나서 수다를 떨기도 한다. 반면 어떤 사람들은 그 스트레스를 일으킨 원인이나 상황을 해결하기 위해 적극적으로 행동하기도 한다. 민기처럼 낮은 학점을 준 교수님을 찾아가서 따지거나 설득하기도 하고, 마음에 들지 않는 직장을 옮기기 위해 다른 직장을 적극적으로 찾아보기도 하며, 친구와 갈등을 해결하기 위해 그 친구를 직접 만나러 가기도 한다. 이처럼 스트레스로 인해 발생한 부정적인 감정을 완화시키기 위한 방법을 '정서중심적 대처'라고 하고, 스트레스를 제공한 원인을 직접 해결하고자 시도하는 방법을 '문제중심적 대처'라고 한다.

앞의 지희의 예에서처럼 기분전환을 위해 맛있는 음식을 먹고 친구를 만나서 감정을 푸는 대처가 정서중심적 대처이고, 민기처럼 상황을 해결하기 위해 교수님을 찾아가는 대처가 문제중심적 대처이다.

정서중심적 대처의 경우에는 스트레스의 원인을 해결하려고 하기보다는 스트레스로 인해 일어난 자신의 반응을 보다 긍정적으로 변화시키려는 시도이며, 주로 상황을 변화시킬 수 없다고 판단할 때 선택하게 된다. 반면 문제중심적 대처는 스트레스의 원인을 직접 해결하려고 시도하며, 주로 상황을 변화시킬 수 있다고 판단할 때 선택하게 된다.

물론 어떤 방법을 더 자주 사용하게 되는지는 사람마다 차이가 있지만, 일반적으로는 남자들은 문제중심적 대처를 더 자주 사용하며, 여자들은 정서중심적 대처를 더 자주 사용한다고 한다. 이로 인해 남녀 간에 갈등을 겪거나 서로 이해받지 못하는 느낌을 받기도 한다. 예를 들어 한 부부가 있다고 하자. 여자는 현재 직장에서 상사와의 관계에 어려움을 겪고 있다. 상사가 너무 엄격하고 자신에게 부당하게 대한다고 생각해서 상사에 대한 불만이 큰 상황이다. 이때 다음과 같은 대화를 할 수 있다.

남자 무슨 안 좋은 일 있어? 표정이 왜 그래?

여자 응. 우리 부서 김 과장이 너무 짜증나. 내가 하는 일마다 마음에 안 드는지 다 트집을 잡아.

남자 그래? 무슨 일이 있었는데?

여자 김 과장이 작성해 오라고 하는 서류가 있었는데 내용이 엄청 많았어. 그런데 며칠 동안 고생해서 만들어 갔는데 별로 중요하지도 않은 한 부분이 빠져 있었어. 그랬더니 그걸 가지고 계속 뭐라고 하는 거야. 업무 태도가 좋지 않다, 일을 이렇게 하면 되겠느냐?, 복장은 또 너무 캐주얼하다……. 내가 자주 그런 것도 아니고 딱 한 번 그랬는데 못 잡아먹어서 안달이야. 요즘 업무가 너무 많아서 그런 건 생각도 안 하고……. 그리고 거기서 복장 이야기가 왜 나와? 진짜 꼰대 같아.

남자 그건 당신이 잘못했네. 상사가 해 오라는 걸 빠뜨리면 어떻게 해? 잘 챙겨야지. 당장 죄송하다고 말하는 게 나을 것 같아.

여자 그게 그렇게 중요한 게 아니란 말이야. 나도 당연히 죄송하다고 했다고. 그런데 계속 잔소리를 하잖아.

남자 당신 요즘 잠을 너무 늦게 자서 집중력이 떨어지는 것 같아. 그러니까 내가 늦게까지 드라마 보지 말고 일찍 자라고 했잖아. 맨날 열두 시 넘어 자니까 집중력이 떨어지지.

여자 지금 그 얘기가 왜 나와? 그냥 그 상사가 짜증나게 구는 게 답답하고 화가 난다고.

남자 그렇게 상사가 마음에 안 들면 부서를 이동하든가, 아니면 다른 곳으로 이직하면 되잖아. 내가 다른 곳을 좀 알아봐 줄까? 내 친구가 헤드헌터 하잖아.

여자 그게 아니라 내 마음을 좀 알아주면 안 돼? 그냥 좀 듣고 힘들었구나 해 주면 돼. 왜 갑자기 직장을 옮겨? 답답하다, 답답해. 당신한테 말을 꺼낸 내가 잘못이다.

남자 아니, 나도 피곤한데 기껏 들어 주고 적절한 해결책까지 주는데 왜 짜증을 내? 내가 더 황당하고 답답하다. 앞으로 나한테 그런 이야기는 하지도 마.

이 대화에서 무엇이 문제인가? 서로 사랑하지 않는 것이 문제일까? 아니다. 여자는 정서중심적 대처를 원하며 자신의 억울하고 속상한 마음을 알아주기를 바라지만, 남자는 문제중심적 대처를 하며 여자가 원하지도 않는 해결책을 제시하고 있기 때문이다. 만약 남자가 "당신 정말 힘들고 억울했겠다. 별로 중요하지도 않은 걸 빠뜨렸다고 그렇게까지 잔소리를 하다니……."와 같이 정서중심적 대처를 해 주었다면 여자의 감정이 많이 누그러지고 남자에게 고마워했을 것이다.

물론 이와 반대의 경우도 가능하다. 나는 문제중심적 대처, 즉 실제적인 해결책을 원하는데 상대는 정서중심적 대처만 제공하는 경우이다. 예를 들어 나는 지금 돈이 없어서 배가 너무 고프고 기운이 없는데, 친구가 "아이고 배가 너무 고파서 기운이 없고 힘들겠구나."라고 말만 하고 지나간다면 나는 안 그래도 배가 고파서 힘든데 화가 날 것이다. 이때는 정서중심적 대처보다는 문제중심적 대처, 즉 밥을 한 끼 사 주는 것이 더 필요하다.

이처럼 정서중심적 대처와 문제중심적 대처는 어느 한 가지 방법이 더 훌륭하거나, 다른 방법이 더 열등한 것이 아니다. 마치 오른팔과 왼팔처럼 둘 다 적절하게 사용하는 것이 필요하다. 물론 가족이나 친구와 같이 다른 사람들과 관계를 맺을 때에도 상대에게 지금 필요한 것이 실제적인 도움인지 아니면 감정적인 위로와 공감인지를 잘 분별하여, 내가 좋아하는 것이 아닌 상대방이 필요한 것을 제공하는 것이 더 좋은 대처방법이라고 할 수 있다.

스트레스를 많이 받는 성격, 적게 받는 성격

A유형 성격과 낙관성

1967년 미국의 심리학자 마틴 셀리그만은 개 24마리를 대상으로 다음과 같은 실험을 하였다.

- 1단계: 개 24마리를 세 종류의 상자에 넣고 각각 다른 상황을 만들어 주었다. A상자는 개가 코로 레버를 움직이면 바닥에서 전해지는 전기충격을 멈출 수 있는 환경이다. B상자는 레버를 끈으로 묶어 버려서 개가 어떤 행동을 해도 전기충격을 멈출 수 없는 환경이다. C상자에서는 전기충격을 주지 않았다.

- 2단계: 이번에는 개들을 다른 상자로 옮겨서 바닥에서 전기충격이 일어나면 중간에 놓인 담을 넘어서 피할 수 있는 환경으로 만들어 주었다. 그러자 A와 C상자에 있던 개들은 담을 넘어서 전기충격을 피할 수 있었다. 그러나 B상자에 있던 개들은 전기충격이 가해질 때 담을 뛰어넘지 않고 그 자리에서 가만히 무기력하게 전기충격을 맞고 있었다.

셀리그만은 이 결과를 보고 B상자에 있던 개들이 어떤 시도를 해도 상황을 벗어날 수 없다고 믿는 무기력을 학습하였다고 해석하고 이를 '학습된 무기력^{learned helplessness}'이라고 명명하였다. 그리고 이러한 현상은 우울증을 겪는 사람들에게서도 나타난다고 주장하였다.

이미지 출처: ⓒ Blacktc

스트레스와 성격은 어떤 관련이 있을까? 같은 상황에서도 왜 어떤 사람들은 스트레스를 더 많이 경험하고, 왜 어떤 사람들은 덜 경험하게 될까? 심리학자들은 스트레스를 더 많이 경험할 수 있는 성격유형을 찾아내었다. 이른바 'A유형' 성격이라고 불리는 이들은 경쟁적이며, 정력적이고, 참을성이 부족하고, 시간에 쫓기며, 동기가 지나치게 높으며, 언어적으로 공격적이며, 화를 잘 내는 사람들을 말한다. 소위 성격이 '불같은' 사람들이다. 반면에 'B유형' 성격이라고 불리는 사람들은 낙천적이고 조급하지 않으며 태평하고 편안한 사람들을 말한다. 소위 성격이 '느긋한' 사람들이다.

A유형의 사람들은 스트레스를 많이 받을 뿐만 아니라, 스트레스로 인해 심장병 발생률이 더 높아진다고 한다. 이들은 스트레스를 겪는 상황에서 B유형에 비해 스트레스 호르몬이 두 배 이상 많아지고, 이 스트레스 호르몬은 동맥 안쪽에 찌꺼기가 쌓이는 것을 촉진시켜 결국 동맥경화, 고혈압, 뇌졸중, 심장마비 등의 위험이 증가한다. 이들이 자주 경험하는 '화'라는 감정의 불꽃은 인간관계를 해치고 다른 사람에게 상처를 줄 뿐만 아니라 자신의 몸과 마음을 불태우는 결과를 불러온다.

그러면 어떤 사람들이 스트레스를 적게 경험하고 건강하게 대처할 수 있을까? 앞의 학습된 무기력에 관한 실험에서 개들이 '나는 할 수 없다'라는 무기력을 학습할 수 있고, 그 결과 현재는 담을 넘어서 전기충격을 벗어날 수 있는 상황이지만 자신의 능력을 사용하지 않고 무기력하게 포기할 수 있음을 보여준다.

그런데 무기력을 학습한 것처럼 '나는 할 수 있다'는 '낙관성'을 학습할 수도 있을까? 답은 '그렇다'이다. 학습된 무기력을 주장한 셀리그만은 추후 연구를 통해 '학습된 낙관성 learned optimism'이라는 개념을 새롭게 주장하였다. 즉, 낙관적인 태도를 열심히 훈련한 사람은 장애물이 놓인 스트레스 상황 속에서도 할 수 있다는 믿음으로 극복해내는 힘이 있다는 것이다.

세계적인 강연가인 닉 부이치치는 태어날 때부터 팔다리가 없는 '해표지증 海豹肢症'이 있다. 그는 학교에서 왕따를 당하고 심한 우울증에 빠져 10세가 되던 해에 삶을 포기하려고 했다. 하지만 자신이 많은 이들에게 영감과 희망을 줄 수 있다는 사실을 깨닫고 마침내 비영리단체인 '사지가 없는 삶 Life without limbs'을 만들고 전 세계를 다니며 장애와 절망에 빠져 있는 사람들에게 희망을 심어 주고 있다.

이처럼 낙관적인 사람들은 삶의 여러 문제들에 대해 더 통제감을 느끼며, 스트레스를 주는 사건에 잘 대처하며, 건강 상태도 더 양호하다고 한다. 낙관적인 사람들은 스트레스를 받아도 혈압이 크게 상승하지 않으며, 심장 수술을 받은 후에도 빠르게 회복된다. 낙관성은 심지어 수명에도 영향을 미친다. 수녀들을 대상으로 한 연구에서 22세 때의 일기장에 긍정적인 감정을 많이 표현한 수녀들이 그렇지 않은 수녀들보다 평균 7년을 더 살았다고 한다.

  웃음은 우리에게 건강한 각성을 가져다 주고 근육을 이완시키며 편안함을 준다. 그리고 유머는 스트레스를 분산시키고 면역 체계를 강화시킬 수 있으며, 많이 웃는 사람은 심장병 발병도 낮다고 한다. 고사성어 중에 '소문만복래笑門萬福來'라는 표현이 있다. 말 그대로 '웃으면 복이 온다'는 뜻이다. 자주 웃고 긍정적인 사람은 스트레스에 잘 대처하며, 더 건강하며, 심지어 더 오래 살 수도 있다. 긍정의 힘은 주변에서 쉽게 찾아볼 수 있는 슈퍼 파워이다.

사람들은 관계 속에서 어떻게 행동할까?

혼자 있을 때의 나와 다른 사람과 같이 있을 때의 나는 같은 모습을 보일까? 그렇지 않을 가능성이 높다. 우리는 집에 혼자 있을 때에 며칠 동안 머리도 감지 않고 목이 늘어진 티셔츠를 입고 지낼 수 있지만, 외출을 할 때에는 깨끗하게 씻고 화장하거나 멋진 옷을 차려 입는다. 혼자 먹을 때에 별로 맛이 없던 음식이 같이 먹을 때에는 왠지 더 맛있게 느껴지고, 혼자 보는 영화보다 같이 보는 영화가 더 재미있다. 평소 차분하고 조용한 사람도 야구장에서는 군중들의 분위기에 휩싸여 큰소리로 구호를 외치고 응원가를 목 놓아 부르게 된다. 이처럼 우리는 부지불식간에 서로에게 영향을 주고받게 된다. 사람들이 함께 있을 때 어떤 생각을 하고 어떤 행동을 하며 서로에게 어떤 영향을 끼치게 되는지를 연구하는 심리학의 하위 분야를 '사회심리학'이라고 한다.

잘되면 내 탓, 못되면 조상 탓

귀인 이론

1. 지하철에 탄 당신은 중학생 정도로 보이는 남자 청소년이 앞에 할머니가 서 계시는데도 자리에 앉아서 양보하지 않는 모습을 보았다. 이때 무슨 생각이 들겠는가?
① 남학생이 어른에 대한 예의가 부족하다.
② 남학생이 아주 피곤하고 지친 일이 있었나 보다.
③ 나도 자리에 앉고 싶다.

2. 어느 날 당신은 친구와의 약속 장소에 가기 위해 버스를 타러 나갔다. 그런데 당신이 정류소에 도착한 순간 바로 타려던 버스가 출발하고 말

> 았다. 이제 당신은 약속 시간에 늦을 것이 확실하다. 이때 무슨 생각이 들겠는가?
>
> ① 내가 좀 더 일찍 나왔어야 한다.
> ② 바로 앞에서 버스를 놓치다니 운이 나쁘다.
> ③ 인생이 원래 그런 것이다.

어떤 행동이나 상황에 대해서 그 원인이 어디에 있는지 따져 보는 것을 '귀인attribution'이라고 한다. 만약 당신이 시험을 치고 그 결과가 좋았을 때, 내가 머리가 좋아서 좋은 점수가 나왔다고 생각한다면 좋은 점수의 원인을 나의 능력(머리 좋음)에 귀인을 한 것이다.

우리는 순간순간 알게 모르게 어떤 상황이나 행동에 대해서 반복적으로 귀인을 하고 있다. 오늘 내가 늦잠을 잔 것은 어제 늦게까지 게임을 즐겼기 때문이라고 귀인을 하고, 오늘 아침밥이 맛이 없는 것은 어머니께서 아버지와 싸우셔서 요리를 할 기분이 아니어서라고 귀인을 하며, 오늘 내 기분이 별로인 것은 기말고사가 얼마 남지 않았기 때문이라고 귀인을 한다.

귀인을 하는 이유는 우리가 겪는 여러 가지 상황의 원인을 파악하고 올바르게 이해해서 앞으로 더 좋은 결정을 하기 위함이다. 이러한 귀인은 크게 '성향 귀인'과 '상황 귀인'으로 나눌 수 있다. 성향 귀인은 어떤 행동의 원인을 그 행동을 하는 주체인 '사람'에게 있다고 보는 것이다. 반면 상황 귀인은 어떤 행동의 원인을 그 행동을 하는 주체가 아닌 '상황 혹은 환경'에 있다고 보는 것이다.

예를 들어 앞에서 제시한 1번 상황에서 남학생이 자리를 양보하지 않을 때, 당신이 ①번과 같이 생각했다면 성향(예의 없음) 귀인을 한 것이고, ②번과 같이 생각을 했다면 상황(피곤하고 지친 상황) 귀인을 한 것이다. 그리고 ③번과 같이 생각을 했다면 당신은 요즘 매우 피곤한 상태이다.

그런데 이러한 귀인에도 심리적인 오류가 존재한다. 가장 대표적인 오류는 '근본적 귀인 오류'이다. 근본적 귀인 오류는 우리가 다른 사람이 하는 행동의 원인을 파악할 때 상황보다는 성향의 영향을 더 크게 본다는 것이다. 남학생이 원래는 나이 드신 분에게 자리를 잘 양보하고 어른을 공경하지만, 그날은 바로 전에 치열한 태권도 시합을 끝내고 피곤한 상태일 수도 있고, 조금 전 해외유학을 간 형의 갑작스러운 사망 소식을 전해 듣고 비탄에 잠겨 있는 상황일 수도 있다. 우리는 이렇게 상대방의 상황은 헤아려 보지 않고 쉽게 그 사람이 가진 성향에 원인을 두기 쉽다.

이와 반대로 우리는 자신의 행동에 대해서는 성향보다는 상황에 좀 더 귀인을 하기 쉽다. 앞의 2번 상황에서 버스를 놓쳐서 약속시간에 늦게 되었을 때 당신은 어떤 생각을 하기 쉬운가? 만약 ①번과 같이 생각하였다면 성향(나의 게으름) 귀인을 한 것이고, ②번과 같이 생각하였다면 상황(운이 나쁜 상황) 귀인을 한 것이다. 그리고 ③번과 같이 생각하였다면 이 상황에 몰입을 잘 하지 못한 것이다.

대부분의 사람들은 ②번을 선택하여 자신이 한 행동에 대해서는 성향보다는 상황을 탓하기 쉽다. 왜 사람들은 이런 경우에 성향보다는 상황을 탓하게 될까? 그 이유는 두 가지이다. 첫 번째는 자신의 경우에는 타인의 행동에 비해 상황에 대한 보다 구체적인 정보가 있기 때문이다. 즉 피곤한 남학생에 대해서는 태권도 시합이나 형의 사망 소식 같은 상황에 대한 정보를 알 수 없지만, 나에 대해서는 눈앞에서 버스가 떠난 상황에 대한 정보를 알 수 있기 때문이다.

두 번째 이유는 그렇게 하는 것이 나의 자존감을 지켜 주기 때문이다. 내가 친구와의 약속에서 늦게 되었을 때 나의 게으름과 부지런하지 못함을 탓한다면 내 자존감에 손상이 가고 기분이 나빠지겠지만, 눈앞에서 떠나버린 버스를 탓하면 자존감에 금이 갈 필요도 없고 기분도 나빠지지 않기 때문이다. 이렇게 우리는 '잘되면 내 탓, 못되면 조상 탓'을 하는 것이다. 좋은 일이 있을 때에는 내가 잘해서라고 생각하고, 나쁜 일이 있을 때에는 내가 아닌 조상, 즉 남이나 상황을 탓함으로서 나의 자존감과 기분을 지키려는 것이 인간의 본성이다.

귀인을 좀 더 세부적으로 나누면 '내부/외부 귀인'과 '안정/불안정 귀인' 그리고 '전반적/특수한 귀인'으로 나눌 수 있다. 예를 들어 당신이 수학 시험을 망쳤을 때, '내가 시험을 망쳤어.'라고 한다면 내부 귀인이고, '선생님이 문제를 엉망으로 냈어.'라고 한다면 외부 귀인이 된다. 그리고 시험을 망친 것이 내 탓이라고 할 때, '내가 머리가 나빠.'라고 한다면 잘 변하지 않는 특성에 귀인을 했으니 안정 귀인이고, '내가 그날 컨디션이 너무 안 좋았어.'라고 한다면 변할 수 있는 특성에 귀인을 했으니 불안정 귀인이 된다. 또한 '나는 공부를 못해.'라고 생각한다면 광범위한 특성에 대해 부정적으로 보았으니 전반적 귀인이 되며, '내가 수학은 잘 못해(다른 건 그래도 괜찮아).'라고 생각한다면 특수한 귀인이 되는 것이다.

그런데 이렇게 부정적인 결과(예: 수학 시험을 망침)에 대해 '내부/안정/전반적 귀인'을 하는 사람들은 우울하기 쉽다고 한다. 그도 그럴 것이 부정적인 결과에 대해 내 탓을 하고, 변할 수 없을 것으로 보고, 일반화를 시켜버리면 우울해질 수밖에 없을 것이다. 반면에 부정적인 결과에 대해 '외부/불안정/특수한 귀인'을 하는 사람들은 낙천적인 사람들이라고 한다. 즉, 긍정적인 사람들은 좋지 않은 일이 있을 때 남이나 상황 탓을 하고, 변할 수 있는 것으로 보고, 그 상황에 한정 지어서 생각해서 크게 낙심하지 않는 것이다.

이를 그대로 뒤집어서 보면 우울한 사람들은 긍정적인 결과에 대해서는 '외부/불안정/특수한 귀인'을 한다고 한다. 예를 들어 시험에 합격해도 그냥 문제가 쉬워서 합격했다고 보고, 언제 이 운이 사라질지 모르고, 이번 경우만 우연히 좋은 결과를 얻었다고 생각해서 그 기쁨을 누릴 수 없는 것이다. 반면에 낙천적인 사람은 긍정적인 결과에 대해서 '내부/안정/전반적 귀인'을 한다. 즉 시험에 합격한 것은 내 탓이고, 이런 능력은 변하지 않고, 다른 상황에서도 일어날 수 있다고 보니 합격의 기쁨이 극대화되는 것이다.

'천재와 바보는 종이 한 장 차이'라는 말처럼 우울한 사람과 긍정적인 사람도 어쩌면 그 차이는 근소할지도 모른다. 세상을 어떤 관점으로 보느냐의 차이가 비관적이고 우울한 사람과 반대로 긍정적이고 자신감이 넘치는 사람의 가장 큰 차이일 수 있다. 당신도 잘되면 내 탓, 못 되면 조상 탓 하는 것이 마음의 건강에는 더 좋을 수 있다.

생각과 행동의 틈 메우기

인지부조화 이론

고등학교 신입생이 된 명철은 담임선생님의 추천으로 원치 않게 선도부에 들어가게 되었다. 그런데 명철은 선도부가 되고 싶은 마음이 전혀 없을 뿐만 아니라, 선도부가 하는 역할 자체가 마음에 들지 않았다. 다른 학생들보다 일찍 등교해서 교문 앞에 서 있는 것부터 시작해, 다른 학생들의 복장이나 두발 상태를 점검하고 스마트폰 사용을 단속하는 등의 행동들이 선생님의 끄나풀이 되어서 학생들을 감시하는 것 같아서 거부감마저 들었다. 게다가 선도부는 다른 학생 부서들보다 군기가 세고 선후배 간의 위계가 매우 엄격하다고 들었기에 평소 딱딱한 조직문화를 싫어하는 명철의 입장에서는 더욱 마음에 들지 않았다.

처음 선도부로 활동할 때 명철은 예상했던 대로 여러 가지가 마음에 들지 않았다. 학기 초 아직 날씨가 추운 데에도 일찍 등교해서 추위를 견디며 교문 앞에 서 있는 것부터 쉽지 않았다. 엄격한 선배들을 대하는 것도 긴장되고 스트레스가 컸다. 이런 상황에서 명철은 설상가상으로 제비뽑기로 선도부 1학년 대표까지 맡게 되었다.

그런데 명철에게 이상한 일이 일어나기 시작했다. 1학기 말이 가까워질 무렵 명철은 선도부원의 역할에 점점 익숙해져 갔다. 교문에서 학생들의 복장과 두발을 점검하고, 점심시간에는 다른 부원들과 조를 이루어 교실을 방문하여 스마트폰을 무단으로 사용하는 학생들을 단속하는 일이 익숙해졌다. 이보다 더 놀라운 변화는 명철이 자신이 하는 선도부원 역할이 매우 중요하며 학교의 질서와 안전을 위해서 반드시 필요하다는 생각까지 가지게 된 것이다. 명철에게 이러한 변화가 어떻게 일어난 것일까? 선배들에게 세뇌라도 된 것일까?

우리는 마음속에 일치하지 않는 생각들이 존재할 때 불편함을 느낀다. 예를 들어 다음 주가 시험기간이니 공부해야 한다는 생각과 동시에 오늘은 생일인데 실컷 놀고 싶다는 생각이 들 때 스트레스를 받는다. 한 친구는 영화를 보러 가자고 하고 다른 한 친구는 피시방에 가자고 말할 때 둘 다 괜찮은 생각인 것 같아서 고민하게 된다. 이렇게 서로 다른 생각 속에서 갈등하면서 겪는 불편한 상태를 '인지부조화cognitive dissonance'라고 한다.

인지부조화를 경험할 때 우리는 말 그대로 조화롭지 못한 상태를 경험하고 이를 해결하려고 하게 되는데, 특히 자신의 생각과 행동이 불일치할 때 행동을 멈출 수 없는 상황이라면 생각을 바꿈으로 불일치를 해결하게 된다. 앞의 예에서 명철은 원래 선도부 역할에 대해 부정적이었다. 하지만 뜻하지 않게 선도부에 들어가서 학년 대표까지 맡게 되었다. 이때 명철은 선도부에 대한 자신의 생각과 하고 있는 역할 간의 부조화를 경험하게 된다. 그렇지만 이미 들어간 선도부를 나올 수는 없는 상황이다. 이때 만약 선도부 역할을 지속하면서 '선도부는 정말 필요 없는 부서야. 이 역할이 정말 싫어.'라는 생각을 계속한다면 그 괴로움이 점점 더 커질 것이다.

그렇다면 이 불편함을 해결할 수 있는 방법은 무엇일까? 그렇다. 선도부에 대한 태도, 즉 생각을 바꾸는 것이다. 선도부원으로서 하는 행동을 멈출 수 없기 때문에 선도부에 대한 생각을 바꾸는 것이 부조화를 해결하는 가장 현명한 선택이 된다. 이러한 과정을 통해 명철은 자신의 행동과 부합하는 생각, 즉 '선도부는 꽤 좋은 부서야. 학생들의 질서와 안전을 위해 꼭 필요한 역할을 하고 있어.'라고 생각을 바꿈으로써 생각과 행동의 불일치를 해결할 수 있게 된다.

인지부조화의 원리를 활용하여 다른 사람을 설득하는 기술이 한 가지 있다. '문 안에 발 들여놓기$^{foot-in-the-door}$'이다. 이 기술은 우리가 다른 사람에게 무언가를 요청할 때, 처음에는 작은 요청을 하고 허락받으면 나중에 더 큰 요청도 허락받을 가능성이 높아지는 현상을 말한다. 예를 들어 당신이 친구에게 만 원을 빌려달라고 하면 친구가 거절할 수 있다. 하지만 처음에 오백 원만 빌려달라고 하고 갚고, 다음에는 천 원을 빌리고 갚고, 오천 원을 빌리고 갚는 식으로 한다면 결국 친구가 만 원을 빌려줄 가능성이 더 높아지게 된다. 친구는 당신이 처음부터 큰돈을 빌려달라고 하면 거절하겠지만 작은 돈부터 빌려 주면서 생각이 서서히 바뀔 수 있는 것이다.

한국 전쟁 당시 중국 공산주의자들에게 포로로 잡힌 미군들 중 일부는 라디오에 출연하여 공산주의를 찬양하는 방송에 참여하거나 동료 포로들을 밀고하고 군사 기밀을 알려주기까지 하였다. 놀라운 사실은 이러한 행동들이 고문이나 강압에 의해서 이루어진 것이 아니라는 점이다. 어떻게 이러한 행동들이 가능했을까? 그들은 수용소에서 자유를 보장받으면서 다양한 요청들을 받았다. 처음에는 서류 복사와 같은 작은 요청을 받았지만, 더 많은 특권을 얻기 위해 집단 토론에 참여하는 등 요청의 강도가 서서히 높아졌다. 이러한 과정을 통해 처음에는 상상도 할 수 없었던 공산주의에 대한 찬양까지 하게 된 것이다.

이러한 현상들은 우리의 생각이 행동을 결정하기도 하지만 반대로 우리의 행동이 생각을 결정하기도 함을 보여준다. 오늘 왠지 기분이 울적하고 자신이 별로라는 생각이 드는가? 그렇다면 행동을 한번 바꾸어 보라. 좋아하는 이성에게 고백을 받은 것처럼 아니면 큰 상을 받은 것처럼 미소 지으며 자신감 있고 당당하게 걸어 보라. 그러면 자신감 있는 행동이 어느새 당신의 생각과 감정을 긍정적으로 바꿀 수도 있다. 기분 좋은 것처럼 행동한다고 손해 볼 것은 없지 않은가?

튀기 위해선 용기가 필요해

동조

당신은 심리학 실험에 참여하게 되었다. 약속 장소에 도착해 보니 함께 실험에 참여하는 사람들 5명이 먼저 도착해 있었다. 실험 내용은 그림을 보고 판단하는 시지각 능력에 대한 것으로 그다지 어려울 것이 없었다.

실험내용은 다음과 같았다. 그림에서 보는 것처럼 왼쪽에 제시된 기준이 되는 선분과 길이가 같은 선분을 오른쪽에서 찾는 것이었다. 첫 번째 시행에서 6명 모두 쉽게 정답을 이야기했다. 마찬가

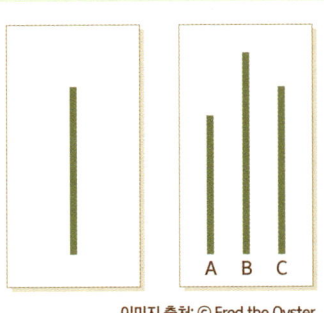

이미지 출처: ⓒ Fred the Oyster

지로 두 번째 시행에서도 만장일치로 정답을 이야기했다. 그런데 세 번째가 되었을 때 첫 번째 참가자가 A가 답이라고 말했다. 순간 귀를 의심한 당신은 두 번째 참가자는 C라고 바른 답을 할 것이라고 생각했다. 그런데 이게 웬일인가? 두 번째 참가자도 A라고 답을 한 것이다. 당황한 당신은 다시 주어진 선분들을 꼼꼼히 비교해 보았다. 그런데 이에 더해 세 번째 참가자도 A라고 답을 하였다. 이후 네 번째, 다섯 번째 참가자까지 모두 A로 답을 하였다. 이제 당신의 차례이다. 당신은 어떤 답을 할 것인가?

앞의 실험은 사회심리학에서 매우 유명한 실험으로 솔로몬 애쉬가 고안한 것이다. 당신이 위의 실험에 참여했다면 어떻게 답했을까? 물론 당당하게 C라고 말했을 거라고 주장할 것이다. 과연 그럴까? 물론 애쉬의 실험에서도 다수의 사람들이 정답을 말했다. 하지만 놀랍게도 3분의 1 이상의 사람들이 다른 사람들의 잘못된 답에 휩쓸려 A라고 답했다고 한다. 즉, 다른 사람들의 눈치를 보느라 소신껏 답을 못한 것이다. 어쩌면 당신도 이미 알아챘겠지만 실험에 참여한 나머지 5명은 사실 진짜 실험 참가자가 아닌 '실험 협조자'로 세 번째 시행에서 거짓된 답을 하기로 사전에 약속한 사람들이었다. 즉, 당신만 진짜 실험 참가자였으며 다른 사람들은 모두 당신에게 무언의 압력을 가하도록 요청된 가짜 참가자였던 것이다.

다른 사람이 없는 상황에서 질문을 받았다면 모두가 정답을 말할 수 있는 문제에 왜 3분의 1이 넘는 사람들이 잘못된 답을 한 것일까? 이렇게 개인의 생각이나 행동이 집단의 영향을 받기 쉬운 현상을 '동조 conformity'라고 한다. 소위 남들의 눈치를 보고 따라 하는 것이다. 우리는 혼자 살 수 없기 때문에 다른 사람들의 영향을 받기 쉽고 또 다른 사람들의 눈치를 살피게 된다. 당신은 친구들이 만장일치로 중국 음식을 먹자고 하는데 혼자 돈가스를 먹으러 가자고 말할 수 있는가? 당신은 친한 친구들 모두가 담배를 피우는 상황에서 혼자 담배를 피우지 않고 어울릴 수 있는가? 당신은 친구들 모두가 사귀는 사람을 데리고 나오는 커플 모임에 혼자 나갈 수 있는가? 아마도 쉽지 않을 것이다. 특히 일본, 중국과 함께 집단주의 문화권에 속하는 우리나라에서는 여러 사람들이 동조하는 상황에서 혼자 다른 목소리를 내는 것은 매우 힘든 일이다. 그러므로 모두가 '예'라고 말할 때 혼자 '아니요'라고 하는 데에는 많은 용기가 필요하다.

모두가 같은 생각과 태도를 보일 때 혼자 다른 목소리를 내는 사람을 후에 '개척자'나 '선구자' 혹은 '창시자'라고 부르기도 한다. 많은 사람들이 흑인을 노예로 소유하는 것은 자연스러우며 당연하다고 말할 때 노예 해방을 주장한 에이브러햄 링컨이나, 이제는 일본의 속국으로 사는 것이 나라의 운명이며 발전을 위해 이롭다고 말하는 사람들 속에서 조선의 독립을 위해 싸운 독립운동가들, 그리고 민간 우주기업 스페이스X, 전기자동차 회사 테슬라 등의 설립자인 일론 머스크 등이 그 예가 되겠다. 당신도 이러한 개척가가 되고 싶은가? 튀기 위해서는 타인에게 미움 받을 수 있는 용기가 필요하다.

당신도 악인이 될 수 있다

밀그램의 복종 실험

당신은 다시 심리학 실험에 참여하게 되었다. 장소에 도착한 당신은 실험에 참여하기 위해 온 다른 참가자 한 명을 만났다. 그리고 실험 진행자인 대학원생 한 명에게 이번 실험은 처벌이 학습에 미치는 효과에 관한 것이라는 설명을 들었다. 다음으로 한 명은 학습을 위한 '선생'의 역할에 배정되고 다른 한 명은 '학생'의 역할에 배정된다고 들었다. 제비뽑기를 통해 당신은 선생의 역할에, 다른 사람은 학생에 배정되었다.

당신은 전압이 표시된 전기충격기가 있는 방에 들어가게 되었고, 다른 참가자는 옆방에 들어가서 의자에 앉아 전기 충격기와 연결된 전선을 손목에 감게 되었다. 당신은 유리창을 통해 학생 역할을 하는 참가자를 볼 수 있다. 이제 당신이 할 일은 학생에게 단어쌍 목록을 가르치고 이를 제대로 암기했는지 검사하는 것이다. 그리고 잘못된 답을 할 때마다 버튼을 눌러 전기충격을 가해야 한다.

전기충격의 시작은 '15볼트(미약한 충격)'부터다. 실험 진행자가 들어와서 시범을 보여주었고 당신은 학생이 잘못된 답을 할 때 버튼을 눌러 전기충격을 주어야 한다. 학생이 오답을 하는 횟수가 늘어날수록 전기의 강도도 더 높아지기 시작한다. 실험을 진행하면서 이제 '120볼트(상당한 충격)', '150볼트(강한 충격)'를 넘어서고 있다. 학생은 옆방에서 고통을 호소하기 시작한다. 그리고 실험을 그만두겠다고 소리 지르고 눈물을 글썽이기까지 한다. 당신은 양심의 가책을 느끼고 머뭇거린다. 이때 진행자가 와서 다시 종용한다. "계속하십시오. 실험은 계속되어야 합니다." 전압은 더 높아진다. 결국 극심한 위험 수준을 넘은 '450볼트(매우 위험)'라고 표시된 수준까지 실험을 진행하도록 요청된다. 당신은 이 실험을 계속할 것인가? 만약 그만 둔다면 몇 볼트까지 진행할 것 같은가?

위의 실험은 솔로몬 애쉬의 제자 스탠리 밀그램의 유명하고도 악명 높은 '복종' 실험이다. 당신은 이 실험에서 얼마나 실험 진행자의 요청에 복종했을까? 몇 볼트까지 전기충격을 가하게 되었을까? 물론 당장 그만두었을 것이라고 할 것이다. 그렇다면 밀그램이 진행한 실험에서는 과연 얼마나 많은 사람들이 전기충격을 가하라는 요청에 복종하였을까? 믿기지 않겠지만 참가자의 65%가 최대 전압인 450볼트까지 전기충격을 가했다고 한다. 당신이 이번에도 눈치 챘는지는 모르겠지만 학생 역할에 배당된 참가자는 사실 진짜 참가자가 아닌 전기충격을 받은 것처럼 연기하는 실험 협조자였다. 즉 실제로 전기충격을 받은 것이 아니라 전기충격을 받는 시늉을 하였던 것이다. 그렇다. 심리학 실험이 그렇게까지 잔인하게 진행될 수는 없다.

이 유명한 실험에서 얻게 되는 가장 큰 교훈은 무엇일까? 그것은 누구나 비윤리적이고 악한 행동에 가담하게 될 가능성이 있다는 것이다. 밀그램의 실험에 참여한 사람들은 특별히 잔인하거나 비상식적인 사람들이 아니다. 그들은 우리와 같은 소위 보통 사람들이었다. 그런데 이들 중 65%나 되는 사람들이 잔인한 행동에 따를 것에 복종하였다. 권위자들이 지시를 내릴 때에 많은 사람들이 그대로 따르기 쉽다는 것이다.

그렇다면 유대인 학살과 같은 인류사에 남을 만한 잔혹한 행동에 참여한 독일 군인이나 공무원들도 감정과 양심이 있는 보통 사람들이었을까? 쉽게 답할 수는 없겠지만 그럴 가능성이 있다.

나치의 유대인 집단수용소 실무책임자였던 아돌프 아이히만은 "저는 단지 명령에 따르고 있었을 뿐입니다."라고 말했다. 그는 자신이 소중하게 여기던 조국의 가치와 주어진 업무에 충실했던 것이다.

그렇다면 어떤 경우에 사람들은 그 명령이 부당하더라도 복종할 가능성이 높아질까? 뒤에 이루어진 후속 실험들은 사람들이 어떤 상황에서 더 많이 복종하게 되는지 살펴보았다. 첫째로 명령을 내리는 사람이 가까이에 있으면서 합법적인 권한을 가지고 있다고 생각될 때이다. 유대인 수용과 학살에 동참한 독일인들은 자신에게 명령을 내리는 권위자들이 가까이 있었고 실제로 독일에서 합법적인 권한이 있었다. 둘째로 권위 있는 기관이 명령을 지지할 때이다. 유대인에 대한 잔혹행위를 명령한 기관은 바로 독일 정부였다. 밀그램의 실험이 이루어진 곳도 미국에서 가장 권위 있는 기관 중 하나인 예일대학교였다. 실제로 밀그램의 실험이 예일대학교와 별개로 진행되었을 때는 복종하는 정도가 줄었다고 한다. 셋째로 희생자가 떨어져 있거나 하나의 인격이 아닌 '대상'으로 느껴질 때이다. 유대인들은 각각의 이름으로 불리거나 관리되기보다 무작위로 부여된 번호로 지칭되었다. 전쟁에서도 군인들이 적군을 직접 대할 때는 방아쇠를 당기는 것이 어렵지만 먼 곳에 떨어진 통제소에서 드론을 이용해 적군을 폭격하는 것은 훨씬 수월한 일이 된다. 마지막으로는 명령에 저항하는 사람이 없을 때이다. 여러 사람들이 부당한 명령에 복종하는 모습을 보이고 저항하는 사람이 없다면 복종할 가능성이 높아진다. 그러나 반대로 이때 용기를 낸 한 명의 반대자가 일어난다면 다른 사람들도 이에 영향을 받고 양심의 목소리가 커질 수 있다. 이러한 '소수자 영향력 minority influence'은 매우 강력하다. 특히 작은 목소리가 금세 인기를 얻지 못하더라도 지속적으로 유지된다면, 인도의 민족운동가 마하트마 간디나 남아프리카공화국의 흑인 인권 운동가이자 대통령이 된 넬슨 만델라와 같은 영향력을 발휘하기도 한다.

사람들이 잔혹한 명령에 복종하게 되는 또 하나의 이유가 있다. 그것은 바로 앞서 소개했던 '문 안에 발 들여 놓기 기술' 때문이다. 유대인에 대한 잔혹 행위에 동참한 독일 군인이나 공무원들도 처음부터 학살에 참여한 것은 아니다. 그들은 처음에는 유대인들을 관리하는 서류 업무에 참여하였고, 다음으로 유대인들을 실제로 관리하거나 지시하는 업무에 배당되었고, 결국 유대인들을 가스실로 이끄는 일까지 시행하게 된 것이다.

하지만 복종이 인간을 사악하게 만드는 데에만 활용되는 것은 아니다. 실화에 바탕을 둔 영화 〈타이타닉〉에서는 침몰하는 여객

선에서 승객들이 탈출하는 동안 끝까지 연주하라는 악장의 명령에 따라 8명의 악단이 자리를 지키는 장면이 나온다. 이들은 절체절명의 위기 속에서도 목숨을 걸고 음악을 연주하여 승객들이 동요하지 않도록 돕는 숭고하고 희생적인 행동을 보여준다. 이는 선한 복종의 예가 되겠다.

다른 사람이 돕겠지

방관자 효과

1964년 3월 13일 새벽 3시 30분경. 미국을 충격과 공포로 경악하게 한 끔찍한 사건이 벌어졌다. 뉴욕 퀸스에 살던 키티 제노비스는 자신의 아파트 앞에서 스토커의 칼에 찔렸고, 스토커는 죽어 가는 그녀를 무참하게 성폭행하였다. 그녀의 비명 소리에 38명의 이웃이 창문을 열고 전등을 밝혔다. 이에 범인은 잠시 도망쳤지만 다시 나타나서 그녀를 찌르고 성폭행하였다. 그러나 3시 50분에 범인이 완전히 도주할 때까지 경찰서에 신고를 한 사람은 아무도 없었다.

키티 제노비스 사건은 당시 미국사회에 엄청난 충격을 주었으며, 사회심리학자들은 사람들이 왜 이렇게 행동했는지 지대한 관심을 가지게 되었다. 왜 키티 제노비스의 이웃들은 그녀를 돕지 않았을까? 심지어 경찰에 연락도 하지 않았을까? 그 이웃들이 지나치게 냉담하고 무관심한 악한 사람들이었기 때문일까? 아니면 당시 미국사회가 심각한 도덕적 타락을 경험하고 있었을까?

여러 가지 이유가 있겠지만 우리는 나 외에 다른 사람이 도울 수 있다고 생각되는 상황에서는 선뜻 나서지 않는 경향이 있다. 이를 '방관자 효과 bystander effect'라고 한다. 즉, 누군가를 도와야 하는 상황에서 책임이 분산될 때에는 덜 돕게 되는 것으로, '나 말고 다른 사람이 돕겠지.'라고 생각하기 쉬운 것이다. 어쩌면 키티 제노비스의 이웃들도 자신이 아닌 다른 사람이 당연히 연락할 것으로 생각했을 수 있다. 왜냐하면 그때 불이 켜진 집이 38곳이나 있었기 때문이다.

어떻게 하면 방관자 효과를 줄일 수 있을까? 당신이 길을 가는데 어떤 사람이 길에 쓰러져 있다고 생각해 보자. 이 사람을 당장 안전한 곳으로 옮겨야 할 것 같은데 모인 사람들이 지켜만 보고 있다. 당신 혼자서는 이 사람을 옮길 수 없다. 그렇다면 어떻게 도움을 청해야 할까? 이때 당신을 도울 만한 사람을 직접적으로 지

목하고 도울 방법을 구체적으로 알려주어야 한다. 즉 "누가 좀 도와주세요!"보다는 "저기 갈색 점퍼 입으신 남자분, 저를 도와서 함께 이분을 옮겨 주시겠어요?" 그리고 "저기 청바지 입으신 여성분, 119에 빨리 연락 좀 부탁드려요."라고 지목해서 말하면 그 사람들이 도와줄 가능성이 높아진다. 나의 적극적인 행동으로 방관자들이 협조자로 바뀔 수 있다. 어쩌면 사람들도 도울 마음은 있지만 누가 나서야 할지, 어떻게 하는 것이 좋을지 몰라서 주저하고 있을 수 있다.

사람들은 어떤 경우에 다른 사람을 도와줄 가능성이 높아질까? 다양한 연구결과들을 보면 다음과 같다.

첫째로 피해자가 도움이 필요해 보이고 도움을 받을 만한 사람으로 보일 때 더 많이 돕는다. 길거리에 어떤 남자가 쓰러져 있다. 그런데 이 남자가 말끔하게 양복을 입고 서류가방을 손에 들고 있을 때 더 많이 돕게 될까? 아니면 허름한 옷에 술병을 들고 있을 때 더 돕게 될까? 당연히 전자의 경우에 더 많이 돕게 된다. 이 경우가 실제로 도움이 필요하고 도움 받을 만하다고 판단하기 때문이다.

둘째로 피해자가 나와 유사한 면이 있을 때 더 많이 돕는다. 당신이 해외여행을 하는 중이다. 이때 길거리에 어떤 사람이 쓰러져 있는데 이 사람이 한국말로 "도와주세요. 배가 너무 아파요."라고 말한다면 당신은 영어나 다른 말로 도움을 청할 때보다 도울 가능성이 더 높아진다. 언어가 같아서도 있겠지만 같은 한국 사람이라는 유사성이 도울 가능성을 높이는 것이다. 만약 당신이 BTS의 팬, 아미인데 상대방이 BTS 티셔츠를 입고 있다면 같은 아미로서 당연히 도우려 할 것이다.

셋째, 여유가 있을 때 더 돕게 된다. 당신이 중요한 시험을 앞두고 시험장에 빨리 도착해야 한다면 곤경에 처한 사람을 도울 마음이 줄어들게 된다. 너무 분주하다면 생각이 많고 바빠서 도움이 필요한 사람을 알아보는 것조차 어려울 수 있다.

넷째, 다른 사람이 도움을 주는 것을 목격했을 때이다. 물론 한 명의 도움으로도 충분히 해결될 만한 문제라면 나서지 않겠지만, 차에 깔린 사람을 구하는 것과 같이 여러 명의 도움이 필요한 상황에서라면 먼저 나서는 용감한 사람이 있을 때에 나도 참여하게 될 가능성이 높아진다. 용기 있는 소수자의 영향력은 힘이 있다.

다섯째는 기분이 좋을 때이다. 앞에서 배운 좋은 기분-좋은 행동 현상을 기억하라. 우리는 기분이 좋을 때 선한 행동을 할 가능성이 높아진다.

가능하다면 남을 배려하고 돕는 행동을 자주 하는 것이 좋겠다. 선한 행동을 하면 기분이 좋아지기도 한다. 그리고 방관자가 줄어드는 만큼 내가 사는 세상이 더 안전해질 수 있다. 나도 언제든 도움이 필요한 상황에 놓일 수 있기 때문이다.

사람들과 친해지는 법

매력의 다섯 손가락

당신과 제일 친한 친구 한 명의 이름을 적어 보라.
(   )

이 친구와 어떻게 친해지게 되었는가?
① 가까이 살아서
② 자주 볼 일이 있어서
③ 싸우다가 정들어서
④ 어쩌다 보니
⑤ 기타(   )

이 친구를 좋아하는 이유가 무엇인가?

① 잘생겨서 혹은 예뻐서

② 돈이 많아서

③ 똑똑해서

④ 착해서

⑤ 비슷한 점이 많아서

⑥ 그냥

⑦ 기타(   )

우리는 어떤 사람에게 매력을 느끼고 친해지게 될까? 당신이 지금 친하게 지내는 사람들은 누구인가? 대부분의 경우 탁월한 지능이나 외모의 소유자이거나 만나면 매번 값비싼 밥과 디저트를 사 주는 부자는 아닐 것이다. 그러면 어떻게 친해지게 되었는가? 특별한 계기나 추억이 있는 경우도 있지만, 대부분 우연히 자주 볼 기회가 있었고 함께 놀거나 이야기를 나누다 보니 어느새 친해지게 되었을 것이다. 우리가 어떻게 서로 친해지고 상대에게 매력을 느끼게 되는지에 대해 사회심리학자들의 의견을 들어보자. 이에는 중요한 5가지 요소들이 있는데 이를 매력의 다섯 손가락이라고 불러 보겠다.

첫째, 우리가 친해지는 데에는 얼마나 가까이 있는지, 즉 '근접성'이 생각보다 중요한 역할을 한다고 한다. 근접성은 물리적으로 얼마나 가깝게 있는지를 말한다. 아무리 매력이 있고 마음이 잘 맞아도 멀리 떨어져 있는 사람과 친해지기는 어렵다. '몸이 멀어지면 마음도 멀어진다.'는 말처럼 아주 친했던 친구도 멀리 이사나 이민을 가면 친분을 유지하기 어렵다. 근접성은 우리가 경험하는 관계의 기초라고 할 수 있는 양육자와의 애착관계에서부터 가장 중요한 역할을 한다. 당신이 엄마와 가장 깊은 애착관계를 맺게 된 것은 엄마가 먹을 것을 주었기 때문이기보다 가장 많이 붙어 있었기 때문이다. 엄마는 당신을 가장 많이 안아 주고 업어 주고 곁에 있어 준 존재였기 때문에 애착이 형성되었다. 아기였던 당신을 가장 가까이에서 돌봐준 사람이 다른 사람이었다면 그 사람과 애착이 형성되었을 것이다.

근접성은 친구관계에서도 중요한 역할을 한다. 동네 친구가 왜 오래 가는가? 가까이에 있기 때문에 만나는 데 시간적, 비용적 부담이 덜하기 때문이다. 아울러 가까이 있는 사람은 서로 친해져야 한다는 심리적 압력도 생겨난다. 당신이 학년이 바뀌었을 때 친해지기 가장 쉬운 사람은 옆에 우연히 앉게 된 짝이다. 떨어져 앉는 사람과는 굳이 인사하고 통성명을 하지 않아도 된다. 하지만 옆에 앉은 친구와는 인사하고 서로 이름을 알아야 할 것 같은 부담을 느끼게 된다. 이 부담이 친교의 시작이 되는 경우가 많다. 그렇다면 친해지고 싶은 사람이 있다면 가장 먼저 확보해야 할 것이 근접성이다. 의도를 가지고 자주 접근하라. 그리고 우연을 가장한 기회를 만들라. 이때 친해지는 첫 단계이자 지속적인 유지 요인인 근접성을 확보하게 된다.

둘째, 얼마나 내 눈에 익숙한지를 의미하는 '친숙성'이 중요한 역할을 한다. 우리는 자주 보는 대상에 대해 호감이 증가하고 익숙해진다. 이를 '단순접촉 효과 mere exposure effect'라고 한다. TV에 출현하는 개그맨이나 배우들 중에 처음 보았을 때는 외모가 별로라고 생각했던 이들이 있지 않은가? 그러나 계속해서 자주 보게 되면 그 사람의 외모가 처음보다 훨씬 매력이 있는 것으로 느껴질 때가 많다. 이것이 단순접촉의 효과이다.

이 효과는 심리학 실험에서도 밝혀졌다. 대학교 수업시간에 보게 된 조교에 대한 매력 정도를 평가할 때, 그 조교가 얼마나 자주 나타났는지에 비례하여 매력도가 증가하였다고 한다. 즉 자주 보면 더 좋아지는 것이다. 만약 당신이 친해지고 싶은 상대가 있는가? 그 사람 눈에 자주 비치도록 하여라. 우연인 것처럼 자주 상대

앞에 나타나라.

단 주의할 점도 있다. 상대방이 나에 대해 부정적인 인상을 가지고 있을 때에는 처음부터 너무 자주 나타나지 않는 것이 좋다. 이는 '과잉노출 효과 over exposure effect'라고 하며, 부정적인 인상을 가지고 있는 사람이 너무 자주 나타나게 되면 거부감이 커져서 회복하기 어려워지는 경우를 말한다. 잘 알지 못하는 사람이 불쑥불쑥 나타나면 불편감을 느끼고 스토커처럼 여기게 된다. 그러므로 상대방이 나에 대해 부정적인 인상을 가진 게 아니라고 생각되면 단순접촉 효과를 기대하고 자주 얼굴을 비추고, 혹 나에 대해 부정적인 인상을 가지고 있다면 천천히 신중하게 접촉을 늘이는 것이 현명하다고 볼 수 있다.

셋째, 얼마나 나와 비슷하냐, 즉 '유사성'이 중요하다. '유유상종 類類相從'이라는 말처럼 우리는 비슷한 사람들끼리 모이기 쉽다. 이때 유사한 점은 패션 스타일이나 취미에서부터 가치관이나 종교까지 다양할 수 있다. 다양한 동호회나 팬클럽, 그리고 종교 모임에서 친해지는 것도 유사성 효과라고 볼 수 있다. 서로 유사한 점이 있을 때 상대방을 이해하기 쉽고 또 쉽게 공감해 줄 수 있다. 그리고 함께 공유할 수 있는 활동도 많아진다. 그런 말이 있다. 남성은 여성이 자신과 같은 생각이나 태도를 많이 보이면 센스가 있다고 생각하고, 여성은 남성이 자신과 같은 생각이나 태도를 많이 가지고 있으면 왠지 운명 같다는 생각이 든다고 한다. 만약 친해지고 싶은 이성이 있는가? 그렇다면 상대방의 의견에 수시로 동의를 표현하라. 상대가 김치찌개를 좋아한다고 하면 '저도 김치찌개 너무 좋아해요.'라고 호응하고, 상대가 뮤지컬을 좋아한다고 하면 '저도 자주는 못 봤지만 뮤지컬에 관심이 많아요.'라는 식으로 '나도 그거 좋아해.'를 적극적으로 활용하라. 물론 거짓말하거나 지나치게 과장해서 부풀릴 필요는 없다. 하지만 최대한 상대방과의 유사성을 만들려는 노력은 손해 볼 것이 없다.

넷째, 서로에게 도움이 되는 '상호보완성'이 중요하다. 서로에게 도움 된다는 것은 꼭 물질적인 것을 말하는 것이 아니다. 상대방에게 필요한 정보를 제공하는 것도 좋고, 함께 즐거운 놀이를 할 수 있는 것도 도움이 되는 것이다. 그리고 힘들 때 따뜻한 차를 한 잔 건네거나 위로와 격려의 말을 하는 것도 도움이다. 특히 상대에게 친절하고 따뜻한 말을 해 주는 것은 돈이 들지 않으면서도 최고의 보상이 될 수 있다.

친하고 싶은 사람이 있을 때 의도적으로 작은 도움을 주고받는 것도 좋은 전략이 될 수 있다. 상대에게 다가가서 작은 요청을 해 보라. 샤프심을 빌리거나 필기구를 빌려 쓸 수 있다. 그런 다음에 감사를 표하며 차후에 작은 보상을 돌려주라. 고마운 마음으로 초콜릿이나 음료수와 같이 너무 부담스럽지 않은 보답을 하라. 이렇게 오고 가는 보상 속에 나에 대한 호감이 생겨날 수 있다. 다만, 서로 주고받는 보상에서 적절한 균형이 중요하다. 좋아하는 마음이 너무 커서 내가 일방적으로 계속 주게 된다면 상대방 입장에서는 자칫 부담이 커질 수 있다. 매번 받기만 하면 미안한 마음이 커서 거리를 둘 수도 있고, 받기만 하는 자신을 초라하게 느낄 수도 있다. 그러므로 너무 주거나 혹은 받기만 하지 말고 적절한 균형을 유지하는 것이 필요하다. 특히 상대가 스스로 부족하다고 여기는 부분을 내가 줄 수 있다면 가장 큰 매력이 될 수 있다. 예를 들어 공부를 잘하고 싶지만 그렇지 못한 사람에게는 공부를 가르쳐주거나 공부 잘하는 노하우를 알려주는 것이 좋으며, 공부는 잘하지만 즐겁게 노는 방법을 모른다고 생각하는 사람에게는 같이 즐겁게 놀아주는 것이 가장 좋은 보상이 될 수 있다.

마지막으로는 '개인의 특성'인 성격, 능력, 유머감각, 외양 등도 중요한 역할을 할 수 있다. 성격은 사람들이 일반적으로 선호하는 특성, 즉 상대방을 배려하고 친절하며 지나치게 예민하지 않은 성격이 호감을 준다고 할 수 있다. 능력의 경우에는 너무 뛰어난 것보다는 조금 부족한 면이 있는 것이 더 낫다고 볼 수 있다. 너무 완벽해 보인다면 상대 입장에서는 부담스러울 수 있기 때문이다. 그리고 약간 부족한 면이 있을 때 상대가 도움을 줄 부분이 있으므로 상호보완성이 생겨날 수 있다. 그러니 너무 완벽하려고 애쓰지 말라. 완벽한 사람은 위인전이나 자서전에 충분히 많이 있다.

유머는 인간관계를 부드럽게 하는 윤활유가 될 수 있다. 유머는 냉랭한 분위기를 녹일 수 있으며 상대방의 기분을 좋게 하여 나에게 호의를 보일 가능성을 높인다. 혹시 당신이 너무 진지하고 신중한 스타일이라면 유머감각을 적극적으로 키우는 게 좋다. 성실하고 진지하기만 하다면 손윗사람들은 좋아할지 모르나 또래 친구들은 부담스러워할 수 있다. 외양은 특히 처음에 친교의 대상으로 고려될 때 중요한 역할을 한다. 하지만 관계가 어느 정도 생기고 나서는 크게 중요한 요인이 아니다. 우리의 친구들이나 연인이 모두 연예인처럼 생겨서 좋아하는 것은 아니지 않는가? 자신이 가진 외모를 건강하게 가꾸는 정도면 충분하다. 그리고 외모 때문에 나를 좋아한다면 그 관계는 장기간 지속되거나 더 깊어지기 어렵다고 생각하면 된다.

이렇게 매력의 다섯 손가락을 생각하면서 자신과 상대에게 필요한 부분을 수시로 점검한다면 당신도 매력 있는 인싸^{insider}가 될 수 있다.

사랑이 뭐길래?

사랑의 삼각형 이론

　출중한 외모의 의대생 중기는 운동도 잘하고 성격까지 좋아서 주변에 있는 이성들의 호감을 쉽게 얻는다. 그런데 중기는 금방 사랑에 빠지기도 하지만 동시에 금방 사랑에서 빠져나오는 소위 '금사빠' 스타일이다. 최근에도 같은 학교 의대생인 소현에게 사랑을 느껴 고백을 하였다. 중기에게 평소 호감이 있던 소현이 고백을 받아들여 둘은 캠퍼스 커플이 되었다. 사귄 지 두 달 정도 되어 가는 즈음에 중기에게 고민이 생겼다. 처음 소현을 만날 때는 마냥 설레고 손끝만 닿아도 심장이 뛰었는데 그 강렬한 감정이 조금씩 식어 가기 때문이다. 중기는 벌써 사랑이 식었다는 생각에 아쉽기도 하고 관계를 정리해야 할 것 같은 마음이 든다. 사랑이 없는 연인 관계는 의미가 없다고 믿기 때문이다. 중기에게 사랑은 왜 이리 유효기간이 짧은 것일까?

사랑이란 무엇일까? 인류가 생겨난 이래로 가장 큰 갈망의 대상이 된 사랑은 시와 노래, 소설, 영화 등에서 끊임없이 뜨거운 주제가 되어 왔다. 연인 간의 사랑은 강렬한 흥분과 행복감을 가져오기도 하고 사랑의 실패는 심각한 좌절과 고통을 주기도 한다. 사랑 때문에 웃고 사랑 때문에 울고, 사랑 때문에 천국을 경험하고 사랑 때문에 지옥을 경험하기도 한다. 예술의 주된 재료가 된 사랑을 철학자들이 연구하기 시작하였고 과학의 한 분야인 심리학도 사랑에 대해 관심을 가지게 되었다. 과학의 눈으로 사랑을 연구한다면 그 신비감이 손상될까 봐 염려스럽기도 하지만 사랑이 무엇인지 알기를 바라는 우리의 호기심은 멈추지 않는 듯하다.

미국의 심리학자 로버트 스턴버그는 '사랑의 삼각형 이론'을 제시하였다. 이 이론에서는 삼각형의 세 변처럼 사랑이 세 가지 주요한 요소들로 구성된다고 한다. 첫 번째 요소는 '열정passion'이다. 열정은 사랑의 뜨거운 측면으로 강한 생리적 흥분과 욕구를 의미한다. 사랑하는 사람과 함께 있을 때 기분이 좋아지고 흥분되며 손을 잡는 등의 스킨십이 일어날 때 성적인 각성이 일어나는 등의 신체반응을 말한다. 이러한 감각들은 흔히 사랑이라는 다이너마이트에 불을 붙이는 도화선과 같은 역할을 한다. 오랜 기간 친구로 지낸 남녀가 연인으로 발전하지 않을 때 흔히 하는 말이 '그 애한테서는 필^{feeling}이 안 와.'인데, 이때 말하는 필, 즉 느낌이 바로 열정을 말한다. 열정이 일어나지 않기 때문에 연애를 시작하지 않는 것이다. 이 열정은 우리를 흥분시키고 강렬한 기쁨과 행복감을 주지만 그리 오래 가지 않는다. 처음 볼 때 손에 땀을 쥐게 했던 영화를 반복해서 보면 흥분이 가라앉는 것처럼 습관화가 일어나기 때문이다. 그렇기 때문에 열정을 사랑과 동일한 것으로 여기면 사랑은 이내 사라져 버리고 만다.

두 번째 요소는 '친밀감^{intimacy}'이다. 친밀감은 사랑의 따뜻한 측면으로 열정처럼 뜨겁진 않지만 은근히 지속되는 감정을 말한다. 우리는 친밀감을 느끼는 대상과 함께 있을 때 편안함과 익숙하고 서로 통하는 느낌을 받는다. 오랜 시간 이야기를 나누어도 지루하지 않고 솔직한 마음을 나눌 수 있다. 이러한 친밀감은 오랜 친구와의 우정과 유사한 느낌이며 많은 것을 함께 공유할 수 있고 안정감을 준다. 친밀감은 열정처럼 갑자기 생겨나지 않으며 보다 긴 시간이 필요하다. 그리고 열정처럼 금방 식어버리지 않고 꾸준히 지속되는 특징이 있다.

세 번째 요소는 '헌신commitment'이다. 헌신은 사랑의 차가운 측면을 말하며 의지적인 노력을 의미한다. 상대방과의 관계를 위해 약속을 맺고 이를 의지적으로 지키는 행위를 말한다. 연인이 처음 사귀게 될 때 나타나는 헌신은 커플링을 나누어 끼고 다른 사람과는 사귀지 않겠다는 약속을 지키는 것으로 시작한다. 이렇게 시작된 헌신은 연애 후에 결혼이라는 공식적인 서약으로 가족과 사람들 앞에서 공표된다. 결혼 후 헌신은 오랜 시간 함께하며 발전하고, 기쁨과 슬픔을 나누며 자녀를 양육하고 부부로서의 도리를 지키고 서로를 아껴 주고 지켜 주는 경험들을 통해 점점 더 깊어지게 된다. 노부부가 공원 벤치에 앉아 지나간 세월을 돌아보며 서로에게 고마움을 표현할 수 있는 것은 오랜 시간 깨뜨리지 않고 지켜온 헌신 때문이다.

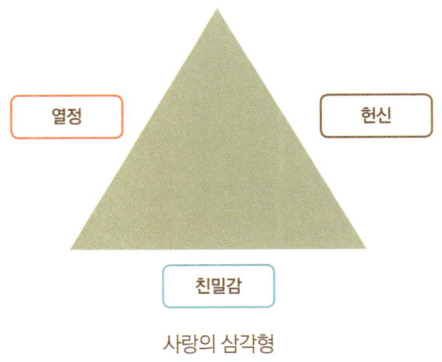

사랑의 삼각형

이렇듯 사랑은 하나의 요소로만 만들어지지 않으며 세 가지 요소가 모두 있을 때에 비로소 완전한 사랑이라고 할 수 있다. 사랑은 시기에 따라 각 변의 길이가 달라질 수 있으며 이에 따라 사랑의 모양이 달라질 수도 있다. 대개 처음에는 열정의 요소가 생겨나고 가장 긴 변을 이루지만, 시간이 지나면서 점점 친밀감의 변이 늘어나게 되고 헌신의 변이 조금씩 생겨나게 된다. 오래된 연인은 열정의 변이 상대적으로 짧아지고 친밀감이 가장 긴 변을 이룰 수 있다. 반평생을 함께한 부부는 열정의 변은 짧으나 친밀감과 헌신의 변이 길어진 모양으로 변할 수 있다. 아울러 각 변은 서로에게 영향을 줄 수도 있다. 열정이 친밀감과 헌신을 높이는 계기가 될 수 있으며, 친밀감이 열정과 헌신을 높일 수도 있다. 또한 헌신이 열정과 친밀감을 지켜줄 수 있다.

그렇다면 앞의 예에서 본 중기는 무엇이 문제일까? 그리고 앞으로 어떻게 해야 할까? 이미 눈치 챘겠지만 중기는 사랑의 세 요소 중 열정만이 사랑이라고 착각한 것이 문제다. 열정을 너무 중요하게 여긴 나머지 열정이 생기면 금방 사랑에 빠지지만 열정이 식어 버리면 사랑이 끝났다고 믿고 쉽게 포기해 버리는 것이다. 그러므로 사랑이 열정과 친밀감 그리고 헌신으로 이루어짐을 알고, 열정이 줄어들더라도 친밀감과 헌신을 키울 수 있도록 노력하는 것이 필요하다. 만약 지금처럼 열정만을 사랑으로 여긴다면 불쌍한 중기는 평생 이 사람 저 사람 옮겨 다니며 온전한 사랑을 못할 수도 있다.

③

왜 인간은 심리적 고통을 겪을까?
어떻게 극복할 수 있나?

우리는 모두 행복한 삶을 살고 싶어 한다. 그러나 모든 사람이 건강한 몸을 원하지만 질병에 걸릴 수 있는 것처럼, 우리의 마음도 질병으로 인해 행복을 잃어버릴 수 있다. 우리의 행복을 저해하는 마음의 질병을 심리장애 또는 정신장애라고 하며, 신체적 질병이 다양한 것처럼 마음의 질병도 그 종류가 매우 다양하다.

심리장애를 분류하고 그 원인을 연구하여 치료법을 탐색하는 심리학의 하위 분야를 '임상심리학'이라고 한다. 반면에 심리적 장애라고 할 정도로 심각한 수준은 아니지만 학교, 직장, 관계 등에서 문제를 겪는 사람을 돕는 하위 분야를 '상담심리학'이라고 한다. 인간이 어떤 심리장애를 경험할 수 있는지, 이러한 장애들의 원인은 무엇인지, 그리고 치료할 수 있는 방법에는 어떤 것이 있는지 살펴보자.

정상과 비정상의 기준이 뭘까?

심리장애의 기준

1. 고등학생 민지는 학교생활도 성실하게 하고 있고 친구들과도 별다른 문제없이 잘 지내는 편이다. 그러나 늦은 밤이 되면 왠지 모르게 기분이 저하되는 느낌이 들고 우울해져서 눈물이 날 때가 있다. 특히 얼마 전에는 좋아했던 가수가 자살을 하여 그 충격이 컸으며, 이로 인해 마음이 힘들고 심지어 사는 것이 무슨 의미가 있나 하는 생각까지 든다. 민지는 문제가 있는 것일까? 상담을 받거나 병원에 가는 것이 필요할까?

2. 부모님의 유학 생활 중 미국에서 태어난 우성은 중학생으로 진학할 즈음 한국에 들어오게 되었다. 방학 기간에 몇 번 한국에 들어온 적은 있

지만 한국에서 장기간 살아 본 경험이 없는 우성은 한국생활이 낯설고 여러 가지 어려움을 느낀다. 특히 한국에서 사용하는 높임말이 어색하고 어렵다. 한번은 학교 선생님에게 '안녕'이라고 반갑게 인사했다가 크게 야단을 맞은 적이 있다. 뿐만 아니라 선배들에게도 무례하다는 이유로 지적을 받은 적이 있다. 우성은 높임말과 상하관계를 따지는 한국문화가 어색하고 이해가 되지 않는다. 우성은 미국이 그립고 다시 돌아가고 싶다는 생각에 부모님께 조르기도 하지만 부모님은 이제 한국에서 살아야 한다고 하신다. 우성은 문제가 심각한 것일까?

마음에 심각한 고통을 가져다주는 질병을 심리장애$^{psychological\ disorder}$ 또는 정신장애$^{mental\ disorder}$라고 한다. 그런데 모든 인간은 살면서 어느 정도의 심리적 고통, 즉 슬픔, 불안, 걱정, 긴장, 스트레스 등을 겪게 된다. 그렇다면 사람들이 일반적으로 겪는 정상적인 고통과 질병이라고 할 수 있는 비정상적인 고통은 어떻게 구분할 수 있을까? 이 두 가지를 구분할 수 있는 기준이 존재할까? 정상과 비정상을 칼로 무 자르듯이 정확하게 나눌 수는 없지만 심리학자들은 다음과 같은 네 가지 기준으로 이를 구분한다.

첫 번째는 '적응'의 기준이다. 이는 얼마나 현재 생활에 잘 적응하고 있느냐를 말한다. 앞의 예에서 민지가 밤이 되면 기분이 저하되는 우울감을 경험하고 있지만, 학교에서 잘 적응하고 친구들과도 잘 지내며 주의 집중 등에 문제가 없다면 이는 정상 범주에 속한다고 볼 수 있다. 하지만 민지가 우울감으로 점점 밤에 잠을 이루지 못하고 이로 인해 학교수업에 집중하지 못하고, 이런 자신의 모습이 부끄러워 점점 소심해지고 친구들과 어울리지 못하게 된다면, 더 나아가 학교에 결석하는 일이 생기고 성적도 심하게 떨어진다면 이는 비정상 범주에 속한다고 볼 수 있다. 그러므로 현재 겪고 있는 문제 때문에 일상생활 적응에 크게 어려움이 있다면 이는 심리장애에 해당된다.

두 번째는 '주관적 고통'의 기준이다. 이는 심리적인 어려움을 호소하는 당사자가 얼마나 괴로움을 심하게 느끼느냐를 말한다. 민지는 다행히 학교생활이나 친구관계에서 큰 문제는 나타내지 않고 있다. 하지만 민지가 매일 밤마다 우울감으로 인해 너무 괴롭다면, 그리고 삶을 살 이유를 느끼지 못하고 심한 절망감을 느낀다면 어떻게 보아야 할까? 원래 성실하고 책임감 강한 성향이라 공부나 과제 등을 빠뜨리지 않고 있지만, 예전에 비해 이러한 일들을 해내는 것이 괴롭고 안간힘을 다해 겨우 하고 있다면 어떨까? 이러한 경우는 현재 적응상의 문제는 보이지 않지만 본인이 너무 괴로워하기 때문에 비정상 범주에 속한다고 볼 수 있다. 그리고 이러한 기간이 길어지면 결국 적응의 문제를 나타낼 수밖에 없다.

세 번째는 '문화와 사회적 맥락'의 기준이다. 이는 현재 처해 있는 문화적 규범과 사회적 상황의 맥락에서 얼마나 벗어나는가를 말한다. 앞의 예에서 우성은 서구 문화권에서 자라나서 우리나라 문화에서 자란 또래들과는 다른 행동을 하고 있다. 문화적 차이로 인해 일정기간 동안 어려움을 경험하고 또래들과 다른 행동을 할 수 있지만 점점 현재 속한 문화에 적응하게 될 것이다. 하지만 우성이 계속해서 선생님이나 선배들에게 반말을 하고 한국문화에 적응하지 못하거나 자신만의 방식을 고집하면 이는 정상을 벗어나는 문제가 될 수 있다. 아울러 상황에 따른 맥락을 고려하는 것도 중요하다. 예를 들어 수영장에서 자신이 선호하는 화려한 수영복을 입는 것은 전혀 문제가 되지 않는다. 하지만 그 수영복을 학교나 직장에 입고 가거나 겨울에도 입고 다닌다면, 심지어 장례식장에도 입고 가길 좋아한다면 이는 비정상적인 행동으로 판단될 것이다.

마지막으로는 '통계적 일탈'의 기준이다. 이는 통계적 평균에서 지나치게 벗어나는 것을 말한다. 만약 사람들이 보통 하루에 손을

10번 정도 씻는다고 가정해 보자. 그런데 하루에 손을 100번 정도 씻는다면 평균에서 지나치게 벗어나는 것이며, 오염에 대한 두려움이 지나치게 큰 강박장애일 가능성이 높다. 또는 민지에게 우울증을 측정하는 검사를 실시하였을 때 100점이 만점인 검사에서 95점을 받았다고 하자. 그런데 민지 또래의 청소년들이 같은 검사에서 받는 점수의 평균이 30점이라고 한다면 민지는 우울의 정도가 매우 심각하다고 볼 수 있다. 이러한 통계적 기준을 적용한 대표적인 예가 지능지수이다. 지능지수는 지능검사를 실시해서 얻는데 지능검사의 평균점수는 100점이고 표준편차가 15점이다. 그러므로 지능지수가 100점인 사람은 또래 평균에 해당된다. 그러나 평균에서 표준편차 2배의 저하를 보이는 경우, 즉 70점보다 낮은 경우에는 지적발달장애로 판정한다. 반대로 평균보다 표준편차 2배의 상승을 보이는 경우, 즉 130점보다 높은 경우에는 최우수 수준의 높은 지능으로 판정한다.

 위의 네 가지 기준은 불변의 절대적 기준이라기보다 여러 학자들의 합의에 의한 기준으로 보아야 한다. 그리고 각 기준들의 장단점이 있기 때문에 한 가지 기준만으로 판단하기보다 여러 기준들을 종합적으로 적용해야 한다. 아울러 어떤 사람이 보이는 특정 행동이나 증상들이 심리장애에 해당되는지 판단하는 데 도움을 주는 구체적인 지침들이 마련되어 있다. 그 중 대표적인 것이 미국정신의학회에서 발간한《정신질환의 진단 및 통계 편람^{Diagnostic and Statistical Manual of Mental Disorders}》이며 이는 현재 제5판 수정판까지 나와 있다. 이 지침서에는 350가지 이상의 다양한 심리장애와 구체적 진단 기준들이 수록되어 있다. 물론 이 지침서만 가지고 심리장애 여부를 판단할 수 있는 것은 아니며 보다 전문적이고 심층적인 지식과 경험이 있어야 한다.

늘 불안하고 긴장돼요

불안장애

1. 영희의 어머니는 걱정과 염려가 너무 많으시다. 어머니의 걱정거리는 특정한 주제가 있는 것이 아니고 매우 다양하다. 예를 들면 영희가 조금이라도 늦으면 밖에서 교통사고나 성범죄와 같은 위험한 일을 당한 건 아닐까 걱정하고, 영희 아버지가 하는 사업에 무슨 문제라도 생기는 건 아닐지 염려하신다. 자신과 가족들의 건강에 대해서도 늘 걱정하시고 본인이 운영하는 피아노 학원에서도 학생이 다치는 등 불미스러운 일이 생기지 않을까 염려하신다. 이러한 걱정으로 불안과 긴장을 수시로 경험하며 때로는 지나치게 예민해지고 밤에 잠을 못 이루시기도 한다. 자신도 이러한 걱정과 불안이 과도하다는 것을 알고 있지만 쉽게 멈출 수가 없다.

2. 은영은 유독 다른 사람의 시선을 신경 쓰며 눈치를 많이 보는 편이다. 학창시절 학년이 바뀌면 낯선 친구들을 사귈 때 긴장을 많이 하고 적응하는 데에 시간이 걸렸다. 친구들이 자신을 좋지 않게 보면 어떻게 하나와 같은 걱정을 많이 한다. 그리고 원하는 것이 있을 때 주장을 하기보다는 대개 상대방에게 맞추어 주는 편이며 자신은 차라리 그게 덜 불안하다고 생각한다. 은영이 가장 무서워하는 것은 사람들 앞에서 발표하는 것이다. 여러 사람들이 지켜보는 상황에서 특정 주제에 대해 발표하는 것은 최대한 피하고 싶다. 이 문제는 은영이 대학을 진학한 뒤로 더 커졌다. 그토록 가고 싶었던 경영학과에 진학하였으나, 학과 특성상 수업시간에 발표와 토론이 많다는 것이 은영에게 엄청난 스트레스를 주고 있다. 교수님과 다른 학생들 앞에서 발표할 생각을 하니 벌써부터 떨리고 긴장이 되기 시작한다.

심한 불안과 긴장을 지속적으로 경험하고 이로 인해 학업, 직장, 대인관계 등에 있어 어려움을 호소하는 경우를 '불안장애^{anxiety} ^{disorder}'라고 한다. 불안은 원래 위험이나 위협이 예상되는 상황에서 우리를 보호하는 역할을 한다. 우리는 건널목에 서 있을 때 빠르게 지나가는 차들을 보고 불안을 느끼고 빨간불이 아닌 초록불에 건넌다. 그리고 시험공부를 하지 않았을 때에 낮은 성적을 받고 부모님께 야단맞거나 향후 진로에 영향 받는 것이 두려워서 놀고 싶지만 공부한다. 불안은 이렇게 부정적인 결과로부터 우리를 지키기 위해 작동하는 경보기와 같은 역할을 하지만, 그 정도가 지나치게 심해지고 일상생활에 지장을 준다면 불안장애가 될 수 있다.

예에서 영희 어머니의 경우는 불안장애 중에서도 '범불안장애 generalized anxiety disorder'라고 할 수 있다. 범불안이란 '범(호랑이)'을 무서워한다는 뜻이 아니라, '범(汎: 넓을 범)'이라는 한자에서 알 수 있듯이 불안의 대상이 특정 주제로 제한된 것이 아니라 넓게 퍼져 있는 것을 말한다. 영희 어머니처럼 사고, 건강, 사업 등 다양한 주제들에 대해 걱정과 염려가 퍼져 있는 경우이다. 범불안장애가 있는 사람들은 늘 긴장하고 불안하며 여러 가지 나쁜 사건들이 일어날까 봐 걱정한다. 이로 인해 몸이 늘 긴장되어 있고 잠을 못 이루기도 한다. 그리고 한 가지 걱정이 다른 걱정으로 옮겨 가기 쉬우므로 불안이 둥둥 떠다니는 것처럼 보인다. 자신이 하는 걱정과 불안이 스스로도 지나치다는 것을 알지만 이를 쉽게 멈출 수 없다.

은영의 경우는 낯선 사람들과 대화를 나누거나 사람들 앞에서 무언가를 할 때 지나치게 불안을 경험하는 '사회불안장애^{social anxiety disorder}'에 해당된다. 범불안장애가 불안해하는 주제가 제한되지 않고 퍼져 있다면 사회불안장애는 주로 사회적 상황, 즉 사람들과 관계를 맺고 사람들에게 보여지는 상황에 대한 불안으로 국한된다. 사회불안장애는 대중들에게 발표불안증, 시선공포증, 무대공포증, 대인공포증, 이성공포증, 지나친 수줍음, 울렁증 등으로 알려져 있다.

사회불안을 경험하는 상황은 다양할 수 있는데 발표하는 상황, 연주나 노래를 하는 상황, 낯선 사람을 만나는 상황, 이성과 이야기하는 상황, 교수님이나 직장 상사와 같은 윗사람과 이야기하는 상황, 여러 사람과 이야기하는 상황, 사람들 앞에서 칠판에 글씨를 쓰는 상황, 공중화장실을 쓰는 상황 등이 있다. 사회불안장애가 있는 이들은 다른 사람들의 시선을 의식하며 눈치를 지나치게 많이 본다. 이들은 다른 사람들이 자신을 부정적으로 평가할까 봐 걱정하며 이로 인해 심한 불안을 경험한다. 아울러 이러한 불안을 일으키는 상황을 가능한 한 회피하려고 하거나, 피할 수 없는 경우에는 심한 불안을 경험하며 억지로 버티게 된다. 심각한 사회적 불안은 대인관계를 맺는 데 지장을 주며, 발표나 면접 상황 등을 피하기 때문에 학업이나 직업 등에 불이익을 겪을 수 있다.

불안장애에는 그 외에도 주사나 피, 뱀, 거미 등을 지나치게 무서워하는 '특정공포증 specific phobia'과 갑작스럽고 비교적 짧게 지속되는 강한 수준의 불안과 공포를 경험하고 이를 회피하려는 '공황장애 panic disorder', 특정한 장소나 상황에 대한 공포를 나타내는 '광장공포증 agoraphobia', 주로 아이들이 엄마와 같은 애착대상과 떨어질 때마다 심한 불안과 두려움을 경험하는 '분리불안장애 separation anxiety disorder', 말할 수 있지만 불편한 사람과 상황 속에서 불안으로 인해 말을 하지 않는 '선택적 함구증 selective mutism' 등이 있다.

기분이 좋지 않아요

우울장애와 양극성장애

1. 대학생 성수는 요즘 너무 우울하다. 수시로 눈물이 나고 슬픈 감정이 자주 든다. 머릿속에는 '나는 바보 같다.', '내가 잘하는 건 아무것도 없다.', '나 같은 걸 좋아할 사람은 없다.'와 같은 부정적 생각이 많이 든다. 성수는 밤에 잠도 잘 자지 못하고 입맛도 없으며 매사에 의욕이 없다. 게다가 너무 힘들 때에는 죽고 싶다는 생각이 들고 죽음만이 이 힘들고 의미 없는 삶을 끝낼 수 있는 유일한 방법이라는 극단적인 생각까지 든다.

2. 대학생 성민은 지난 겨울방학 내내 우울하고 위축된 상태로 지냈다. 기운이 없고 무기력한 상태로 거의 하루 종일 누워 있다시피 하였다. 그러

나 개강을 하고 봄이 되자 성민은 다양한 계획들을 세우고 실천에 옮기기 시작하였다. 밴드, 창업, 영어토론 등의 동아리에 동시에 가입하고 몇 개의 수업에서 자원해서 조장을 맡기도 하였다. 한동안 연락을 끊었던 학과 친구들에게도 먼저 연락하고 눈코 뜰 새 없이 바쁜 생활을 시작하였다. 몇몇 수업에서 새로 사귄 친구들에게 적극적이고 활동적이라는 칭찬을 들으며 밤새워 과제를 준비하기도 하였다. 성민은 자신감이 생기고 이렇게 열심히 생활한다면 학과를 수석으로 졸업하고 전액 장학금을 받고 미국 대학원에 진학할 수 있겠다는 생각까지 들었다. 한층 기분이 고조된 성민은 부쩍 말이 많아지고 친구들에게 자신의 유학 계획을 흥분해서 말하는 때가 많아졌다. 게다가 이것저것 활동들과 과제들 그리고 계획 세우기를 하느라 하루에 잠을 2~3시간 정도만 자게 되었고, 아버지께서 꼭 필요할 때만 쓰라고 주신 신용카드로 영어 원서를 해외 배송하여 큰돈을 쓰는 등 지나치게 소비하는 행동들을 보이고 있다. 이를 지켜보는 부모님은 이전에 비해 활기찬 모습은 다행이지만 그 정도가 지나치다고 생각되어 걱정이 이만저만이 아니다.

일시적이지 않고 어느 정도 지속되는 감정의 높낮이를 '기분mood'이라고 한다. 이러한 기분이 지나치게 저하되거나 또는 반대로 지나치게 상승하여 현실 적응에 문제가 되는 경우를 '기분장애 mood disorder'라고 할 수 있다. 기분장애는 크게 둘로 나눈다. 기분이 지나치게 저조하여 문제가 되는 경우를 '우울장애 depressive disorder', 지나친 기분 저하에서부터 지나친 기분 상승까지 극단적인 기분 변화가 주기적으로 나타나는 경우를 '양극성장애 bipolar disorder'라고 한다.

성수의 경우에는 일반적으로 우울증이라고 부르는 우울장애에 해당한다고 볼 수 있으며, 우울장애 중에서도 가장 전형적인 형태인 '주요우울장애 major depressive disorder'에 가깝다. 주요우울장애는 가장 많은 사람들이 경험하는 심리장애이며, 정신건강 관련 서비스를 찾게 되는 가장 주요한 원인이기도 하다. 이 장애를 경험하는 사람들은 하루 중 많은 시간에 슬픔, 공허감, 절망감 등을 호소하고 자주 눈물을 보이기도 한다. 하지만 아동이나 청소년의 경우에는 자신이 우울하다는 것을 알지 못하고 지나치게 예민하고 까칠한 모습으로 나타나기도 한다.

우울장애가 있으면 일상생활에서 흥미나 즐거움이 이전에 비해 심각하게 저하된다. 이전에는 즐거워했던 활동이나 관계 등에서 즐거움을 경험하지 못하기에 그만두는 경우가 많다. 식욕이나 체중이 심하게 감소하기도 하고 반대로 심하게 증가하기도 한다.

아울러 잠자는 시간도 심하게 감소하기도 하고 반대로 심하게 늘어나기도 한다. 부정적이고 비관적인 생각이 반복적으로 일어나며 이러한 생각들은 자신에 대해서는 무능력하고 무가치하다는 주제가 많고, 세상이나 삶, 미래에 대해서는 회의적이고 비관적이며 허무주의적인 생각이 많다. 활기가 없으며 성적인 욕구가 급격하게 감소하기도 하며 집중력이나 사고력이 줄어들기도 한다. 이러한 증상들은 사실 많은 사람들이 경험할 수 있는데 중요한 것은 이러한 증상들을 연속적으로 2주 이상 경험할 때에는 주요우울장애로 볼 수 있다는 점이다.

우울장애에 있어 무엇보다 위험한 것은 죽음에 대한 생각인데 자신과 삶이 가치 없다고 생각되기에 죽음을 일종의 탈출구로 여기고 자살을 생각하거나 계획을 세우고 실제로 시도하기도 한다. 이 장애를 경험하는 사람은 적지 않으며 여성의 10~25%, 남성의 5~12% 정도가 평생에 한 번은 경험한다고 한다. 그만큼 흔한 심리장애라고 볼 수 있다. 남성보다는 여성이 더 흔하게 겪으며, 아동에게는 적으나 청소년기에 들면서 급증한다.

한편 성민의 경우에는 심각한 기분의 저하와 함께 반대로 심각한 기분의 상승이 주기적으로 나타나는 양극성장애로 볼 수 있다.

양극성장애는 기분이 상승하는 '조증'과 기분이 저하하는 '울증'이 교대로 나타나는 경우가 많아서 '조울증'이라고 부르기도 한다. 즉, 기분의 지나친 업^{up}과 다운^{down}이 심각한 문제가 되는 장애이다. 성민이 개학 후에 보이는 모습과 같이 기분이 지나치게 상승하는 모습을 보이는 시기를 '조증 삽화$^{manic\ episode}$'라고 한다. 이때는 기분이 지나치게 상승하거나 의기양양하고 과민한 상태를 나타내고 학업이나 일에 있어 목표를 이루려는 활동과 에너지가 지나치게 증가하여 일주일 이상 지속되는 모습을 보인다. 보통 자신감이 지나치게 상승하고 머릿속에서 생각이 끊임없이 솟아나고 그에 비례해 많은 말을 쏟아내기 쉽다. 지나친 활동과 생각으로 인해 잠을 적게 자고 3시간 정도의 적은 수면으로도 충분하다는 느낌을 받는다. 사람을 만나거나 공부나 일을 하는 등의 목표지향적인 활동이 지나치게 증가하고, 과소비나 무분별한 성적인 행동, 어리석은 사업적 투자와 같은 충동적이고 절제되지 않는 행동을 하기 쉽다.

반면에 조증보다는 덜 심각한 정도로 기분이 상승하고 활동이나 에너지의 증가가 나타내는 경우를 '경조증 삽화$^{hypomanic\ episode}$'라고 하며, 이 경우에는 증상이 일상에 심각한 지장을 주지 않으며 입원이 필요할 정도까지는 아니다.

예전에는 우울장애와 양극성장애가 그 원인과 특성이 유사한 장애로 보았으나, 현재는 서로 원인이나 경과, 그리고 치료법 등에서 차이가 있는 서로 독립적인 장애로 보고 있다.

원치 않는 생각과 행동을 멈출 수 없어요

강박장애

수진은 외출하려고 할 때마다 심한 불안과 걱정에 빠진다. 나갈 때 입는 옷과 양말, 액세서리 등을 고를 때 너무 많은 시간이 걸리기 때문이다. 수진은 자신이 입는 옷과 가족들의 불행이 왠지 연관된 것 같은 느낌이 매우 강하게 든다. 예를 들어 검정색이 섞인 옷을 입을 때면 왠지 불길하다. 검정색은 장례식에서 입는 옷을 떠올리기 때문이다. 흰색을 입을 때도 마찬가지이다. 흰색도 장례식에 많이 입는 셔츠나 국화를 떠올리기 때문이다. 흰색 레이스가 달린 옷을 입을 때에도 불길하기는 마찬가지이다. 장례를 떠올리는 색이나 모양을 입을 때마다 혹시 가족 중 한 명이 사고를 당하고 이로 인해 진짜 장례를 치르게 되는 것은 아닌가 하는 강한 불안이 엄습해 온다.

  수진은 이러한 생각이 이상하고 말이 되지 않는다는 것을 알고 있지만 그래도 왠지 불안하고 찝찝한 느낌을 떨쳐 버릴 수 없다. 외출할 때마다 이렇게 옷을 고르는 데 한 시간이 넘게 걸리니 나가기도 전에 기진맥진하게 된다. 자신도 이런 모습이 너무 짜증이 나고 싫다. 이런 행동으로 친구들과 약속에 늦거나 취소한 일이 한두 번이 아니어서 친구들에게 미안하기도 하고 친구들이 자신을 싫어하게 될 것 같아 더 불안해진다. 이러다가 결국 정상적인 사회생활도 못하게 될 것이라는 생각에 더욱 괴로워진다. 결국 수진은 오늘도 외출을 포기하고 울음을 터뜨리고 만다.

  '강박強迫'이란 강한 압박을 의미하며 무언가에 심하게 집착되어 어찌할 수 없는 상태를 말한다. '강박장애obsessive compulsive disorder'는 이러한 강박이 심각하여 강한 심리적 고통을 호소하고 일상생활에 지장을 주게 되는 경우를 말한다. 강박장애를 겪는 이들이 경험하는 강박의 주제는 매우 다양한데, 대표적으로는 오염이나 질병, 성적인 생각, 공격적인 생각, 신성모독적인 생각, 반복적인 의심, 정리정돈 등이 있다. 영화나 드라마 등에서 손에 세균이나 바이러스 등이 묻어서 큰 병에 걸리게 될 것을 염려하며 피부가 벗겨질 정도로 손을 지나치게 씻는 증상을 보이는 것이 전형적인 강박장애다.

강박장애는 불안을 일으키는 반복적인 생각인 '강박사고 obsession'와 이 강박사고를 없애기 위해 반복적으로 하게 되는 '강박행동 compulsion'으로 이루어져 있다. 수진의 예에서 '내가 옷을 잘못 고르면 가족들에게 불행한 일이 생길지 몰라.'와 같은 생각은 강박사고이고, 이 강박사고 때문에 옷을 지나치게 신중하고 반복적으로 고르는 것이 강박행동이다. 오염이나 질병과 관련된 강박장애가 있는 경우에는 '손에 위험한 세균이나 바이러스가 묻어서 큰 병에 걸릴지 몰라.'가 강박사고라면, 손을 지나치게 자주 씻는 행동이 강박행동이 된다.

강박장애는 당사자가 아닌 입장에서 볼 때 별것 아닌 것처럼 보인다. 수진의 예에서 검정이나 흰색이 아닌 옷을 입거나, 옷 입는 것과 가족의 불행은 아무 상관이 없다고 생각하면 그만이지만, 당사자는 이렇게 쉽게 안심이 되지 않는다. 심지어 자신도 이러한 생각이 비합리적이라는 것을 알지만 그 생각을 지울 수 없고 강박적인 행동을 하지 않으면 왠지 불안이 극심하여 견딜 수 없다. 특히 자신을 불안하게 하는 강박사고가 하루 종일 머릿속에서 떠나지 않아 다른 일에 집중하기도 어려우며 그 생각을 없애려고 하면 할수록 오히려 더 커지는 경험을 하게 된다. 이로 인해 심각한 우울과 부적응을 겪으므로 강박장애가 있는 이들은 차라리 죽는 것이 더 낫겠다는 호소를 하기 쉽다.

강박장애와 그 원인이나 양상이 비슷한 장애들을 '강박 스펙트럼 장애^{obsessive compulsive spectrum disorders}'라고 하며, 이에는 강박장애와 함께 자신의 몸이나 얼굴의 모양이 이상하게 생겼다는 것에 집착하고 성형수술을 하려는 '신체이형장애', 물건을 버리지 못하고 계속 쌓아 두는 '수집광', 습관적으로 머리카락이나 털을 뽑는 '발모광', 손톱이나 피부 등을 스스로 뜯는 '피부뜯기장애' 등이 있다.

트라우마로 인해 힘들어요

외상후 스트레스장애

직장인 보라는 누구에게도 말하지 못할 상처가 있다. 대학생일 때 같은 동아리에서 만나 사귄 남자친구와의 일 때문이다. 사귄 지 얼마 되지 않았을 때 둘은 함께 데이트를 하고 식사와 함께 술을 마셨다. 그런데 술에 취한 상태에서 남자친구가 보라를 모텔로 데려가서 강제로 성폭행을 한 것이다. 보라는 분명히 성관계를 거부하는 의사를 보였지만 남자친구는 그녀의 거부에도 억지로 성관계를 맺었고 반항하는 보라에게 폭력을 행사하기도 하였다. 보라는 남자친구의 폭력적인 행동에 엄청난 충격을 받았고 그 일 이후 바로 헤어졌다. 하지만 그 뒤로 길을 지나다가 모텔 간판만 봐도 심장이 뛰고 두려움에 사로잡히게 되었으며 동시에 그날의 끔찍한 기억이 수시로 떠올랐다. 이후로 보라는 남자를 만나는 것이 두렵고 어떤 남자도 믿지 못하게 되었다. 그리고 주변 사람들의 권유나 소개에도 이성 교제를 피하게 되었다.

보라는 지금도 길을 가다가 예전 남자친구와 인상착의가 비슷한 사람이 지나가면 깜짝 놀라고 반사적으로 피하게 된다. 보라는 그날 술에 취했던 자신을 원망하고 자책하게 되었으며 앞으로 어떤 남자도 만나지 못할 것이라고 생각하고 있다.

'외상外傷'이란 외부에서 주어진 강한 충격적 사건에 의해 입은 심리적인 상처를 말한다. 우리에게는 '트라우마trauma'라는 말로도 잘 알려져 있다. 외상은 한 번 겪게 되는 일회적 외상도 있고, 반복적으로 경험하게 되는 반복적 외상도 있다. 일회적 외상의 계기가 되는 사건에는 지진·해일·산사태 등의 자연재해, 건물 붕괴·비행기 추락과 같은 기술적 재해, 성폭행·강도·학교폭력과 같은 폭력적 범죄, 가족이나 친구 등의 갑작스럽고 충격적인 사망과 같은 상실 등이 있다. 반복적 외상을 일으키는 사건은 전쟁, 강제 수용과 같은 경험과 가족이나 친밀한 관계에서 일어나는 학대나 성착취와 같은 애착외상이 있다.

다양한 외상사건들 중에서도 현대인들이 가장 많이 겪는 것은 바로 성폭력·성추행과 같은 성적인 외상으로, 한 연구에서는 여성 응답자의 4분의 1 정도가 성폭행 당한 경험이 있다고 하였고, 외상후 스트레스장애를 겪는 여성의 2분의 1 정도가 성폭행을 당한 적이 있다고 보고하였다. 이렇듯 다양한 외상사건으로 인해 심각한 심리적 고통을 겪으며 적응상의 어려움을 호소하는 경우를 '외상후 스트레스장애*posttraumatic stress disorder*'라고 한다.

외상후 스트레스장애는 충격적인 사건을 경험한 후에 그 사건과 관련된 기억이 반복적으로 갑작스럽게 떠오르게 하고, 때로는 그 사건이 지금 다시 일어나는 것처럼 느껴지게도 한다. 특히 그 사건을 떠올리는 단서를 접하게 될 때마다 더욱 그러하다. 이러한 기억이 떠오르거나 단서를 접하면 매우 불안해지고 과도하게 놀라게 된다. 그리고 짜증스러워지거나 분노가 폭발할 수 있으며 과도하게 각성된 상태로 인해 집중이 어렵거나 잠을 못 이루기도 한다. 이 때문에 고통스럽게 하는 기억·생각·감정을 회피하려고 애쓰고, 이를 떠올리는 단서들을 피하려고 특정한 장소나 사람 등을 피하게 되기도 한다.

뿐만 아니라 이 사건 이후로 여러 가지 심리적 변화를 장기적으로 겪게 되는데, 보라가 남자를 믿을 수 없게 되는 것처럼 세상과 사람에 대한 부정적인 믿음이 생기고, 지나치게 타인이나 자신을 원망하게 된다. 아울러 불안, 공포, 분노, 수치심 등의 부정적인 감정이 커지고 일상생활에 대한 의욕이 줄어들고 사람들과 거리를 두게 되는 등 점점 더 큰 불행감을 느끼게 된다. 앞서 말한 충격적인 경험들을 하면 누구나 심리적 고통을 겪지만 이러한 고통이 1개월 이상 지속되면 외상후 스트레스장애로 진단이 된다.

그런데 외상사건을 겪는다고 해서 모든 사람들이 외상후 스트레스장애로 발전하는 것은 아니다. 어떤 사람들은 충격적인 경험을 한 후에도 장애로 진전되지 않고 점차 스트레스와 불안 증상이 가라앉고 다시 회복되거나 때로는 외상사건을 겪기 전보다 더 성숙한 모습을 보이기도 한다. 이렇게 외상을 경험한 후에 회복되는 힘을 '회복탄력성^{resilience}'이라고 한다. 그런데 이 회복탄력성은 사람마다 다르다고 한다. 마치 사과를 벽에 던지면 박살 나지만 고무공을 벽에 던지면 다시 튕겨 나오는 것처럼 말이다.

그렇다면 어떤 사람들이 회복탄력성이 높을까? 일반적으로 회복탄력성이 높은 사람들은 자신의 감정과 충동을 잘 조절할 수 있는 '자기조절력', 주변 사람들과 건강한 관계를 맺을 수 있는 '대인관계력', 그리고 긍정적인 감정을 유발할 수 있는 습관인 '긍정성'을 가지고 있다고 한다. 자기조절력, 대인관계력, 긍정성 모두 꾸준한 노력을 통해 개발할 수 있는 능력이므로 회복탄력성 또한 지속적인 노력을 통해 향상될 수 있는 능력으로 볼 수 있다. 그러므로 평소에 자신에 대한 조절력을 연습하고 사람들과 잘 어울리도록 노력하라. 그리고 매사에 긍정적인 관점으로 감사하는 태도를 기른다면 충격적인 외상이나 역경 속에서도 다시 회복되고 성장할 수 있을 것이다.

혹시 당신도 누구에게 말하지 못한 외상 경험이 있는가? 당신에게 누구보다 뛰어난 회복탄력성이 있다면 좋겠지만 그렇지 않다면 회복하기 위해 가장 먼저 해야 할 일이 있다. 바로 숨겨진 상처를 드러내고 말하는 것이다. 상처를 혼자 품고 있으면 저절로 치유될 것이라고 생각하지 말라. 누군가에게 드러내고 말할 때 그 상처는 비로소 이해되고 보듬어질 수 있다. 믿을 수 있는 사람에게 말하는 과정을 통해 나 자신도 숨은 상처를 제대로 이해할 수 있게 된다. 그리고 아프지만 간직할 수 있는 하나의 이야기로 남게 된다. 만약 계속 상처를 숨긴다면 그 상처는 내면에서 가시가 되어 이곳저곳을 찌르고 결국 더 커질 것이다. 말해야만 그 상처가 드러나고 말하는 과정에서 나를 향한 따뜻한 마음인 자기연민이 일어난다. 그리고 당신의 이야기를 들어준 사람이 당신을 위로

하고 보듬어 줄 수 있게 된다. 먼저 믿을 만한 사람을 찾아라. 가족이나 친구 중에 없다면 상담자와 같은 전문가를 찾아라. 말해야 한다. 그리고 말해야 산다.

기이한 망상과 환각

조현병

영화 〈뷰티풀 마인드〉(2001)는 천재적인 수학 재능으로 노벨경제학상을 수상한 존 내시의 실화를 바탕으로 만들어졌다. MIT 교수로 승승장구하던 존 내시는 미국 정부의 비밀요원 파처를 만나서 소련의 암호를 해독하는 프로그램에 비밀리에 투입된다. 그는 이 작업을 위해 잡지, 신문 등의 대중매체 속에 숨어 있는 소련의 비밀암호를 해독하여 보고서를 작성하고 그 결과물을 지정된 저택의 우편함에 넣는 일을 지속하게 된다.

그러나 존 내시가 참여한 암호 해독 프로젝트는 모두 그의 망상이었으며 비밀요원인 파처도 그의 망상 속 인물이었다. 게다가 내성적이고 무뚝뚝한 성격으로 사람들과 어울리지 못했던 그의 대학생활 중 유일한 친구

> 이자 룸메이트였던 찰스조차도 망상 속 인물로 실제로 존재하지 않는 사람이었다. 존 내시는 아내의 헌신적인 도움과 지속적인 치료를 통해 이 망상을 극복하고 결국 노벨상을 받는 영광을 누리게 된다.

영화 속 주인공 존 내시가 겪은 장애가 바로 '조현병^{schizophrenia}'이다. 조현병은 이전에는 우리나라에서 '정신분열증'으로 불렸으나, 이 명칭이 가지고 있는 부정적인 인식을 개선하고자 조현병으로 명칭을 변경하게 되었다. 조현이란 단어는 고를 '조調'와 줄 '현絃'으로 이루어진 한자어로 현악기에서 줄을 고르게 하는 것, 즉 비유적으로 말해 정신을 가다듬는 데에 문제가 생긴 병이라고 할 수 있다. 이 장애에 대한 부정적 인식을 개선하고자 명칭을 부드럽게 변경하였지만 여전히 조현병은 심리장애 중에서도 가장 심각하고 무서운 질병임에는 변함이 없다.

조현병은 대표적인 증상이 다섯 가지 있다. 첫 번째는 '망상^{delusion}'이다. 망상은 조현병의 대표적인 증상으로 특이하고도 잘못된 강한 믿음을 말한다. 망상에는 여러 종류가 있는데, 자신은 매우 특별한 능력과 자격이 있다는 믿음(예: '나는 재림한 예수야.')인 과대망상, 누군가 자신을 괴롭히고 있다는 믿음(예: '국정원에서 나를 감시하고 있어.')인 피해망상, 일상적인 일들이 자신과 관련되어 있다는 믿음(예: '뉴스에서 아나운서가 나에 대한 이야기를 계속하고 있어.')인 관계망상 등이 있다. 이러한 망상은 잘못된 추론에 근거한 믿음으로, 명확한 반대 증거가 발견되더라도 바뀌지 않고 지속된다.

두 번째는 '환각 hallucination'이다. 환각은 심하게 왜곡되고 비현실적인 지각으로 외부자극이 없어도 무언가를 혼자 지각하거나, 혹은 외부자극을 심하게 왜곡해서 받아들이는 것을 말한다. 환각은 감각의 종류에 따라 '환청, 환시, 환후, 환촉, 환미'로 나누는데 이들은 각각 청각, 시각, 후각, 촉각, 미각이 심하게 왜곡된 것을 말한다. 예를 들어 존 내시의 경우에는 망상 속의 비밀요원인 파처와 친구인 찰스로부터 자신의 아내를 죽이라는 목소리를 듣게 되는데 이것이 환청이며, 그에게 보였던 파처와 찰스는 환시에 해당된다. 조현병을 앓는 이들에게는 이러한 감각이 실제 감각과 구분이 되지 않아 혼란을 겪고 이에 반응하여 혼잣말을 하기도 한다.

세 번째는 '혼란스러운 말 disorganized speech'이다. 이들은 말할 때 논리나 방향이 없이 횡설수설하기 쉽다. 그래서 상대방이 무슨 뜻인지 알아들을 수 없다. 생각 자체가 논리적으로 정돈되지 못하기 때문에 말도 논리적으로 진행되지 못하고 엉뚱한 방향으로 흘러 가기 쉽다.

네 번째는 '부적절한 행동'이다. 이들은 엉뚱하고 상황에 맞지 않는 행동을 하기 쉽다. 지나치게 씻지 않아서 냄새가 나거나 장례식장에 화려하고 독특한 복장을 하는 등 기이한 행동을 할 수 있다. 또한 하루 종일 손을 머리에 얹고 있는 자세와 같이 근육이 굳은 것처럼 한 자세를 유지하고 있기도 한다.

다섯 번째는 다양한 '음성 증상 negative symptom'이다. 이에는 대표적으로 감정표현 감소와 무욕증이 있다. 정서표현 감소는 외부자극에 대해 감정표현이 없는 것을 말한다. 예를 들어 가족이 갑작스럽게 죽었다는 소식을 접해도 아무런 표정 변화가 없다. 무욕증은 아무런 욕구가 없는 것처럼 보이며 아무것도 하지 않고 사회적인 활동도 없이 무심하게 있는 것을 말한다. 다섯 번째 증상을 음성 증상이라고 하는 것은 정상인들에게는 있는 반응이 조현병 환자에게는 없기 때문이다. 반면에 앞의 네 가지 증상들은 정상인들에게는 없는 반응들이 조현병 환자에게는 나타나기 때문에 '양성 증상 positive symptom'이라고 한다.

조현병은 심각한 심리장애이긴 하지만 근래에는 좋은 치료약들이 많이 개발되었기 때문에 약물치료와 심리치료를 지속적으로 병행하면 잘 극복할 수 있다. 특히 병이 깊어지기 전 초기에 잘 발견하여 치료를 받는다면 학업, 직업적인 기능이 심각하게 손상되는 것을 막고 일상적인 생활을 유지할 정도로 호전될 수 있다. 그러므로 조기에 발견하고 치료하는 것이 무엇보다 중요하다. 영화 속의 주인공 존 내시도 꾸준한 치료 덕분에 학생들과 농담도 주고받을 정도로 건강하게 회복되었으며 다시 활동도 재개할 수 있었다.

성격이 이상해요

성격장애

1. 20대 후반의 민기는 현재 특별한 직업 없이 몇 년째 공무원 시험을 준비하고 있다. 가끔 시험 관련 특강을 들으러 학원에 가는 것 빼고는 집 밖으로 외출하는 일도 거의 없다. 민기는 집에서 조용한 편이며 가족들과 대화도 많지 않고 가끔 대화를 나눌 때에도 별다른 감정표현이 없다. 가족들과는 주로 식사만 하고 자기 방에 들어가버린다. 민기는 대부분의 시간을 방에서 공부하거나 컴퓨터로 동영상 시청, 인터넷 검색, 게임 등을 하면서 지낸다. 부모님은 민기가 가끔 친구라도 만났으면 하지만 민기는 딱히 만나는 친구도 없으며, 사실 혼자 지내는 것이 제일 편하다. 부모님의 눈에는 민기가 시험공부도 그다지 열심히 하지 않는 것 같고 시험에 합

격한다고 해도 직장에서 대인관계를 제대로 맺을 수 있을지가 걱정이다.

2. DC 코믹스의 히어로 배트맨의 숙적인 조커는 폭력, 강도, 납치, 살인 등의 범죄행위를 밥 먹듯이 하는 대표적인 악당이다. 그는 질서나 법과 같은 사회적 규범은 안중에도 없으며 자신의 범법행위를 훈장처럼 오히려 자랑스럽게 여긴다. 조커는 타인의 안전과 생명은 물론 자신의 안전과 생명까지도 크게 신경 쓰지 않으며, 싸움이나 폭력에서 자극과 흥분을 추구하며 이를 게임 하듯이 즐긴다. 무엇보다 가장 큰 문제점은 그의 잔혹한 행위로 수많은 사람들이 다치거나 죽더라도 전혀 개의치 않으며 피해자들에 대해 미안해하거나 후회하는 모습을 보이지 않는 것이다. 조커는 그야말로 양심에 가책을 전혀 느끼지 않는 잔혹한 캐릭터이다.

3. 세희의 아버지는 직업군인이다. 세희는 아버지를 떠올릴 때마다 '꼼꼼, 깐깐, 쫀쫀'하다는 표현이 정말 잘 들어맞는다고 여긴다. 그리고 아버지를 꼰대 중에서도 왕꼰대로 보며 불평한다. 사실 세희의 불만에 다른 가족들도 동의한다. 아버지는 규칙과 질서에 지나치게 집착하여 집안에 있는 물건들이 정해진 자리에 꼭 있어야 하며 조금이라도 흐트러진 모습을 참지 못한다. 대학생인 세희의 귀가시간에 대해서도 매우 엄격하여 밤 9시 전에는 무슨 일이 있어도 집에 도착해야 하며 친구와의 외박은 꿈도

못 꿀 일이다. 그리고 지나치게 인색하여 돈을 쓰지 않는다. 세희네는 경제적으로 여유가 있는 편이지만 아직 해외여행 한번 가보지 못했으며 휴가를 가더라도 가장 저렴한 숙소에 가장 싼 음식을 찾아서 먹게 된다. 아버지는 이러한 검소함을 늘 자랑으로 여기며 집에서도 물이나 전기를 아껴 쓰는 것에 지나치게 집착한다. 아버지는 꼼꼼하고 성실한 성격으로 직장에서는 인정받는 듯하지만 가족들은 모두 아버지의 완고함과 인색함에 이미 질려버렸다. 세희는 어서 빨리 아버지 곁을 떠나 독립하고 싶은 마음이 간절하다.

앞서 말한 것처럼 성격은 시간이 흘러도 잘 변하지 않는 특성을 말한다. 성격은 어린 시절부터 발전해서 성인이 되면서 고유의 특성으로 자리 잡게 된다. 그런데 이러한 성격상의 문제가 심각하여 일반적인 기대에서 크게 벗어나고, 상황에 따른 유연성이 없이 경직되고, 이로 인해 중요한 삶의 영역에서 문제가 반복된다면 이를 '성격장애personality disorder'로 볼 수 있다.

성격장애는 크게 세 부류로 구분된다. 첫 번째 부류는 주로 고립되고 기이한 특징이 있다. 이 부류에는 '편집성paranoid, 조현성schizoid, 조현형schizotypal' 성격장애가 있다.

편집성 성격장애가 있는 사람들은 다른 사람들을 믿지 못한다. 타인이 좋은 뜻으로 하는 행동이나 말조차도 부정적이고 삐딱하게 받아들이기 쉽다. 이 때문에 다른 사람들과 싸우기 쉽고 우호적인 관계를 맺기 어렵다.

조현성 성격장애가 있는 사람들은 앞의 민기의 예에서처럼 다른 사람들과 어울리지 않고 혼자 지내는 것을 선호한다. 이들은 친밀한 관계를 맺는 것에 별 관심이 없다.

조현형 성격장애가 있는 사람들은 앞에서 소개하였던 조현병처럼 독특한 사고방식과 행동을 보이지만 그 정도가 조현병만큼 심하지는 않고, 독특한 특성이 성격으로 자리 잡은 경우를 말한다. 이들은 남들과 다른 기이한 말투를 사용하고 특이한 미신이나 텔레파시 등을 믿는 등 괴이한 신념을 가지고 있다. 또한 행동이 엉뚱하고 외모도 이상하다 싶을 정도로 특이하게 꾸미는 경우가 많다.

두 번째 부류는 주로 감정적이고 극적인 특징이 있다. 이 부류에는 '반사회성antisocial, 연극성histrionic, 자기애성narcissistic, 경계성borderline' 성격장애가 있다.

반사회성 성격장애는 조커의 예처럼 사회적인 규범과 법을 지키지 않고, 무책임하거나 폭력적인 행동을 반복하고 범죄에 연루

되는 경우가 많다. 그리고 타인에게 피해를 끼치지만 이에 대해 양심의 거리낌을 가지지 않는다. 뉴스에서 보는 잔혹한 살인범과 같은 경우도 있지만 우리 주변에서 사기와 폭력 등을 행사하지만 법에 걸리지 않는 경우도 있다. 이들은 소위 일진이나 폭력 서클 등에 연루되어 청소년기부터 문제를 일으키는 경우가 많다.

연극성 성격장애는 연극이나 드라마의 주인공처럼 항상 다른 사람들의 시선과 관심의 초점에 있기를 바라며 그렇지 않을 경우 매우 불쾌해하며, 타인의 애정과 관심을 끌기 위해 지나치게 애쓰게 된다. 이들은 많은 경우 외양에서부터 차이가 나타나는데 주로 화려하고 시선을 끄는 옷이나 액세서리 등을 선호한다. 감정표현이나 말, 행동들도 남들과 다르게 과장되는 모습을 보여 소위 오버스럽다. 마치 어릴 때 핑크, 반짝이 패션에 지나친 애교를 보이는 공주스러운 모습이 크면서도 그대로 유지된 것 같다.

자기애성 성격장애는 한마디로 오만하고 지나치게 자기중심적인 모습을 보인다. '자기애narcissism'라는 말은 그리스 신화 속에 나오는 목동 나르시스에서 유래된 것으로, 나르시스는 물에 비친 자신의 모습과 사랑에 빠져서 결국 물속에 빠져서 죽고 만다. 이처럼 강한 자기애로 이들은 지나친 특권의식을 가지고 자신을 지나치게 중요한 존재로 여기는 반면 남을 무시하고 함부로 대한다.

쉽게 말해 정말 밥맛인 모습을 보인다.

경계성 성격장애는 모든 것이 불안정한 모습을 보인다. 이들은 자신이 누구인지를 인식하는 정체성이 불안정하고, 감정도 지나치게 업다운이 심하며 불안정하다. 그리고 대인관계에서도 처음에는 상대방을 지나치게 긍정적으로 보다가, 조금만 결점이 보여도 지나치게 부정적으로 보게 되는 등 불안정한 모습을 보인다. 또한 매우 충동적인 모습을 보이기 쉬우며 자해, 자살 등의 위험한 행동을 하기도 한다.

마지막 세 번째 부류는 주로 불안하고 두려움이 많은 특징이 있다. 이 부류에는 '강박성 obsessive-compulsive, 의존성 dependent, 회피성 avoidant' 성격장애가 있다.

강박성 성격장애는 예에서 세희의 아버지와 같이 지나치게 꼼꼼하고 깐깐하고 쫀쫀한 모습을 보인다. 직업적으로 성공하는 경우는 많이 있지만 정작 같이 있는 가족들은 매우 힘들게 한다.

의존성 성격장애는 말 그대로 지나치게 의존적인 모습을 보인다. 혼자서는 결정을 내리거나 일을 시작하고 진행하는 것이 어려워 타인의 도움을 필요로 하고 상대방에게 지나치게 의지한다. 자신을 보호해 주는 타인에게 지나치게 매달리고 복종하는 모습을 보이며, 혹시 그 사람이 자신을 떠나게 될까 봐 염려하고 불안해한다. 만약 그 대상이 자신을 떠나게 되면 버스를 갈아타듯이 바로 다른 의존대상을 찾아야 한다.

회피성 성격장애는 지나치게 남들 눈치를 보는 사람들이다. 이들은 다른 사람들이 자신을 부정적으로 보고 비난하고 거부할까 봐 걱정하고 또 과도하게 불안해한다. 이러한 두려움이 너무 커서 사람들과 함께 일하는 것을 피하게 되고 대인관계도 자신을 좋아한다고 생각되는 최소한의 사람들과만 유지한다. 조현성 성격장애는 사람들과 관계 맺는 것 자체에 관심이 없지만, 회피성 성격장애는 사람들과 친밀한 관계를 맺고 싶지만 자신을 좋지 않게 보고 비난할까 봐 두려워서 사람들과 거리를 두는 점이 다르다.

이렇게 다양한 성격장애들의 특성은 우리 안에 조금씩은 있는 모습들이다. 우리도 가끔씩 남을 의심하기도 하고 혼자 있는 것이 편하기도 하다. 그리고 때로는 이기적이기도 하고 다른 사람들의 관심을 갈구하기도 한다. 또 무언가를 꼼꼼하고 완벽하게 하려고 하며, 의지할 누군가를 필요로 하기도 하고, 다른 사람들의 눈치를 너무 살피기도 한다. 이러한 모습들이 모두 나쁘다기보다는 지나치게 경직되고 유연성이 없을 때 문제가 되는 것이다. 그러므로 상황에 맞게 융통성 있게 선택하고 행동할 수 있는 심리적인 유연성을 기르는 것이 무엇보다 중요하다.

아픈 마음을 치료하는 기술

심리치료

　미술을 전공하는 대학생 성수는 가끔씩 원인을 알 수 없는 우울감과 분노로 매우 힘들어하고 있다. 최근에는 명절 기간에 가족들과 함께 있는 시간이 많아지면서 알 수 없는 감정의 동요를 심하게 겪으며 결국 자살시도까지 하게 되었다. 이를 지켜보던 성수의 어머니는 성수를 심리학자에게 데려가서 심리치료를 받도록 하였다.

　성수는 심리치료를 받으면서 자신이 왜 죽고 싶었는지 알게 되었다. 성수의 가족은 아버지는 의사, 어머니는 교수, 누나는 미국 명문대를 졸업한 인재이다. 똑똑하고 논리적이며 이성적인 다른 가족원들과 달리 감성적이고 실수가 많았던 성수는 부모님께 혼나는 일이 많았고 누나와 비교

되는 일이 다반사였다. 그래서 가족과 함께 있을 때에 늘 자신은 다른 가족들과 다르고 부족한 존재라고 느꼈다. 그리고 자신의 생각이나 의견은 늘 거절되었기에 무력하다는 느낌을 받았다. 이번 명절에는 오랜만에 외국에 있던 누나까지 들어와 함께 지내면서 이러한 괴로움이 절정에 달했던 것이다.

성수는 친구관계도 힘든 이유를 알게 되었다. 평소에 착하고 배려심이 많은 친구로 통했던 성수는 친구들의 부탁을 거절하지 않고 잘 들어주고 가능하면 친구에게 늘 맞춰 주는 편이었다. 약속장소를 잡을 때에도 친구 집과 가까운 곳으로 정하고 자신이 밥이나 차를 사 주는 경우도 흔했다. 학교에서 팀 프로젝트를 할 때에도 자신이 많은 부분을 담당하고 어려운 역할을 자처하였다. 그리고 잘 참여하지 않는 사람들에게도 불만을 드러내지 않았다.

성수는 처음에는 남을 배려하는 것이 좋다고 생각해서 이렇게 행동하지만 어느 순간 자신도 모르게 쌓인 불만과 억울함이 커지면 견딜 수 없었다. 그래서 조용히 친구와의 연락을 끊어버리거나 소위 잠수를 타는 식으로 끝이 나는 경우가 많았다. 이렇게 연락이 되지 않으면 다른 사람들이 자신을 찾지만 이미 마음이 상한 성수는 다시 이들을 만나지 않고 결국 관계를 끊어버렸다.

성수는 심리치료를 통해 자신이 가족에게서 받은 상처를 이야기하면서

> 울기도 하고 분노하기도 하였다. 아울러 자신을 성찰하고 친구관계에서도 왜 그렇게 힘들었는지 알게 되었다. 심리치료자의 도움으로 조금씩 가족들에게 자신의 감정을 표현하고 의견을 제시하기 시작하였다. 그리고 친구들과의 관계에서도 너무 맞추거나 배려하지 않고 할 수 있는 만큼만 하고 너무 부담스러운 경우에는 거절도 하였다. 그리고 친구와 평등한 관계를 만들고자 노력하였다. 결국 성수는 우울감이나 분노가 많이 줄어들었으며, 가족과의 관계와 친구들과의 관계에서 조금씩 편해지게 되었다.
>
> 성수는 심리치료를 받은 것이 너무 다행이라고 생각하고 자신을 따뜻하게 위로하고 도움을 준 심리치료자에게도 고마워하고 있다.

마음이 아픈 사람들을 돕기 위한 심리학적 개입을 '심리치료 psychotherapy' 혹은 '상담 counseling'이라고 한다. 그렇다면 심리치료와 상담의 차이는 무엇일까? 심리치료는 앞서 살펴보았던 불안장애·우울장애·외상후 스트레스장애 등의 심리장애가 있는 사람들을 치료하기 위한 목적인 반면, 상담은 학교·직장·관계 등에서 삶의 문제를 가지고 있는 사람들을 지원하고 도와주려는 목적이다. 개념적으로는 이렇게 구분되지만 실제 치료현장에서는 일반적인 삶의 문제와 심리장애에서 발생하는 문제가 쉽게 구분될 수 없다. 본질적인 차이라기보다는 심각한 정도의 차이이기 때문에 심리치료와 상담도 쉽게 구분하기 어려우며 차이점보다는 유사점이 더 많다고 볼 수 있다.

병원에 갔을 때 치료를 받기 전에 엑스레이를 찍거나 피검사를 하는 것처럼 심리치료를 받기 전에 현재 상태를 파악하기 위해 심리검사를 실시하게 된다. 심리검사의 종류는 매우 다양하며, 우울·불안·주의력 등 각각을 측정하는 개별검사, 기질이나 성격을 측정하는 기질 및 성격검사, 지적인 능력을 측정하는 지능검사, 그림을 통해 현재 정서상태나 심리적 특성을 파악하는 그림검사 등이 있다. 그 외에 면담이나 행동의 관찰 등을 통해서도 심리상태를 파악할 수 있다.

심리치료 또한 다양한 종류가 있는데 대표적인 것으로는 '정신분석치료psychoanalytic therapy', '인간중심치료person-centered therapy', '인지행동치료cognitive behavior therapy' 등이 있다.

첫 번째로 '정신분석치료'는 인간의 행동 이면에 깔려 있는 무의식의 역할을 중요하게 여기고 어린 시절 부모와 상호작용의 중요성을 강조한다. 만약 성수의 치료자가 정신분석가였다면 떠오르는 생각을 여과 없이 말하게 하는 '자유연상free association'이나 꿈에 숨겨진 무의식적 내용을 분석하는 '꿈의 분석' 등을 통해 성수의 무의식에 깔려 있는 욕구와 갈등을 드러내도록 도왔을 것이다. 아울러 성수가 부모님에게 느꼈던 감정이 치료자에게 다시 느껴질 수 있는 '전이transference의 분석'을 통해 부모님과 관계에서 있었던 감정과 욕구를 살펴볼 수 있을 것이다.

두 번째로 인간중심치료는 인간에 대해 매우 긍정적인 관점을 가지고 있으며 각 사람의 '자아실현self-actualization' 추구를 돕는다. 적절한 토양과 물, 햇빛이 있으면 식물이 잘 자라나는 것처럼, 인간중심치료에서는 성장을 촉진하는 세 가지 조건이 있으면 인간의 자아실현을 도울 수 있다고 본다. 그 세 가지 조건은 개방적이고 솔직하게 대하는 '진실성', 조건 없이 대하고 지지하는 '무조건적 긍정적 존중', 감정을 이해하고 공유하는 '공감적 이해'이다. 만약 성수가 인간중심치료자를 만났다면 치료자는 성수에게 진실하게 대하고, 무조건적으로 존중해 주며, 성수의 감정과 상처를 공감하는 태도를 통해 성수가 진심으로 원하는 자아실현을 할 수 있도록 도왔을 것이다.

세 번째로 인지행동치료는 인간의 생각과 행동을 중요하게 여기며 이를 변화시키는 개입을 추구한다. 인지행동치료는 인지치료와 행동치료의 결합으로 볼 수 있다. 먼저 인지치료는 문제나 증상 이면에 깔려 있는 고유의 생각과 믿음을 발견하고 이를 변화시키는 접근을 말한다. 성수가 인지행동치료자를 만났다면 심리치료에서 성수가 가지고 있는 생각과 믿음을 탐색하게 되었을 것이다. 예를 들어 성수는 '가족들은 내 말을 안 들을 거야.', '친구들에게 맞춰 주지 않으면 나를 싫어할 거야.'와 같은 생각들, 그리고 '나는 착한 것 말고는 장점이 없어.', '나를 진심으로 좋아할 사람은 아무도 없어.'와 같은 믿음들을 가지고 있음을 발견하고 치료자와 함께 이러한 생각과 믿음들을 바꾸는 시도를 하게 될 것이다.

다음으로 행동치료는 앞에서 소개한 강화와 처벌, 모델링 등의 원리를 활용하여 행동의 변화를 추구한다. 성수가 인지행동치료자를 만났다면 성수를 힘들게 만드는 행동들을 찾아서 변화시키게 될 것이다. 예를 들어 친구들과 만나거나 어떤 일을 하게 될 때, 적절하게 자신의 생각을 표현하고 원하지 않는 것을 거절하는 자기주장 훈련을 하게 될 것이다. 이때 치료자가 먼저 시범을 보이고 성수가 역할극 등을 통해 자기주장을 연습하게 되고 다시 치료자의 피드백을 받아서 행동을 수정하는 등의 과정을 겪으며 행동 변화를 시도하게 된다.

심리장애가 심각한 경우에는 심리치료나 상담 외에 약물치료를 받을 수 있다. 심리장애를 치료하기 위한 목적으로 사용되는 약물을 '신경정신약물'이라고 하며, 이 약물을 복용하면 뇌와 신경계에 직접 영향을 주게 된다. 신경정신약물에는 주로 우울증을 치료하기 위한 '항우울증제', 주로 불안장애를 치료하기 위한 '항불안제', 주로 양극성장애를 치료하기 위한 '기분안정제', 주로 조현병을 치료하기 위한 '항정신병제' 등이 있다. 이러한 약물을 사용한 치료는 정신건강의학과 의사에 의해 이루어진다. 약물치료는 약의 종류와 용량에 따라 그 효과가 매우 달라질 수 있으며 또한 부작용이 따라올 수 있으므로 전문가가 세심하게 살펴야 한다. 많은 치료 연구들에 의하면 심리치료와 약물치료를 병행할 때 최적의 효과를 발휘한다고 한다.

앞에서 소개한 바와 같이 심리장애를 치료하기 위한 다양한 치료법들이 개발되어 있지만 심리장애 치료는 신체적 질병 치료와는 몇 가지 다른 점들이 있다. 첫째로 심리장애는 극복해야 하는 대상이기도 하지만 동시에 이해하고 공감해야 하는 대상이기도 하다. 사람들은 심리장애로 인해 매우 힘들어 하지만 그 병이 걸리게 된 데에는 나름의 이유가 있다. 낯선 사람들과 대화를 나누거나 사람들 앞에서 발표할 때 심각한 불안을 호소하는 사회불안장애를 보이는 은영의 예를 들어 보자.

은영은 초등학교 6학년 음악시간에 가창 시험을 본 적이 있었다. 그때 같은 반 친구들 앞에 나와서 노래하는 상황에서 은영은 너무 긴장한 나머지 목소리가 심하게 떨리고 꺾이고 말았다. 이때 은영의 목소리를 듣고 여기저기서 키득키득 웃는 소리가 들렸고, 심지어 짓궂은 몇몇 아이들은 가창시험 후에 은영을 염소라고 놀려 대기 시작하였다. 이때 충격을 받은 은영은 이후로 친구들이 자신을 놀리거나 뒷전에서 흉을 보면 어떻게 하나 하는 생각을 많이 하게 되었고, 낯선 사람을 사귀거나 사람들 앞에서 발표나 자기소개를 하는 데 있어 심한 불안을 경험하게 되었다. 그러므로 은영의 사회불안장애를 치료하기 위해서는 은영이 이렇게 불안해하게 된 이유를 이해하고 공감하는 과정이 먼저 필요하다. 치료자는 환자가 보이는 장애를 문제로 생각하고 제거하기 위해 노력하기 전에 환자 입장에서는 '그럴 수밖에 없었구나.' 하며 있는 그대로 인정해 주는 타당화 validation 를 제공하는 것이 먼저이다.

둘째로 심리장애는 많은 경우 그 병이 나타나고 유지되는 데에 나름의 이유와 기능이 있다. 은영의 경우에는 가창시험 이후로 사람들이 자신을 어떻게 볼까에 대한 지나친 염려와 불안을 경험하게 되었다. 이로 인해 발생한 사회불안장애로 은영은 낯선 사람에게 먼저 다가가거나 사람들 앞에 적극적으로 나서는 행동을 하지 않게 되었다. 왜냐하면 그러한 상황에서 극심한 불안과 긴장을 경험하기 때문에 그 상황 자체를 회피하는 것이다. 즉, 사회불안장애로 인해 사람들에게 놀림을 받거나 평가받는 상황을 미리 피할 수 있고 결국 심리적 고통을 줄일 수 있게 된다. 그러므로 사회불안장애가 가진 이러한 보호 기능을 알지 못하고 장애 극복을 위해 무조건 낯선 사람에게 다가가도록 하거나 사람들 앞에서 발표하도록 한다면 병이 오히려 더 심해질 수도 있다.

이솝우화에 나오는 해님과 바람의 내기를 아는가? 해님과 바람이 길을 걸어가는 나그네의 외투를 벗기는 내기를 한다. 먼저 바람이 나그네의 외투를 벗기기 위해 거세고 차가운 바람을 불었다. 그러자 나그네는 오히려 자신의 외투를 꼭 움켜쥐었다. 다음으로 해님이 나타나서 나그네에게 따뜻한 햇볕을 비추었다. 점점 더워지기 시작하자 결국 나그네는 자신의 외투를 벗어서 허리춤에 메고 걷기 시작하였다. 나그네의 외투처럼 심리적 증상은 그것이 유지되는 나름의 이유가 있기 때문에 이를 이해하지 못하고 무작정 없애려고 하면 잘 치료되지 않는다.

셋째로 심리장애는 혼자만의 힘으로 극복하기 어려운 경우가 대부분이다. 은영의 예에서 은영이 심리치료를 받으면서 사회불안장애를 극복하기 위해 노력하고 있다고 하자. 하지만 만약 부모님이 너무 엄격하셔서 은영의 사소한 잘못에 대해서도 쉽게 혼을 낸다면 은영은 다시 불안해져서 병이 낫기 어렵게 된다. 부모님도 은영이 다른 사람들의 시선과 평가에 의해 쉽게 불안해진다는 것을 이해하고 혼을 내기보다는 격려하고 안심시키는 태도를 꾸준히 보여야 한다.

신체적 장애는 혼자 병원에 가서 치료 받으면 되지만 심리장애의 경우에는 가족과 주변 사람들의 영향을 받기 쉬우므로 혼자 노력하기보다 주변 사람들의 전폭적인 지지와 응원이 필요하다. 주변에 혹시 심리장애로 힘들어하는 사람이 있는가? 누구보다 사랑과 관심이 필요한 사람임을 기억하고 따뜻한 손길을 내밀 수 있길 바란다. 그렇게 할 때에 당신은 이제 다른 사람의 마음을 읽는 심리학 마인드를 갖춘 사람임이 틀림없다.

참고문헌

권석만(2023). 현대 이상심리학(3판). 서울: 학지사.
권석만(2018). 젊은이를 위한 인간관계의 심리학. 서울: 학지사.
김기환(2019). 이야기를 통해 배우는 마음 돌봄 '그래, 나 상처 받았어'. 서울: 학지사.
김주환(2019). 회복탄력성. 서울: 위즈덤하우스.
송명자(2008). 발달심리학. 서울: 학지사.

Adelmann, P. K., & Zajonc, R. B. (1989). Facial efference and the experience of emotion. *Annual review of psychology, 40*(1), 249-280.

American Psychiatric Association. (2022). *Diagnostic and statistical manual of mental disorders, text revision* (5th ed.). Washington, DC: Author.

Asch, S. E. (1955). Opinions and social pressure. *Scientific American*, 193(5), 31-35.

Bandura, A., Ross, D., & Ross, S. A. (1961). Transmission of aggression through imitation of aggressive models. *The Journal of Abnormal and Social Psychology, 63*(3), 575.

Berntson, G. G., Norman, G. J., Bechara, A., Bruss, J., Tranel, D., & Cacioppo, J. T. (2011). The insula and evaluative processes. *Psychological science,22*(1), 80-86.

Chalip, L., Csikszentmihalyi, M., Kleiber, D., & Larson, R. (1984). Variations of experience in formal and informal sport. *Research Quarterly for Exercise and Sport, 55*(2), 109-116.

Chance, P. (2013). *Learning and behavior*. Cengage Learning. (김문수, 박소현 공역, 〈학습과 행동〉. 서울: Cengage Learning, 2018).

Dyrdal, G. M., Røysamb, E., Nes, R. B., & Vittersø, J. (2011). Can a happy relationship predict a happy life? A population-based study of maternal well-being during the life transition of pregnancy, infancy, and toddlerhood. *Journal of Happiness studies, 12*(6), 947-962.

Feinstein, B. A., Hershenberg, R., Bhatia, V., Latack, J. A., Meuwly, N., & Davila, J. (2013). Negative social comparison on Facebook and depressive symptoms: Rumination as a mechanism. *Psychology of Popular Media Culture, 2*(3), 161.

Gorchoff, S. M., John, O. P., & Helson, R. (2008). Contextualizing change in marital satisfaction during middle age: An 18-year longitudinal study. *Psychological science, 19*(11), 1194-1200.

Harlow, H. F. (1958). The nature of love. *American psychologist, 13*(12), 673.

Helliwell, J. F., Layard, R., & Sachs, J. D. (2023). The happiness agenda: The next 10 years. *World Happiness Report*, 2023, 15.

Killingsworth, M. A., & Gilbert, D. T. (2010). A wandering mind is an unhappy mind. *Science, 330*(6006), 932-932.

Lachman, M. E. (2004). Development in midlife. *Annual review of psychology, 55*, 305-331.

Linehan, M. (1993). *Cognitive-behavioral treatment of borderline personality disorder*. Guilford press. (최현정, 이한별, 허심양, 김지강, 조이수현 공역, 〈변증법행동치료〉. 서울: 학지사, 2023).

Linehan, M. (2014). *DBT Skills training manual*. Guilford Publications. (조용범 번역, 〈전문가를 위한 DBT 다이어렉티컬 행동치료〉. 서울: 더트리그룹, 2018).

Mather, M., Canli, T., English, T., Whitfield, S., Wais, P., Ochsner, K., ... & Carstensen, L. L. (2004). Amygdala responses to emotionally valenced stimuli in older and younger adults. *Psychological Science, 15*(4), 259-263.

Mazza, J. J., Dexter-Mazza, E. T., Miller, A. L., Rathus, J. H., & Murphy, H. E. (2016). *DBT Skills in schools*: *Skills training for emotional problem solving for adolescents DBT Steps-A*. Guilford Publications. (조윤화, 김기환, 권승희, 최현정 공역, 〈DBT, 학교에 가다〉. 서울: 학지사, 2022).

Mende-Siedlecki, P., Said, C. P., & Todorov, A. (2013). The social evaluation of faces: a meta-analysis of functional neuroimaging studies. *Social cognitive and affective neuroscience, 8*(3), 285-299.

Milgram, S. (1963). Behavioral study of obedience. *The Journal of abnormal and social psychology, 67*(4), 371.

Milgram, S. (1974). The dilemma of obedience. *The Phi Delta Kappan, 55*(9), 603-606.

Moruzzi, G., & Magoun, H. W. (1949). Brain stem reticular formation and activation of the EEG. *Electroencephalography and clinical neurophysiology*, 1(1-4), 455-473.

Mroczek, D. K., & Kolarz, C. M. (1998). The effect of age on positive and negative affect: a developmental perspective on happiness. *Journal of personality and social psychology, 75*(5), 1333.

Myers, D. G. & DeWall, C. N. (2015). *Psychology*. Worth Publishers. (신현정, 김비아 공역, 〈마이어스의 심리학개론〉. 서울: 시그마프레스, 2016).

Olds, J., & Milner, P. (1954). Positive reinforcement produced by electrical stimulation of septal area and other regions of rat brain. *Journal of comparative and physiological psychology, 47*(6), 419.

Pennebaker, J. W., & Stone, L. D. (2003). Words of wisdom: language use over the life span. *Journal of personality and social psychology, 85*(2), 291.

Peterson, C. K., & Harmon-Jones, E. (2012). Anger and testosterone: Evidence that situationally-induced anger relates to situationally-induced testosterone. *Emotion, 12*(5), 899.

Seligman, M. E., & Maier, S. F. (1967). Failure to escape traumatic shock. *Journal of experimental psychology, 74*(1), 1.

Urry, H. L., & Gross, J. J. (2010). Emotion regulation in older age. *Current Directions in Psychological Science, 19*(6), 352-357.

마음을 읽는 심리 키워드

초판 1쇄 찍은 날 2024년 5월 24일
초판 1쇄 펴낸 날 2024년 5월 30일

지은이   김기환

펴낸이   백종민
편 집   최새미나
외서기획   강형은
디자인   임채원
마케팅   박진용
관 리   장희정

펴낸곳   주식회사 꿈결
등 록   2016년 1월 21일(제2016-000015호)
주 소   서울시 영등포구 당산로 50길 3 꿈을담는빌딩 6층
대표전화   1544-6533
팩 스   02) 749-4151
홈페이지   dreamybook.co.kr
이메일   ggumgyeol@naver.com
블로그   blog.naver.com/ggumgyeol
인스타그램   instagram.com/ggumgyeol

ⓒ 김기환

ISBN 979-11-88260-97-3 03180

이 책은 저작권법에 따라 보호받는 저작물이므로, 저작자와 출판사 양측의 허락 없이 일부 혹은 전체를 인용하거나 옮겨 실을 수 없습니다.

책값은 뒤표지에 있습니다.
주식회사 꿈결은 (주)꿈을담는틀의 자매회사입니다.